"十二五"国家重点图书出版规划项目

会计经典

会计理论
——兼论公司会计的一些特殊问题

Accounting Theory
-With Special Reference to
the Corporate Enterprise

[]威廉·安德鲁·佩顿 著
林 董 峰 译

立信会计出版社
LIXIN ACCOUNTING PUBLISHING HOUSE

图书在版编目(CIP)数据

会计理论：兼论公司会计的一些特殊问题/(美)威廉·安德鲁·佩顿著；许家林，董峰译. —上海：立信会计出版社，2017.9
（会计经典）
ISBN 978-7-5429-4844-1

Ⅰ.①会… Ⅱ.①威… ②许… ③董… Ⅲ.①会计学-研究 Ⅳ.①F230

中国版本图书馆 CIP 数据核字(2016)第 113972 号

策划编辑	黄成艮
责任编辑	黄成艮
封面设计	南房间

会计理论——兼论公司会计的一些特殊问题

出版发行	立信会计出版社		
地　　址	上海市中山西路 2230 号	邮政编码	200235
电　　话	(021)64411389	传　真	(021)64411325
网　　址	www.lixinaph.com	电子邮箱	lxaph@sh163.net
网上书店	www.shlx.net	电　话	(021)64411071
经　　销	各地新华书店		
印　　刷	上海中华印刷有限公司		
开　　本	670 毫米×965 毫米　1/16		
印　　张	23.5	插　页	4
字　　数	327 千字		
版　　次	2017 年 9 月第 1 版		
印　　次	2017 年 9 月第 1 次		
印　　数	1—1500		
书　　号	ISBN 978-7-5429-4844-1/F		
定　　价	80.00 元		

如有印订差错，请与本社联系调换

会计经典编辑指导委员会

指导委员会

主任委员　葛家澍　郭道扬

委　　员　(以姓氏笔画为序)

于玉林　王庆成　王松年　成圣树
吴水澎　汤云为　张文贤　张以宽
杨宗昌　徐政旦　盖　地　傅　磊
常　勋　裘宗舜

编辑委员会

主任委员　邵瑞庆

委　　员　(以姓氏笔画为序)

李颖琦　邵　军　张维宾　曹惠民

序

本公司自1939年创建伊始,即开始陆续出版有关会计理论问题的系列著作。在《会计理论》出版38年后,我们才开始筹划将其纳入本公司出版系列,目的在于从总体上解决会计理论问题。

本书讲述透彻,对于多年来一直跟随佩顿的写作和事业之人而言,几乎不需要做任何额外的解说。40年后,虽然他在1922年的一些激进主义观点已显得平淡无奇,但作者论述的许多内容却仍然是激进的。以下引语很好地展现了作者对实务和惯例深切求真的态度,以及勇于挑战权威的勇气。

"遗憾的是,那些有权之人编制财务报表的目的常常是为了掩盖,而非披露。"

"十分肯定的是,长久以来存在的会计理论和政策必须经过修正……"

"从谨慎性的角度来讲,这种财务状况是很有道理的,虽然其逻辑性较弱。从现状来看,所有的会计观点大部分以谨慎性为基础。"

"坚持以销售作为有关收入的唯一可靠证据,并在随后的竞争中坚持以成本与市价孰低法进行流动资产计价的会计师,正在提供充足的理由。"

"确切地来讲,目前的会计实务是最不合理的。"

也许在这本1962年最具影响力的出版物(初版于1922年)中,激进主义的证据是如下颇为平淡的陈述:"标准材料的一贯估价……以重置成本为基础是完全合理的程序。"我们可将此与斯普劳斯(Sprouse)和莫立茨(Moonitz)在《试论企业广泛适用的会计原则》中的观点相比较,他们认为:

"既然未来的交换价格有缺陷,从逻辑上来讲,余下可用的就是现时交换价格或重置成本。"这一观点受到了项目咨询委员会多数成员的抨击,说明佩顿的学说依然激进。

如果一位读者在40年后重读《会计理论》,他所考虑的一个主要问题将是:如果作者重写本书,所关注的是否还会是他原来所关注的问题?事实上,如果答案为否,那么,本书是否值得再版,就值得斟酌了。本书并不是卢卡·帕乔利的《数学大全》那样的古董。其作者依然健在,并能发表自己的观点,因为这些观点,大胆的出版商可以从其过去的著作中发掘出一些材料,趁机大肆歪曲其当前见解。作为一个了解作者当前观点的人在翻阅这本已有40年历史的作品时,他是否将因为以前与现在相同而感到无奈?不同之处当然也存在,但却并不很重要,最明显的只是术语问题。作者现在谈论"盈余""资产负债表"及"会计工作"时,已在竭力避免对这些术语再做讨论。作者现在互换性地使用"收益"(income)和"收入"(revenue),而他曾经称之为"净收入"(net revenue)的项目,现在被称为"净收益"(net income)。他在本书中谈到库藏股的"购买",现在他只是在批判时才会用到。他在本书中阐述多步式损益表,而现在他坚决地支持单步式损益表。他赞成将未来支付股票认购作为资产,但在1955年的《公司会计与报表》中,他却对其资产性质提出了严肃的质疑。他像这样强调资产负债表的重要性,而轻视损益表的言词在今天很可能不再采用:"在会计理论研究中,损益表实际上已表现为最终包含在资产负债表中的详尽成果。而资产负债表为达到我们的目的所起的作用是举足轻重的。"尽管有这些言论,但在总共20章的内容中,至少有3章(还包括其他一些内容)都是用于讲述损益表的。

虽然早在1922年佩顿就注意到了计量单位价值的变化,以及这些变化对资本保全的影响,但其论述并没有1952年《资产会计》第十四章和第十五章那么彻底和深入。从下面的引用中可以看到有关这一问题处理方法的证据。对这种方法他并不是那么自信:"固定资产成本还未出现在本书中,因为资产的支付价格几乎不能摊入折旧费用。"放在今天,作者是不会如此胆怯的。

佩顿在《会计理论》中忘了一件事情,那就是他最近培养的对生动演说形象的喜好,这一形象源自他农场男孩的背景。例如,在《公司会计与报表》中,有一个"随性的比喻"让我们很是开心,他将"受雇佣的经理"说成是"将一个小角色放入他们的队伍来进行表演,仿佛他们可以在适当时候做出恰当的表演"。为此,"管理当局不得不花心思培养一些笨蛋"。1922年的佩顿是个更务实的作者,很少沉溺于生动的语言。

最后一章的标题是"会计假设",这并非最无趣的一章,它考虑到了美国机构研究项目的最新发展。在为"假设"下定义时,佩顿采用了与韦氏词典关于这一词语的第二和第四条解释相近的语言,这一定义在最近有关这个主题的出版物中被完全否决。佩顿将"假设"等同为"一般假定……即使有,也只有很少深入的论证"。"实际上,一些假设可以从字面上以准确的立场去反驳"。

"它们主要是利己的假设,没有它们,会计师将无法着手工作。"考虑到最后一项评论,他倾向于这样的疑惑。作者列举这些假设,是因为它们应该被列举。这仅仅是为了报告这些他发现的支持会计师实际程序的假设吗?对此,本章并不完全清楚。作者宣称撰写这章的目的是为会计师提供他们自己假设的核对清单,以至于他们不会欺骗自己去相信账户为绝对的事实设置。"会计师有时会忘记他们自己的假设,从而忘记了他们工作的局限性。如果一个会计师看清其工作的基础所在及其全部含意,那么他将较少陷入不适当的应用和错误总结的困境中。"

假设的列举反映了整本书的特点。会计师假设:

(1)"……存在一个独特的商业实体……"

(2)"……实体持续经营……"

(3)"……总财产(权)与总所有权表现平衡……"

(4)"……用美元和美分表示的资产负债表是一个企业财务状况的完整表述……"

(5)"……计量单位的价值或重要性保持不变……"(这是一个明显错误的假设)

(6)"……成本给出最初报表的真实价值。"

(7)"……任何用于生产的商品、服务或条件,在目标或产品中都将被忽略。原始项目被消耗并归于给予其价值的结果,这些都是为了上述目标与产品。"

(8)"……成本积累而增长……"

(9)"……一项资产的损失将减少或耗尽最近累积的所有者权益。"

(10)"……所有给股东的支付额在选定投资之前将消耗利润……"

(11)"另一项已被会计师广泛采用的假设是消耗或卖出的原材料或商品经常取自最早的库存。"无疑,与先进先出法产生以来的情况相比,这项假设在1922年获得了更广泛的接受。

读者很想从本书对其他作者、学生和实际工作者的影响等方面去尝试对本书做出评价,但问题是,我们不可能将本书与其作者、作者的其他著作以及他在密歇根大学及其他地方从事教学的多年时光分开。佩顿的几代学生中,大部分已成为会计实务界和教育界中的佼佼者,他们已经面临着各种批评,这些批评无情地暴露了某些广泛采用的会计观点和广泛遵循的会计实务中的荒谬和矛盾。

对于熟悉情况的观察者来说,其中的进步是很明显的,最大的进步是将会计从一套随意的经验法则转变成了一套条理清晰的理论体系。虽然已取得的进步不能确切地归功于任何一个个人,但显然它应该在很大程度上归功于那些像《会计理论》的作者一样,为此付出了真诚、坚持不懈及巨大努力之人。他们坚持认为会计不仅仅是以实务和便利作为唯一的追求,相反,它应该以原理为基础,并充分重视其作为经济行为的指导这一责任。

有些人认为,由于会计理论与实务存在某种程度的脱节,他们无法理解其作用。这些观点有时可用以下措辞来表述：如果考虑到交易的某一特定类型，税务、文书工作的费用，或其他执行特定命令的记录及报告的方法，那么，不论从逻辑上来讲多么合乎情理，如果提倡使用各种不同的处理方法，一种理论的用处又会是什么？一种理论如果只是因为实务方面的考虑而得不到遵循，则不是很适合。答案很简单：理论提供准则，它是一个起点，与此之间的偏差可以计量和评价。没有理论的指导，会计将漫无目的地彷徨在不断变化的"实务"森林中。在某一时刻或某一特定企业看来令人满意的会计，在今后或另一个企业看来，则可能是完全不适合或完全不能胜任的。拥有了一套坚实的会计理论——即它不会随每项税务决策或数据处理技术的新发展（或因建立在逻辑上的原因而缓慢变化）而变化，就能评价由于实务环境而产生的与合理会计方法之间的偏差，考察其性质及范围，而且这些偏差的重要性和作用能与它们的实践优势相权衡。

会计不仅仅是艺术或科学（《会计理论》称之为艺术）。例如，法律和医学已拥有认可的、已被接受的理论体系，但律师和医生在其职业实践中都不会如此教条，以至于拒绝遵循特定环境的紧急情况下的程序。外科医师不会因为他知道最适宜手术的场所是现代医院中配备了最新设备、麻醉师和助理人员的无菌手术室，而拒绝使用杀猪刀在厨房案板上做手术。因为以建立的理论为背景，他能因此系统阐述相关偏差的重要性，并对偏差对于病人风险的可能影响而做出判断。他在情况需要的范围内忽视其理论的事实，并不会怀疑理论的效力。相反，理论使他能够做出明智的选择，但并恰当地评估其偏差，以刚好满足治病救人的需要。

同样，会计也需要其自身的标准。会计师需要了解税务当局唯心而专断的规则，了解文书程序的过程带自己走了多远。他们应该知道什么时候该抵御并与之斗争（如Sulude v. Commisioner案），什么时候向不可避免的事物屈服。因为1922年《会计理论》的出版为当时的会计师恰当地运用技术提供了恰当的标准，现在的再版也许会进一步增强许多实务和教育工作者的努力。他们认为会计理论能在朝我们奋斗的目标前进的过程中发挥重要的作用,并尽力推进会计朝着如此迫切需要探索和广泛宣扬的专业地位发展。

赫伯特·F·塔格特
1962年5月于密歇根大学安娜堡分校

前　言

从当前的教材和其他著作通常所呈现的来看，会计理论充满了"所有者权益"的概念。事实上，自从斯普拉格在其著作《账户的哲学》中采用这一概念以来，大部分美国著作者在很大程度上就采用这一术语以表述对复式记账体系的解释。这一主题的常规处理是从所有者的角度来描述账户的结构；尽可能地以关于对所有者权益的影响来系统地阐述对交易的解释和账户受规则的支配；以及其他重要类别的会计数据——资产、负债、费用和收入——仅仅都被定义为所有者权益的附属。也确实，盛行的会计理论被描述为"所有权会计"。

笔者认为，在现代企业组织的情况下，这些由斯普拉格、哈特菲尔德以及其他人所提出的所有者权益教条，并不是对账户理论的完整恰当的表述。为了满足大型企业的需要，会计技术发展迅速，但理论却常常滞后于实务。在所谓的"独资企业"或简单的合伙企业的情况下，所有权是一项令人相当满意的关键分类，有必要围绕它建设会计框架，但对于当前占主导的商业组织形式，即公司而言，这一会计原则的设置作为对公司会计体系的一项解释，存在严重缺陷。

相应地，在本书中，与在更简单的、更原始的组织形式中的应用一样，笔者尝试重述会计理论，以与最卓越的商业企业——大型公司的状况和需求相一致。在所有的情形下作为一个独立的实体或虚构的公司实体的一项拓展——人格的商业企业观念，尽管缺少重要的证明，但还是被采用了。被一些著作者所强烈反对的这一观念，实际上却非常有用，对会计人员来说是不可或缺的。商业企业是一个实体,一个重要的经济机构,在会计领域无疑有着极为重要的意义。在企业的主要框架中,传统的公司资产负债表被作为一项完全合理的设置,以呈现任何商业企业的财务状况,将其数据分成数额相等的两个类别是符合逻辑的分割,而不仅仅是为了方便或是习惯。换言之,这样一种观点已经被放弃了,即资产负债表由资产、负债和所有者权益三个独立的类别组成,前两类之所以重要,是因为它们之间的差额披露了第三类。会计理论体系依据两个基本维度来呈现,即资产和权益。

正如已经说明的,这本书的重点就在于对账户所有权理论轮廓的修正。此外,我们相信,这将有助于阐明会计理论和程序中存在的大量模糊之处。研究这一主题的著作者们对会计许多方面的解释经常是不精确的或是肤浅的,又或者完全就回避了。在这本书中,作者尝试直率地面对每一个难题,仔细地探索会计框架中的每一个部分及其相互之间的联系,以合理一致的方式陈述所有重要会计情况的本质,如对费用和收入类别的分析,对账户估值的解释以及对交易类型的呈现等。笔者相信,本书对这些问题的阐述会比其他著作更加令人满意。

此外,在以后的章节中,对与复式记账体系理论紧密相关的某些重要话题以及会计实务问题将会做更深入的研究。会计人员不可避免地不时会碰到一些问题,如开始经营前的收益处理、商誉的重要性及其处理、收入标准的确定等;如果会计人员的工作是无用的,他就必须在涵盖所有这些问题的合理学说的基础上,并结合这些问题,确切地给出自己的判断和结论。其中一些主题经过大量的讨论无疑已经变得烂熟,而有些却被严重地忽视。因此经常出现悬而未决的问题以及需要精确地重新表述整个主题。笔者希望这里给出的处理方法会对难题的解决有所贡献,并将促进沿着这些路线进行更为深入的研究和探索。

本书将会顺便介绍某些会计概念和经济理论基本类别之间的关系。笔者希望这些讨论有助于解决很多让会计人员(也可能是某些经济学者)晕头转向的、会计和经济在思想和术语方面的混淆。会计人员自然是以个体企业的眼光来看待商业世界,经济学者则主要立足于整个行业团体以及整个市场形势来看待。因此,某个领域内完全有效的概念和术语,如果没有经过仔细的论证,是无论如何都不能够被转嫁到其他领域的。比如,在讨论像投资收益和生产成本之间关系的这种问题时,会计人员就经常无根据地使用某些经济学者的概念。类似地,某些经济学者①试图将从商业企业的角度得出的观点运用于经济问题中也是可疑的。

会计领域将被认为是经济分析的一个分支,会计人员或许会对此感到满意。但他们必须认识到会计概念和原则的衡量同经济理论是不一样的,而且,扎实的基础知识或许是会计人员的真正优势,但对经济学的一知半解——对于某些经济学者所使用的措辞和定义的粗略了解——只会让他们更迷惑,而不能帮助他们将会计方法置于一个合理的位置。

在本研究所选择的章节中能够发现的却被忽略的某些内容,应当在前言中提及。显而易见的是,记账的细节完全被省略了。这本书并未对原始单据、日记账、账簿、工作底稿或财务报表进行描述,甚至"借"和"贷"术语的使用在前面的章节中也被完全回避了。这种方式暗示了会计理论是一套学说,它可以不参考任何日常记账体系而得到很好的发展。这本书所关注的是内在的、基本的概念和原则,而非记账方法的细节。

出于会计目的而进行的有关估值的讨论完全被纳入"会计理论"中是合适的。涉及厂房和设备的折旧、自然资源的耗费、专利和其他无形资产的摊销等账户的本质和处理;不同情形下商品和物料存货的合适的定价方法;销售价格与账面价值的关系;价格变动对存货价值的影响——这些以及其他一些估值问题通常被视为会计领域的一部分。事实上,在不同的企

---

① 费雪、达文波特等。

业组织和经营条件下,出于编制财务报表的目的,确定合适的估值基础是会计职业现在面临的最重要问题,所得税的出现致使这个问题变得更为尖锐。

不过,在本书中,笔者并不试图讨论估值问题,除了与账户结构的解释相关的部分。① 当然,对估值基础的参考会贯穿始终。有观点认为,原则上,所有的真实价值无论出于什么原因,朝什么方向改变,都应当在账户中予以反映。这种观点未受传统思想的束缚,毫无争议地被采纳了。为了展现所有可能类型的情形和使交易能够以一种与已阐明的原则相一致的合理方式来处理,是这种态度的主要原因。同时,笔者相信,这种合乎逻辑的观点对于职业会计人员而言是合适的,至少是一个起点。

本书所使用的术语在许多方面并未严格遵循当前的学术研究或实务运用规范,或许由于这是一项理论性研究,因而并无必要为此进行辩护。遗憾的是,术语的命名非常含糊,一致性对于理论的阐述是最基本的。本书在一定程度上使用了州际贸易委员会限定类别中的术语。此处并非试图暗示这里所使用的语言大体上比其他地方的使用有较大的改进。笔者相信,"权益"这一术语,作为涵盖了公司资产负债表中所谓的"负债"一边所有项目的名称,是一项合适的术语,且能够在实务中得到很好的运用。而"资产"(properties)这一术语用于表示资产负债表的另一边,还存在可疑之处,在一般使用时,这一表述或许还没有更为技术化的"资产"(assets)这一术语令人感到满意。

第一部分涵盖了会计系统理论。与第一部分所采纳的且未予以充分讨论的观点相关的某些特殊话题,会在第二部分展开更为详细的探讨。

对斯普拉格和哈特菲尔德这两位作者的感激之情,对于任何熟悉会计文献的读者来说都是很明显的。《账户的哲学》和《现代会计学》使用

---

①例如,在第二部分将讨论建设期的收益、商誉的本质以及某些同账户理论紧密相关的其他估值问题。

英语首次详细地阐述了复式记账体系的内在本质,向我们展示了一项合理的研究方法。当前所做的努力,正如以上所提到的,都是以这些著作为起点的。

威廉·安德鲁·佩顿

安娜堡,密歇根

1922 年 9 月 10 日

目 录

第一部分 会计结构 ··· (1)

  第一章 导论 ··· (3)

  第二章 基本的类别 ·· (20)

  第三章 所有者权益与负债 ·· (38)

  第四章 资产与权益账户 ··· (68)

  第五章 交易的类型 ·· (84)

  第六章 费用与收入账户 ··· (104)

  第七章 其他辅助性账户 ··· (124)

  第八章 账户的类别 ·· (149)

  第九章 定性分析与特殊情形 ····································· (158)

  第十章 借与贷 ··· (174)

第二部分 特殊问题 ··· (181)

  第十一章 净收入 ··· (183)

  第十二章 开始经营前的收益 ····································· (204)

  第十三章 商誉与持续经营价值 ·································· (221)

  第十四章 初始计价问题 ··· (239)

  第十五章 业主与企业的关系 ····································· (254)

  第十六章 股本的不同阶段 ·· (266)

  第十七章 一些估值账户 ··· (285)

第十八章　重估价与资本保全 …………………………………… (301)
第十九章　收入确认标准 ………………………………………… (314)
第二十章　会计假设 ……………………………………………… (334)

第一部分 会计结构

第一章 导　　论

虽然对会计理论做出技术性的展示可能并非必需的,但是对会计的本质和范围作一个介绍性的陈述还是很有必要的,这样会让大家对各种观点和关系的要点有比较清晰的认识,并可提供适当的背景知识。在经过这样一个初步的陈述后,我们就可以无需通过冗繁的解释性推论而直接进入到对会计体系结构的分析中。因此,在第一章,我们会致力于介绍一般性的定义以及简要阐明会计在经济过程中的重要作用、影响当前会计分析的重要因素、会计与企业的关系以及在企业外部适用于会计账户的其他情形。

会　计　概　念

为一个宽泛的学科设计出一个有效的概念总是很困难的。精确的定义可能并不是最合适的,且经常会带来误导。毫无疑问,对于某个事物而言,通过完整的阐述把它完全展示给读者,从而在读者的思想意识中形成其概念,比单纯用一些词汇来构筑其本质要更好。鉴于此,本研究将不会试图通过简单的词语构筑方式来向大家展示一个恰当的会计概念。但笔者相信,在界定概念方面通过不同视角所形成的一些调查和建议,能够帮助我们更好地阐明所要研究的主题,这对未来该学科的发展也是大有裨益的。

第一,对于从业者而言,会计的主题是怎样的?会计的艺术性以及实践性又分别包含什么?令人满意的答案包含以下三个方面。

第一,被称为"构建型"的会计。每个企业都需要包含账户、科目、一系列账簿、基础的凭证和单据以及关于记账程序方案在内的一套完整的会计体系。相关人员据此组织、计划、安排实际的会计处理程序以适应日常各类情况的需要。① 只有在出现一些具体性安排或技术性策略时,才会运用到财务分析和总结。这项"体系构建"工作的自身独特性足以使其能够被视为会计学的独立分支,许多会计人员就很擅长从事此类工作。显然,合理地安排会计处理形式和程序只能由那些既很熟悉各类情况的细节,又能理解会计结构中所有基本关系的人来完成。

第二,所有明确发生的影响各类业务的交易事项都必须进行系统地记录。记载各类业务的日记账必须要留存并将其中的数据归类记录,这一阶段通常被称作"簿记",这基本上就是一项对商业交易依次进行分析和记录的日常过程。从总体上明确区分簿记和会计是徒劳的,如果从广义上定义簿记,那么这两个词实际上就是同义的,但按日常使用角度来区分,"会计"能够更好地涵盖一般性的财务领域,而"簿记"则被视为其中重要的一部分。

第三,涉及对企业依据不同的估值和存货所做记录的定期说明和分析,以及基于此类分析编制财务报表以供管理人员和投资者等使用。这里就触及了会计的关键,以及会计专业实践中的难点和有趣的部分。作为会计人员法定职能的一部分,对实际资产的估值工作究竟进展到何种程度可能还存在一些质疑,但无论如何,会计人员必须要对估值数据进行解释和判断,并将这些数据整合进基本的财务列示中。进一步,我们还希望会计人员能够计算出应计项目、评估无形资产、阐明折旧政策以及制定出与商品和其他资产相关联的估值准则,即使估值和盘点存货的实际工作被交给其他人处理。

会计的第三个方面涉及定期呈现利润表、资产负债表、用来表述期间

---

① 当然,一个特定系统会经过一个"演化"过程,在这种情况下很难说它代表了某一个人所做出的明确计划的产品。

费用和收益的所有其他呈报式形式和报告。即使纳税申报单的编制也能够很好地囊括在这个部分中。

详细审计，又称为记录工作的核查，或许可以认为其构成了会计专业实践的第四个方面。尽管人们经常不假思索地将其视作会计的分支而且是其中的重要分支，但笔者认为仅仅是这样的核查工作还不足以将其视为会计工作的重要组成部分。依据无尽而连续的红蓝核查标记而构建的会计概念太常见了，这些会计概念其实都误解了核查记录工作的真实目的。

从学生或老师的视角来看，会计包含了一系列的理论、原则和重要原理，这些都成为技术性的复式记账体系、特定企业的资产估值以及会计艺术性的所有方面的构成基础。比如，会计教科书致力于解释会计结构的本质、阐明处理某个账户群时涉及的重要准则和一般程序，说明交易的基本类型，揭示财务报表编制的要素，分析已有的估值规范与原则以及沿着这一思路阐明附加准则，等等。仅从这个视角来看，说会计是一门科学在任何情况下都是合适的。

更具体地，从数据的基本分类来考虑会计的概念问题，会计所要做的就是以合理的分类形式进行周期性的跟踪和列报，包括企业的资产和权益以及对这些分类的重要补充。记录流入企业的所有价值，跟踪它们在企业内部运转变化的过程，记录它们如何从企业最终消失，并同时记录所有这些过程对所有权不同要素的影响，以上这些就是会计的功能。或者，再从主要财务报表的角度来明确这个问题，会计人员最核心的任务就在于对企业净收益和财务状况的定期确认。

会 计 角 色

社会性或许是定义这门学科时更深层次的观点，从团体或整个行业形势的角度来看，会计的功能是怎样的？在经济运行过程中会计扮演着什么样的角色？从行业整体福利来看，会计又有什么重要意义？为了凸显这个普遍被忽视的问题,我们将其作为一个单独话题来讨论。

我们通常认为会计仅仅是一项贸易工具,商人用它来实现即时盘算盈利和亏损的目的。毋庸置疑,如果某种基本观点被采纳,在看待同一个问题时就会出现不同的角度。让我们从广义上来探讨,什么才是会计的功能?进一步,如果有的话,那么会计理论与一般经济分析的关系又是怎样的呢?

附带介绍下米歇尔的观点,这对于理解会计理论与经济分析的关系大有裨益。在谈到定价体系的功能时,他认为,"通过会计,价格为经济活动的运行尽可能地指明了合理的方向,这是因为会计是基于这样一条原则,即会计能够反映所有不同类型的商品、服务以及企业所关注的货币等的价格"。[1] 这点暗示了会计所扮演的重要角色。会计通过系统而清晰明了的方式记录价格,这可能已经成为经营者合理指导商业运行的主要工具。会计是将市场上归属于特定企业的复杂市场交易数据转换成有效管理标准的一种方式。会计的功能就是通过记录价值,将价值分类,并组织和列示价值数据,以帮助企业所有者及其代理人能够合理而审慎地利用资本。

当然,认为会计是指引商业行为并带来不同影响的唯一机制的观点是夸大其词的。从特定企业的角度来看,由于仅仅(或大部分)依赖于价格数据和实际价值,会计的范围实际相对较窄。会计账户绝不会完全披露企业家关注的所有实情,即便它很完备。企业经理对员工、资产、生产方法、有形产品、与其所拥有的独特设施相关的其他数据、国内外贸易的统计数据、农业和矿产的生产数据、制造活动的强度、银行存款的情况以及有可能帮助他们预测市场情况并有效管理业务的其他所有信息都很感兴趣。不过,对于经济学家而言,市场价格体系对于商业运行发挥了主导作用。价格数据,尤其是价格趋势数据,对于商业政策的控制无疑有着重要而直接的影响。价格是影响企业家行为的信号,企业家收到价格信号后再作出关于生

---

[1]《商业周期》,第31-32页。

产方向和生产数量的决策。它使得经济形势的多方面影响都集中到一个焦点上,即价值数据,管理决策都通过它来进行判断。如上所述,会计在这里扮演了一个角色。如果由市场价格所记录的经济运行变化的趋势都能够合理反映在企业经理的决策中,那么记录和解释这种统计数据的有效机制必须是能够加以利用的,而一个健全的会计方案就代表了这样一个机制的重要部分。

从一般意义上来明确这个问题,会计对价格体系的经济活动方向实施了有效控制,产生了更高效的生产率,具有重要而清晰的社会意义,给整个行业团体都带来了价值提升。

在这里用一句话就可以具体地概括会计的角色和会计人员的作用,即会计实质上就是将价格数据转换为满足个体生产者特定目的所必需的专业术语。当与特定资产项目相关的市场价格受商业经营过程的影响时,会计人员的任务就是对它进行追踪。受市场面的指引,制造商取得土地、建筑、设备、工具、材料和不同类型的服务,将这些要素与其自身的独特贡献结合起来,从而生产出商品。会计人员需要记录生产过程中的成本并对其进行合理分类。当由于生产经营和期间变化导致这些成本的特性消失而以新的形式出现时,对它们的这些运行变化进行跟踪记录,以及当它们作为产品成本最终退出生产经营过程时,对它们的运行轨迹进行揭示。以上这些都是会计的功能。

需要进一步强调的是,个别项目的运行变化过程或许会经历一个相当长的时期。某些取得的资产不仅不会立刻被消耗掉,反而能够在相当长的时期内维持其资产属性。至少从地理特性上来说,土地的实物性几乎是永存的;现代化的建筑也都是非常耐用的;在个别业务中,设备的耐用部件或许会作为经济要素保留很多年。那这些项目的价值是什么呢?我们所做的记录就是会计的独特功能。当某件新产品在买方和卖方间传递时,当前市场价格就体现了其价值。只有通过会计,这些项目使用过程中的经济信息才被保存下来。在现代条件下,无论在任何时候,对于那些构成工业界大部分资本的耐用项目而言，没有了会计，对它们的合理利用就几乎是不可能的。

与此相联系，会计或许会被认为是处理价值确定的问题。市场法律和供需原则是仅有的会计人员无需直接关注的问题。但是，在与当前市场过程不一致的情况下，从私人经营的角度来看，要重新确定那些已从市场上消失并组成单个企业资本一部分的具体项目价值就是会计人员的责任。

关于会计要强调的几点问题

在深入阐述会计同私营企业的关系以前，我们需要简单陈述一下能引起我们对会计的兴趣并能让我们认识到会计重要性的几个重要因素。首先，现代行业的内在特征——由于过多的提及，人们的注意力经常会为此所吸引——决定了必须要有会计和其他统计分析形式。更大的规模和更多类型的资产，都是现代企业为实现其经营所必备的一般条件，但这些却使得估值问题变得更为复杂，构建一个详尽的会计架构就显得很有必要。

不到一个世纪以前，大型企业还很少见，小型独资和合伙制是企业的典型形式。这些企业涉及的资本较少，生产中使用的设备种类也较少，在一个很有限的区域内进行商品生产，经营销售规则被极大地简化。在这种情形下，会计并不是亟须的。业主能够很容易记住大部分业务细节，无需做详细的记录就能掌握每种重资产的状况。会计工作仅限于对明确的商业交易所做的系统性日记账，很少会使用到管理分析和估值。

今天，虽然小型企业仍然很多，但简单的独资和合伙制却已不再是主流的企业组织形式，我们所熟悉的是大规模企业，它们通常以公司的形式来组织，有着更高的资本存量，雇佣大量的职员，需要利用成百上千种形式的资产，同时经营多个不同的工厂，在世界范围内销售商品。鉴于如此庞大和复杂的企业组织，全面的会计体系就显得很有必要。

当前行业的另外一个一般特征是价格波动的频繁性和严重性,这也凸显了会计的重要性。如果价格相对稳定,正如英国早期工业历史所经历的漫长期间一样,那么评估资产状况的问题,实质上就是进行实物测量和估值,因此问题就相对简单,实物单位可以直接转化为价值度量。但是现在的价格却很少受习惯和传统控制,现代市场所遭受的干扰更为严重,价格波动更为明显。价格波动给货币单位带来了重要的影响,这让会计人员的任务更为复杂,同时也使得他们的工作更加重要。

近些年,美元价值的变化——也是本国会计人员的计量标准——已变得相当严重。这种状况更加凸显了对会计账户和财务报表的需求,账户和报表应当以尽可能贴近实际经济情况的方式加以呈现。人们开始认识到,要想不同使用者的各自利益都能得到满足,会计体系必须要对价值变化更加敏感,并且能够对价值进行更加精确的测量。我们需要发展一种令人满意的技术方法,以在账户中合理反映货币价值的变化。①

与会计和价格活动的关系有关,充分而合适的财务统计数据能够缓解所谓的"经济周期"的严重性,这方面的重要性应引起重视。相比起平淡无奇的稳定,周而复始的繁荣与衰落更能体现现代产业的发展进程。毫无疑问,前半个世纪的经济动乱部分是由于不健全的银行和信贷机构所导致的,但是我们应当认识到,沿着这个方向所进行的改革力度将很有限,更多只能依靠其他措施加以缓解。经济周期产生的一个根本原因在于商人们很难完全掌握当前形势并有效预测未来市场状况。人们开始认识到,探究并传播完整且可靠的产业信息是最有希望能够缓解这种状况的方法。由会计提供的关于不同企业财务状况的数据,就形成了构建商业晴雨表所需必要信息的一个重要部分。

经营效率在工业企业中的必要性正在日益凸显。相比起外部扩张,有效的内部经营则更受到企业管理层的青睐。健全的人员组织和对设备材

---

① 这个问题的详细讨论参见第十八章。

料的经济利用都是受到特别关注的要素。人们开始注意到,有效的管理取决于对大量统计信息的有效利用,而这些信息中的重要部分则必须通过会计人员加以呈现。

从广义上来说,管理问题就是改进经济资源的利用问题,这个问题已在此前部分中进行过探讨,当前对管理效率的关注正是行业基本状况及其趋势的自然产物。通过开采未开发的自然资源来增加收益的机会正在逐渐消失,因而,企业管理者将其视角投向了其他方向。此外,经过19世纪的完全改造,产业技术正变得越来越可靠,这也导致促进企业发展新产品的机会比以前受到更多约束。国家在发展,人口在增加,竞争(至少在某种意义上)也变得更加激烈。在这些环境下,当前社会对管理方面数据的浓厚兴趣并不让人感到意外。

"成本会计"的快速发展也印证了当前人们对管理的兴趣。在这期间,经营者被众多成本"专家"和"管理者"所困扰。许多行业协会已经建立或者正在筹备建立标准账户体系,并力促其中的每一位成员都采用这套体系。尽管成本会计的价值在商业领域还存在质疑,但甚至连零售和批发业协会也都正在学习成本系统并提倡成本分析。主要的商业期刊也正沿着企业管理这条线不断强调全面会计的重要性。人们随处都能听到对"系统"和"效率"的需求。[①]

比起数代会计人员的努力,所得税的出现则是导致当前对会计迫切需求的直接因素。从纳税人和政府的立场来看,对企业净收益所进行的高税率征税已使会计变得必不可少,净收益需要加以合理确定,而利润的真实性需要受到适当的会计原则和方法的保护。举一个关于所得税影响会计政策发展的例子,引用有关应计折旧的处理情况:在所得税出现以前,会计人员很难让商人,尤其是小企业的所有者相信,在账簿中记录固定资产的终止价值是很重要的。但显然,现在他们都明白了应计折旧的重要性,

---

① 事实上,这种建立在合理基础上的思想已经变得狂热,需要偶尔泼泼冷水。

不需要规劝就会去记录一笔备抵项目。

国内税收署的所得税部门已经成为一个大型会计组织,他们致力于会计数据的检查和程序准则的确立,其中的很多准则实质上就是会计准则。毫无疑问,该组织对会计理论和会计技术有着重要影响;但是从会计作为实现商业企业一般目的的工具及作为纳税申报基础的角度而言,它是不可能与理论或程序完全保持一致的,我们必须认识到政府在税收事务上的权威和影响力在很大程度上影响了会计的实务细节和政策。

在这方面,政府其他部门的活动,尤其是在近期战争中的活动也应引起注意。食品管理部门、联邦贸易委员会、燃料管理部门以及其他政府分支机构都已经强调了会计在某一领域中的重要性,并对会计程序的特征实施了重要影响。食品管理部门为面粉加工厂出台的会计体系以及燃料管理部门为煤炭零售商出台的会计体系都已经分别被广泛采用。

州际贸易委员会的指定分类对会计的影响对于任何会计人员而言都是很熟悉的。在认识到可以通过控制账户的方法使行业的公共规则更加有效后,1906年颁布的赫伯恩法案就赋予该委员会为州际交通的运输代理制定统一会计方法的权力。虽然这些分类被颁布,但它们并没有成为委员会管制下企业的标准会计手册,公共事业单位或多或少地遵守了这些分类,但这些分类对于鼓励和形成其他领域科学会计的发展有着深远的影响。

一般来说,政府对工业产出方向控制的当前趋势对于会计分析的渴求产生了至关重要的推动作用,影响了会计原则和技术的发展,也大大复杂化了会计人员的工作。当私有企业利益和整个社会利益发生矛盾时,人们被唤醒了,意识到需要控制企业活动。在垄断和半垄断行业中确定"合理"价格,对资本和劳动间的争论给出合理判决,保护现代企业组织中多种债券持有者的权利,这些是各州政府及其相关部门当前的重要任务,为了有效履行其义务,他们需要来自会计账户的数据。

会 计 和 企 业

前面已经指出,社会中存在这样一种机制,在指引经济行为尤其是生产领域行为时,使得有效利用价值数据成为可能。从社会的立场看,会计就是这种机制的一部分。前面也已指出使用会计处理的重要组织单位,就是私营企业。换句话说,会计服务的目的仅通过大量特定企业实体的会计体系就能完成。在现代市场条件下,商品和服务的生产大体上都是由企业来实现的。审理有关价格的统计数据和行为,据以购买原材料和其他生产要素,并处理产成品,这就是私营企业的"管理"。进一步,站在私有业主的立场和利益上,由企业雇员来保管账户。

因此,我们接着就依据个体企业所有者的需求和目的来陈述会计的功能并解释会计原则和方法。① 每项交易、账户、原则、方法对会计人员来说都是有其具体意义的,只因为它们与特定的企业实体相关。会计的功能是跟踪某个企业的投资,看它如何在不同的商品和服务中体现,把数量、净收益率及其他相关情况都报告给管理人员和所有者。

这个问题应当要着重强调。私营企业是明显不同的会计实体,会计人员看企业经营实质上是通过管理者和所有者的眼睛,会计分类和程序只有在同特定企业组织的情况相关时才是有意义的。这里我们有一个会计人员的基本概念,它是以整个会计结构为条件的。② 这一概念与经济学家的观点明显相反,经济学家将重点放在市场、社会和一般行业形势上,而不同点就在于对会计和经济分类差异的解释存在不同。

从会计的目的看,什么是企业? 从广义上来看待这个问题,企业就是

---

①像前言中所陈述的,企业主体的思想将在本次学习中加以强调。这个概念的有用性有限,但是不能被忽视。在下一节中,以及以后章节的不同方面,都会提醒大家注意会计人员感兴趣的,而与企业特性并无太大关联的情况。当然,如果有的话。

②将在第二十章中进一步讨论会计人员的"经营主体"假设的现实性和必要性。

任何涉及资本资金投资的商业单位,从管理和所有权的角度看,它是一个基本单位。在美国,企业被区分成三种主要类型,即独资企业、合伙企业和公司。独资企业是由个人经营的企业,使用中的资产所有权都掌握在所谓的"所有者"手中。所有者通常就是企业的管理者,同时提供大部分的人工服务。

从严格意义上说,任何一个承担独立商业风险并使用自有资源的资本家就是所有者,他的企业就是独资企业。大部分零售商就属于这种类型,许多批发和制造企业是独资企业,还有农业公司几乎都是这种类型。这种企业范围很广,从街道角落的水果摊到私营银行,或者拥有上万甚至上百万投资的大型企业都可能是独资企业。但是,在独资形式下,非常大的资本集中却是很少的。

虽然独资企业没有作为一个法人实体而存在,而且它的开办也没有正式步骤,然而对于会计人员来说,它是非常有用的,因为他可以出于自己的目的将其作为一个截然不同的单位来观察。涉及会计理论的独资企业的概念将在第三章中详细讨论,对它的限定性条件将会详细地标注。

许多独资企业的所有者利用了账户,但用得并不完美。在统计记录的过程中,有些东西几乎在所有情况下都是重要的,即便是那些需要稍微注意一下的地方,它们的管理有效性也因为扩大利用系统的会计方法而得到了提高。在这些情况下,在私人事务和公务间划线是有点难度的,在下一节中将简单讨论一下这个问题。

合伙企业是由两个或两个以上的人通过签署书面合同的方式共同经营的企业。虽然在实务中通常有2个、3个或4个合伙人,但理论上,可以有任意多个公司成员。合伙企业通常是建立在一份叫做"合伙契约"的书面协议上的,这份协议包含了关于投资的约定、资本金或收益的撤出、公司管理、收入分配以及公司解散等。在有些情况下会创建"特别"合伙,这种合伙企业被赋予公司形式企业的基本权利。

公司是以上提到的第三种企业类型,也是企业组织中最重要的一种形式。就集中资本控制、雇员数量、产品输出量、财务影响等而言,公司都很容易处于行业的领导地位,这种组织形式的发展看来还没有达到它的极限。公司非常适用于大规模生产中出现的突发事件。在这种组织形式下,投资者的资本,不论大小,都被合为一体用于达到经济生产的目的。公司制企业允许将拥有的重要要素进行分割,并通过大量发行债券的方法吸引各种投资者。像前言中提到的一样,在本研究中,应对公司制企业予以特别关注。正是在公司制形式下,法人实体的概念让会计人员做出了企业主体的假设。这项论述赋予公司一个单独的并与其成员不同的人格,有限责任和其他重要结果随之产生,因此公司是最卓越的企业形式。

在第三章中将特别注意以下问题,即分析公司的实质,以及从会计的立场对债券进行主要分类。就会计的应用和局限性而言,对公司实体的含义将会进行详细探讨,特别是对作为基本会计报表的资产负债表的重要性将会从公司的角度进行讨论。

在所有类型的企业中,私人业主的利益是最主要的。控制经营的是私人投资者和他们的经理人,保存账户的是企业代表或雇员。因此,如上所述,私有权益对会计原则和技术的影响是占支配地位的。

具体说来,从企业的角度来看,会计的功能是编制两类报表:① 定期反映企业的财务状况,其资产和权益;② 对收入情况的报告,其来源、数量及分配。① 这些报表,资产负债表和损益表,各自反映了整个会计过程的结果。在会计理论的学习中,损益表是不太重要的,它所反映的那些要素的详细记录最终都被合并到资产负债表中。资产负债表,是财务状况的一个总结,它包含了为了达到我们的目的而需要的大量结果。资产负债表反映了给定时点的资产状况,同时反映了同期的所有权分配。② 对于健全的管理和固定责任来说,资产记录显然是重要的,它反映了企业的资本状况,以及关于更新和扩充的控制政策。类似地,企业每种利益的状况都要定期

---

① 参见哈特菲尔德《现代会计》。
② 资产负债表基本分类的意义将在第二章讨论。

反映出来，从而确保每一位业主都受到了公平的对待。特别是在公司制的情况下，股东经常在改变，每一期的净收益的真实性都要受到保护。损益表反映了一个特定时期的收入成本状况，当然，它是出于管理的目的，但是它对会计理论的最重要的意义在于它列示了净收益以及权益状况的改变。

这里不会详细介绍会计对企业的重要性，但是，会计是一个通过财务账户体系而运转的机制，这个概念在我们的学习中是很基本的，必须要牢牢掌握。

其他需要账户的情形

正如已经强调过的，会计主要为企业所关注并通过企业实现其功能，还有一些其他情况同样需要会计，但却并没有表现出典型企业的特征。简单讨论一下这些情况，用以适当地证明前面的讨论，这也有助于我们理解基本观点和概念。

首先提及的是那些私人经济领域，他们提供类似地商业经营，或许会需要财务记录。在一个时期，社会的大部分财富由或多或少的耐用"消费性"物品组成。居住地、房屋、汽车、家具、衣服、珠宝、油画以及书籍等都是重要的例子。百万富翁为了掌握所拥有的财富的数量和布置，并合理控制它们的管理和更新，不仅仅需要将资产进行适当分类，并记录下消费情况，还要对它们的利用和折旧进行分析——"经营"记录。

而且，从一般观点来看，这些资产并不能代表生产性资本，但是对于某个个体而言，实现其由消费性资产到商业资本的转变是极有可能的。他也可以将其私人财富作为资本借款的基础，虽然有些不直接，但商人的消费性货物与他的商业资本相关了，对于这些项目来说，一个系统的会计不仅是可能的而且常常是合意的。这种会计的一项特殊原因在于，和消费性产品有关的用于联邦税收目的的收益项目（包括"允许扣除额"）出现了。为了纳税申报的目的，政府没有将独资经营者的商业利润与他销售诸如居住地而获得的利润加以区分。

但是,关于这些资产,个体所有者很少采用系统会计的方式。大多数情况下,他的私人事务并不复杂,他可以将有关情况记在心里,而并不需要大量的账户。实质上并没有企业经营,一般意义上说来也没有净收益,分配问题(除了不动产的结算)很少出现。换句话说,个体私营经济并没有呈现出会计问题的特征。

从良好管理的角度来看,我们应支持建立"家庭"账户。健全的家庭财务的管理需要一个预算和一套会计方案,家庭经营表现出与厂房经营一样的管理问题。家庭中有很多有规律的作业,如做饭、洗衣、清洁等,还有一些更为详细的特殊过程,如做罐头、缝补、修理等。在现代家庭中还有大量设备,我们有真空吸尘器、电动洗衣机、熔炉等,以及许多厨房用具和其他随身用品。类似地,从中我们发现了估值和成本会计问题,合理确定某一家庭作业成本(如牛排的烹饪),就跟普通企业的统计分析一样困难。

在这里,除了那些少见的"热心肠"以外,我们几乎没有发现有为指导全面会计所做的努力。家庭主妇毫无疑问也需要账户,但并不是像企业需要的那种完整的会计体系,拥有一般常识和好的判断能力就已经足够,而不需要系统的记录。无论如何,这些情形同样没有提供典型的会计数据。

此外,某个体或许拥有资产和半商业特征的收入,这种半商业是指伴随或者不伴随商业事务。他或许拥有政府债券或一块地,或许因印刷品或发明收到版税,或者因偶然提供的服务获取了收入。在这些方面,这样的个体从一般意义上来说不属于企业经营者,但仍然会使用账户。

那些投入少量或根本不投入资本却能从提供的劳务中获取收入的专业人员,在有些情况下需要相当详尽的会计系统。当然,他必须以客户分类账的方式保存一些记录。像这种专业人员只需要少部分资本用于办公设备、小汽车和流动资金的情形,接近于独资经营。作为真正的企业来讲,独资或合伙企业的劳务费用都要由会计人员进行估价。

在这些情况下,如何划分"企业"和"非企业"的界线很难说。在一端,我们有普通的劳务服务,但没有以资本的形式投资任何东西(除了尚未开具支票和提供一些小工具的情况,这些情况下可能会被认为提供了资本);另一端是会计师事务所或律师事务所,他们有明确的商业地点,成千上万的资本和大量雇员。这类劳动者或专业人员的生产经营,不能说是构建了企业的条件,因为这些情况下并没有提供典型的会计数据或问题,这点会计人员必须牢记。① 而且有组织的公司通常代表了一个截然不同的会计单位。

为了会计实务,有必要区分独资或合伙企业中的纯商业事务和半商业事务或私人事务,这也是为什么有必要支持企业会计观点的一个原因。如果一个企业的统计数据中混入了所有者的私人贷款、个人消费以及其他交易以外的东西,那么真实的会计分析就几乎是不可能的。②

不管多么有力地强调企业的完整性,想在商业经营和个人经营间划上明显的界限都是不容易的,为了获得收入而付出的成本和利用收入达成目标而付出的成本是很难区分的。在这个问题上,国内税收署的所得税部门的有关规定有所阐述。如果半商务车既用于商务,也用于生活,那么要想详细地分割使用成本是很困难的,这个例子就是"经典"说明。但是,如果会计账户要为某个重要目的提供满意的服务,会计人员还是要尽可能地仔细观察它们之间的区别。

必须承认的是,法律上并没有把独资企业和合伙企业的"商业"资产从所有者的私人财产中隔离出来,所以从某些观点来看,这些范围之间的界线都是人为的。在资产清算中,考虑到信贷者的满意程度,应将所有者的私有财产(有某种法定义务)全部作为商业资产。但是,在清算时期,账户

---

① 在这种情况下,一套完整的复式记账体系是完全没必要的,或者说是几乎不可能的。
② 一个小县城的某个家庭的"账簿"可以为该情况提供例证。不同的兄弟、姐妹、叔伯等,他们拥有并经营"小珠宝剧院""o.k.理发店"以及其他一些商业形式。有关的账户都保存在一套账簿中,不仅仅有许多混乱的商业事务,还有很多私人交易。查尔斯叔叔对杰米玛阿姨的负债,儿子威廉买了辆新的两轮车,汤姆预支他哥哥吉姆的钱偿还打扑克的损失——所有这些都记录在一起,可想而知,结果非常混乱。

的设置不能仅仅从信贷者的立场来考虑,还涉及其他相关联的目的。这个问题在第三章中将会作更深入的讨论。

在企业之外还有一种重要情况需要大量的会计,即政府单位——联邦政府、州和地方。例如,美国政府拥有一个庞大的资产集合体,他们开展广泛的商业和非商业经营,操纵大量的现金,并有责任偿还大量的负债,如拥有并经营水、电和天然气厂。在这种情况下,资产会计和成本会计的问题就同典型的私营企业所面临的问题很类似。

然而,明晰的"所有者权益"①在涉及明确的负债但没有具体所有权项目的情况下并不存在。地区公民可以说是组成了所有者,在这种情况下没有什么可以阻止完整的复式记账体系的运用。资产和负债的不同可以方便地用"盈余"②来标识。任何政府单位的"资产负债表"都是有些传统的东西,它并不像私营企业的资产负债表那样拥有同样地意义。政府或其任何一个部门的财政力量,在本质上,更依赖于对公民征税的权力,而不是在某个时刻它可能拥有的所有资产。政府或市政当局因此可以使其负债远大于资产,而不至于会到达破产的境地。

关于这一点,需要简要考虑一下关于共产主义社会或社会主义国家会计特征和范围的主要理论问题。当私有制被消除,取而代之的是一个真正的社会主义政治体制时,会计会受到怎样的影响?保守的回答可能是:如果这样的变革在经济组织发生,广义上的会计不会被废除。诚然,会计或某种簿记无疑会被着重强调。即使政府指导下的集体计划,取代了价格体系下产业领域的或多或少的自动调节,精确的簿记也是有必要的。如果没有广泛的会计和其他统计分析工作,在一个又大又复杂的社会里,是不可能完成资源和产品的合理分配的。

然而,社会主义单位的会计与私有企业的会计有很大的不同。生产中

---

①在以后章节中将详细讨论这个术语的重要性。
②这里提到的"资产负债表""盈余""负债""资产"及其他表述的会计重要性将在以后章节中详细讨论。

的可掌握的回报,是现在私有资本关心的问题,它会消失不见。所有权和净收益,如上面的分析中所揭示的是现在会计的问题,会成为消失的元素,至少会在很大程度上被修改。利润率不再像现在这样是首要的指导。进一步地,整个所有权体系范畴将在关键点改变,特别是对无形资产,如商誉和专利权等,会从会计关键数据中完全消失。①

但是,如前面所声明的,会计人员对这些问题只有理论上的兴趣。尽管已经提到过政府的控制范围,但是对私有经济企业核心还是没有实质的发展和明显的威胁。当然,需要进一步详细阐明论点来证明:用私有经济企业的需求和目的,来陈述会计理论,比用社会主义单位的要好。

最后,还有很多准商业机构和企业,范围包括了社会机构,如兄弟院校组织、商业建筑协会和借贷协会。慈善组织、"改进"协会、农业组织、商业会所、互助保险公司——这些和其他类似企业也都需要会计系统,这其实有点类似于典型的商业企业。②

但是,在陈述会计理论的尝试中,这些情况没有一种被认为是典型的。更确切地如运输、贸易、开采、制造业、银行业等私人企业,利用可评估的资本,提供劳务和生产可供在市场上销售的商品,并为了私人业主的利益,即为了净利润,进行经营管理。

---

①这部分问题将在下一章中重点探讨。
②房地产公司、信托公司等,形成了与典型商业企业许多地方相类似地另一种商业形式。

第二章　基本的类别

学习账户理论的第一步,应是试图形成一种基本观点,把注意力都集中在组成经济世界的各个要素、方面或单位上,而这些正是与会计相关的独特领域。在上一章中,已经进行了这一步骤。此前已经指出,会计人员关注的基本组织是私有企业、追逐利益的商业实体;只有当它们与特定的商业状况相联系时,特定的会计命题、会计程序、会计原则才会有意义;会计理论必须按照经理和投资者个人的目的和需求进行表述。第二步则是会计人员需要在商业企业中确定基本的类别。会计人员对数据的基本分类是什么?能够被披露的主要分类有哪些?被精简的财务统计资料的最低要求是什么?

为了回答这些问题,有可能会使用到两种截然不同的方法中的任何一种。一种方法是尝试从细节到基本原则,一笔独立的业务,一个单独账户,或其他微小的细节可能被把握住作为一个核心和努力的方向,渐渐地,到合理安排整个结构,并披露一些基本关系。另外一种恰好相反的方法则是,以一种逻辑的方式对次要分类进行直接演绎,孤立基本要素,并逐渐充实这一基本原理。如果是正在探索从未开发过的领域,第一种方法可能更加可取;但如果面临的是已经有过部分涉足的领域,第二种方法可能更为合适。

在对这些基本分类进行阐述以前,我们自然有必要收集与某一特定企业有关的披露内容。出于这个目的,假定一家企业(X 企业①会被经常提

---

① 就像前言中所提到的,在用作说明的例子中,将会用到公司形式。这一研究的主要目的,是为了根据企业的状况和需要以及商业组织的主要类型来说明账户的基本原理。尽管如此,笔者并不想尝试与实际相一致的任何一种情形;相反,更强调所有公司几乎共有的情形及要素。

及)。首先,我们假定这家企业刚成立且正准备对外开展业务。① 厂房完工,取得并安装了机器设备,储存了原材料,招录了技工,完善了经理层的人事组织。那么现在,哪些基本的分类数据应当呈现在账户中呢?

一直在强调,会计主要关注于经济事实——即价值。于是在一开始,很多因素就被排除在考虑范围之外。比如,会计人员并不直接关注公司可能拥有的土地、建筑物、商品的重量、形状、体积或颜色;生产制造的技术方法和其他商品特征;现时和预期的雇员数量、年龄、民族和宗教;厂址及产品市场的地理位置;企业产品和政策的社会和道德影响等。考虑到关于企业的性质及其与经济团体之间关系的许多有趣和重要的问题,这些很容易给他们一些启发。但是,对于绝大部分的这些问题,会计人员并不是直接关注,会计人员所感兴趣和能够影响的仅仅是财务状况某些特定的方面。② 因此,问题可能变得更加具体,X 企业的账户应当要呈现价值的哪些基本分类信息?价格数据的哪些基本类别被披露出来?什么情况必须(或能够)呈现用以说明这家企业的经济和财务状况?

资　　产

至少部分答案已经直接呈现了出来。一个很重要的类别是 X 企业所拥有的所有资源、财产或资产。很明显,如果我们要了解有关公司财务状况的任何信息,我们必须有一个关于其资产的完整清单。会计人员所要面临的第一个问题就是,什么是资产?

"资产"一词意味着什么呢?简言之,资产是指由某一特定商业企业所

---

①在创立和建设的初始阶段,要求做会计记录,如果期间足够长,会出现一些特别困难的会计问题。在第十二章和第十四章中,将考虑在初始阶段出现的一些问题。

②这里需要强调的是,在某些地方似乎存在着忽视会计内在局限性的趋向。会计人员具有相对狭窄的专业领域,在越过其自然界限后,将一无所获。一些会计人员有时会试图以明晰的会计分录呈现各种假设性的成本分析,说明了他们对于会计真正范畴的误解。

拥有的,会导致价值流入企业的任何资本、材料或其他事物。实物性并不能作为检验它们是否是资产的标准,它只是商业企业所普遍认同的一种习惯而已。因此,企业的资产可能不仅仅是各种各样有形的建筑物和商品,比如,土地、建筑物、机器、工具、存货、产品、现金等,还包括广泛的各种权利,其中的一项权利是为了获得服务、金钱、商品而对个体、公司、团体、政府组织所提出的诉求。垄断特权和各种优势地位也能够成为资产。普通的日记账、约定票据、抵押权、股票、债券和其他有价证券、租赁、专利权、商标、预付保险等都属于无形资产。在现代商业运作的复杂情形下,会计会遇到数不胜数的资产种类,每一种资产与其他资产相比,在很多方面都有所不同,但是和其他资产一样,它们都有一个共同特点,那就是对特定的商业企业或商业实体而言,它们必须具有价值。

在一些项目之下可能会列示属于某一特定商业企业的资产,或者会不断地对它们进行分类,这种分类应该达到方便适宜的程度。商业运营的特点、规模及目的是可掌控的因素。我们假设 X 企业的资产包括以下项目:土地 $100,000,建筑物 $200,000,机器设备 $100,000,专利权 $100,000,组织费用 $25,000,原材料 $100,000,现金 $75,000。我们能够以任何一种合适的方式对这些项目进行分类,但表明 X 企业财务状况的报表必须要列示所有的资产。一般就是以纵栏的形式列示如下:

资　产

土地……………………………………	$100,000
建筑物…………………………………	200,000
机器设备………………………………	100,000
专利权…………………………………	100,000
组织费用………………………………	25,000
原材料…………………………………	100,000
现金……………………………………	<u>75,000</u>
总计……………………………………	$700,000

在提出进行进一步分类的问题以前,更详尽地核查会计中资产的概

念及其意义将会有所裨益。首先,对于会计人员而言,需要引起注意的是,眼前的事实并非是记录客观存在的资产,而仅仅是记录这一资产的价值表现,比如,在账户中将要记录的并不是 X 企业的土地,而是以美元和美分衡量的土地价值。严格来说,"资产"作为会计信息,包含两个主要的组成部分:① 一个合适的名称或称呼;② 以货币单位衡量的价值呈现。

接下来,应该进一步考虑的问题类似于资产概念涵盖或包含了什么。如上所述,资产的两种主要形式包括:① 建筑物、机器、商品及商业企业拥有的、具有价值的所有其他有形资产;② 所有确认的有价证券、特权和明确赋予持有者对金钱、有价服务或商品的要求权,以及所有由于垄断地位而产生的有价值的因素。

虽然此前已对这个问题做了阐述,似乎没有必要去重申,但还是有必要对此予以强调,也就是说,对于任何企业而言,不能产生任何经济意义的建筑物、商品、条件或服务都不能被认定为资产。比如,X 企业发现在经营过程中水的供给是必不可少的,但是来自邻近河流的大量水资源并不需要付出成本,那么水的供给将不能成为财务状况报表中的项目。① 对于所要考虑的账户能否具有经济意义,并不在于这个物体和条件是否具有普遍意义上的价格,而是对于拥有它的某一特定企业来说,它需要具备价值。因此,如果由于恰好不存在竞争的买方,而 X 企业已经以名义价格获得了实质的用水权,这种权利对于某一特定公司来说可能仍有很高的经济价值。如果这些权利是不可替代的,在这种情况下,将这部分经济价值计入公司的销售中,那么所反映的真实价值将比名义成本更加精确。

通过捐赠、强制和其他非商业手段也可获得类似地资产,但这依然使它们无可争辩地成了企业拥有和使用的资产。比如,打着小算盘的某个市政当局可能会捐赠一大片土地给某个制造业企业的创办人;一个大的企业

---

① 在决定公司地理位置的价值时,是否在水供给的范围内是一项因素,当然,在会计信息中将会找到它的间接表述。

集团可能强制一个小公司低价处理它的专利权;一个铁路公司可能廉价获得一个无清偿能力的小支线的资产,这是因为该支线对其他支线来说没有价值。在这些情形中,仍然涉及了重要资产的价值。

探讨"资产"与经济学家通常所认为的"财富"之间的关系,将对理解会计领域的基本性质有所启发。总的来说,在特定情形下,任何有财富的事物,都可以转化为会计人员的资产。正如一直所强调的,会计主要就是为那些生产商品和提供劳务的企业所服务。因此,消费者手中的商品,一些人手中掌握的用于私人目的的商品,通常都不能被列入会计账户中。住所、车、家具、书籍等,从法律意义上说,当然都是资产,但是,当最终的使用者拥有这些东西时,它们就不能提供特有的会计信息。而制造商、代理商、零售商或商人的库存物品则被视为是生产者的产品,从而成为会计人员所关注的对象。

但是,这里存在一些事物,它们能成为资产但是并不能构成组织财富的一部分。一个商业企业可能投资相当大的数额在预付服务上,保险就是这种例子。某个公司可能为预防火灾和其他风险而提前支付费用。这些预付就形成了一项资产,这种资产是公司通过预付而形成的一种权利。保险公司有义务在一个特定时期内提供保险服务,而对于受保人来说就形成了一种信用资产。但是,经济学家并不能毫不迟疑地将这种预付服务,这种对某一特定企业来说在将来才能产生的收益列在组织财富的计算之内。与之相类似,某个公司可能投资专款在预付租赁中,并将其加总形成一种名为"预付租赁"或"租赁权"的资产。不难发现,某些公司的资产大部分是由租赁权构成的。即使在使用普通人工服务的情形下,有时也提前支付费用,因而形成了一种暂时性的资产项目。

会计同样将这种由于在未来支付金钱和商品而形成的权利认定为资产,尽管它们并不能构成组织财富的一部分。"应收账款"就是一个重要例子,这些项目大部分是通过赊账销售的方式而产生的,对于实际的或未来的债权人来说也是一种未来支付。

股票、债券、抵押契权、票据等都是拥有这些有价证券的个人、企业、公司的资产。而且,这些权利并不是全部财富的一部分。从行业组织的角度来看,很显然,会计包括了这些重复的权利。因而在美国,如果每一个个体、企业、公司都要列出他们的财产清单,那么这些清单的总和将大大超过这个国家拥有的财富。为了得到所有财富总和的大概数字,消除所有的企业间关系是有必要的。

还有一个重要且特别的地方是,私人企业的资产不同于从社会的角度来看的财富。就像已经提到的那样,在特定情况下,各种垄断优势形成了资产,它们是所谓的"无形"资产。这种优势的产生可能是由于政府的授权——如专利权、版权、商标权、经营特许权——或者是由于对自然力的控制、对财务的控制、各种"不公正"的方式、秘密程序,以及更加有效的经营管理等。因这些情况而产生的无形资产项目,对于个别企业来说,就像是其他有价值的考虑因素一样,被认为是真正的资产。① 但是,站在全社会的角度来看,很明显它们不应被视为财富。事实上,从社会公众角度来看,从某种意义上来说,这些资产代表了一种明显的损失。

很明显,会计学家的资产类别,有点类似于经济学家的资本,尤其对那些对土地和产成品不加区分的人更是如此。对于很多企业来说,自然资源、厂房和设备是重要的资产,而且,会计人员通常没有对"自然"和"生产"的因素作基本区分。② 当然,从商业企业的角度来看,任何需要通过价格予以支付的必要因素显然都是一项资产,不论其物理性质如何。③ 尽管所

---

① 对于会计人员,除非以一种真正的方式购买这些资产,否则在账户中不能明确地确认它们。对于这个问题的讨论,可以参见第十三章。
② 尽管特别的估值规则经常被运用到每种类型的资产中。
③ 尽管如此,这并不意味着,那些出于经济推理的目的,而坚持将土地与产品归为一类的理论学家是正确的。经济学的中心问题是对价值和价格进行分析,在制定价格的过程中,对那些与可生产的产品相关的自然资源实行不同的法律。而且,在处理与总的经济福利和经济增长相关的问题时,很有必要区分土地价值的增长与由产品数量增长而引起的财富增长之间的不同。因此,经济学家需要其他的分类。

第二章 基本的类别 | 25

有的由于自然力产生的商品和由生产资本产生的商品都可能变成资产,但是,对于那些宣称商业企业观的经济学家来说,并不意味着所有的资产都包含在资本范畴中。就像已经指出的那样,预付服务、当前的应收账款、有价证券和一般的无形资产构成了真正的资产,但是这些项目与部分财富相比,并不能更多地代表组织资本的一部分。

在我们结束对资产类别的一般性质的讨论以前,应当强调进一步要考虑的因素。尽管这一类别可能包括多种项目,但是它有了明确的限制——这些限制在会计理论和实践中还没有被清楚地确认。因为,并不是所有影响一个公司财务地位的条件、状况、因素、趋势都能以美元或美分给予明确的统计上的确认。一种与之相关的例子是所谓的"或有资产"。由于担保而被索赔、公开发行的股票被回购、未决法律诉讼中可能的损失等都是例子。这些情形不应与实际存在的资产混同在一起。

而且,一方面,一家公司的信誉和筹集资金的可能性,相比起任何甚至其所拥有的全部特定资产来说可能更有价值。另一方面,很难评估获得资金的可能性,并把它预先作为一种实际的资产。① 而且,正如此前所提到的,某一特定公司所拥有的垄断优势可能有令人瞩目的价值,具有这种价值的优势可能让公司的盈利能力变得更为强大,但将超常的盈利能力转化为一项资产的这种资本化(缺乏真正的购买和销售交易行为),在进行合适的会计处理时并未得到确认。而人力组织的忠诚和效率相比其他事物可能更加重要,比如,与价值 \$100,000 的商品相比,但这种情况很难以价格的形式在账户中予以明确确认。只有在特定的情况下,商业企业的"不可量物"才能被给予明确的统计列示。

这里,会计存在一项严重的局限性。资产列表作为一个特定的时期列表,是对一个商业企业内在经济实力的并不完整的呈现。"资产"一词并不包含任何广义上的有价值和有优势的条件和状况,而只是指

---

①将库藏股作为一项资产就犯了这种错误。参见第十六章。

相当有限的设备、商品和权利——通过已确认的商业实践——的一种明确的价值表述。

从事实的角度来看,"所有物"一词已经在上述讨论中被频繁使用,可以补充认为,不是有形的所有物就能够成为资产项目。因而,拥有作为担保抵押品的有价证券的银行,或者在仓库中放有各种贵重物品以妥善保管的银行,都不能将这些项目作为自己的资产,而必须拥有对私有资产的法定权利。在第三章中将对与会计理论相关的资产权利的重要性做进一步探讨。

权　　益

但是,财产或资产列表就能够令人满意地呈现出 X 企业的财务状况吗?从最基本的角度来说,会计人员的工作被限定在对资源的列示上吗?是否还有其他的一些潜在数据需要商业企业予以披露呢?结果是相当清楚的。无论从商业企业自身利益、商业企业可能的购买者、雇员、公众的角度还是从其他利益相关者的角度来看,仅有的资产报表很明显是不充分的。就像前一部分最后一段所指出的那样,必须决定这些资产名称的地位。什么是对资产的要求权或权利?业主权益的分配在哪里?或者更简明地说,这些资产的权益是什么?

尤其是在大企业中,与资产一样,权益也可能有各种各样的形式。能够直接控制经营的特定利益主体可能拥有所有的资产,或者相反,他可能在资产中只拥有相对较小的权益,所有权的大部分归属于其他利益主体,而这一部分的法定权和要求权由各种债券、抵押权、期票、往来账户等形式呈现。举个例子,假设 X 企业的权益由以下项目组成:股本——普通股 \$200,000,股本——优先股 \$200,000,可抵押债券 \$100,000,无担保债券 \$100,000,应付票据 \$100,000。就像在资产项目的情形下所做的那样,权益的实际情况将以纵栏的形式呈

现,如下所示:

权 益

股本——普通股	$200,000
股本——优先股	200,000
可抵押债券	100,000
无担保债券	100,000
应付票据	<u>100,000</u>
总计	$700,000

一方面,一项权益,作为直接的会计数据,是资产权利的价值体现,而且它是以美元或美分为单位表述的合适的称呼或名称。因而,一项权益,仅仅作为统计上的一项说明,是与任何资产事项完全独立的。另一方面,没有资产的存在,当然就不会有权益。资产隐含有权益,而且权益也隐含有资产,两种类别的互相联系是商业企业的一种构想。独立于私有的权益,资产将不能存在。同样地,没有真实资产的存在,权益或利益将代表不了什么。会计人员必须时刻牢记这些基本类别的独立性和依存性。一方面,他必须认识到,两种不同分类是设置全部账户技术结构的基础;另一方面,他还必须意识到,这两种基本的分类表现为同一经营状况的两个方面。这个问题稍候将会进行详尽的阐述。

同资产项目的状况一样,权益将不会包含所有实际的或可能的所有权、要求权和特权,这些权利可能直接或间接地与某一特定资产相联系。它们仅仅代表某一特定主体资产价值的合理分布——出发点——在不同的利益需求之间。明确的统计表述只适合于满足特定条件的权利。在资产中并不能列示能够增强某一企业财务状况的所有情形,资产全部的所有权和特权也不是都能以价值的形式予以明确确认的。

所谓的"或有"债务是一种恰当的表述。一项或有债务代表了资产中的一项可能的或很可能的权益,这并不是一种实际的权益。母公司可能会为子公司的本金或收入作担保,这样,母公司就变成了"或有的债务人"。如果一个企业将票据背书转让给其他企业将出现类似地情况。产品销售、顾客贴现票据背书、诉讼中要求权相关的担保等可以提供其他的例子。这些或有负债都不是权益本身,但是当某些可能性实现时,它们也许会变成真正的权益。

所有私人资产的法定权都被国家及其分支机构的税收权和征用权等限制。而且根据近些年来的经验,在发生紧急情况时,国家有权分配原材料、生活用品、交通服务,规定应当生产什么产品,制定会计程序、财政政策及产品价格等。私人资产法定权受到积极有效的政府职权的限制,并且从属于它们。政府部门似乎对私人企业的事务非常感兴趣,而且力图对这些事务实施控制。尽管如此,政府的权力形成了一种在资产中仅仅与税收权力相联系的可表现的有价值权益。至于政府可以强制获得的类似于税收的且来自于收入和本金的支付款项,很显然,它们有会计权益。相应地,与税收一样,以美元或美分的形式确认这一要求权就是会计人员的工作。①

与在引言中所阐明的一样,毋庸置疑,工人在商业企业中拥有权利。总的来说,这种权利对经营管理影响的准确程度却是一个有争议的问题,但毫无疑问,尤其是在特定的生产线中,由雇员实施的控制是相当重要的。尽管如此,只有当这种影响涉及含有明确的价值权利时,我们才在这一项目下有会计权益。工人对生产过程贡献了有价值的服务,而且直到对这些服务予以支付后,他才能明确地拥有一种强制性权利,一种在法律上被称为"优先索取权",且通常列示在累积税收后的权益。工人可能会被认为以"分期付款"的方式销售有价值的服务。经济学家将这种情形阐述为:等待获得补偿的劳动力实际上提供了实施生产所要求资

---

① 在某个特定的期末,通常只可能粗略地根据这一期间的经营来估计所要征收的所得税。换言之,政府权益的存在形式是相对不确定的。在一个不断进行行政和法令修订的复杂税收体制中,尤其如此。负债是一项事实,但是不可能绝对精确地表述其数量。

本的一部分。而且，应当说明的是，各种雇主义务法案和工人报酬法案亦规定了工人拥有或有权利。

政府和雇员权益的会计处理涉及一些困难的问题，这些将在以后的研究中作进一步探讨。

如何确定一项特定权益的数额呢？在下一部分我们将会多次说明，对于权益估值而言，其出发点是资产估值，资产的数额在根本上决定了权益的数额。不同权益间的数额分配取决于每一特定利益主体的法律权利和特权。从原始报告目的角度来看，投资数额是权益的最佳统计方法。因而，可以假定 X 企业的权益报表中所给出的总量，就代表了所有权凭证上列示的个人或利益主体投资的资金总和。

尽管如此，应当强调的是，无论是原始投资的数额，还是从资产价值得到的任何数额，它们都无法对某一特定利益主体的权利和义务给予彻底且恰当的呈现。比如，某一特定债券合同可能要求在 30 年内，半年一次支付一定数目，以及在到期日支付面值的支付方式。在特定时点，应当如何合适地呈现这种复合权利的价值呢？[①] 在实践中，票面数额或调整后的投资数额经常作为这种权益的恰当表述予以列示。以普通股股东为例，在破产的情况下，他拥有对资产的剩余权利，普通股股东的剩余索取权与经理可以在适当时候占用资金作为分红是一个道理。什么样的数额能够表现特定时点的这些权利呢？显然，通过对一项确切价值数额的参考并不能充分回答这类问题，此类问题的回答，正如会计人员所能给出的答案一样，很可能会被随后发生的事件予以充分但并不准确的证明。

权益，作为一项实际业务，必须在特定日期根据资产来表述。当前的相关利益方可能对企业的所有将来收益拥有权利，但只有当此类收益得以实现时，也就是当他们能依据现有的资产进行明确的统计表述时，才能在

---

①将在第十七章中简要讨论这个问题。

权益中反映出这些相关利益方。

　　资产的类型,即用于标明它们的名称,以及与资产账户相关联的程序,都不是主要根据商业组织的类型来确定,权益的性质在主要的资产类型之间明显不同。事实上,独资企业会计、合伙企业会计和公司会计的主要内在特性在于权益项目及与此相关联的处理程序。比如,在合伙企业中,合伙人的"资本"账户、合伙人的姓名以及"资本"或"所有者"等惯用称呼代表了合伙人的权益。本票、抵押契权及应收票据的持有人组成了其他常见的利益相关者。在公司中,正规的有价证券代表了大量的权益,与此相关的运作程序及账户有必要更为详尽。很多不同类型的股票、债券和长期票据亦是如此。在下一章中,将对所有者权益和负债进行研究,并将进一步讨论和说明在不同类型组织中权益的一些特性。

　　在这部分中,我们将对权益作为独立会计分类的重要性予以强调。相比单独的资产列表,单独的权益列表更能够给人带来启示。就像刚刚所阐明的那样,能够表明商业组织所属的类型更像是权益的特性而非资产的特性。此外,从权益报表上还可以确定所有资本在不同类型投资者之间的分配,同时,这也形成了判断一个企业财务状况最重要的根据。换言之,如果某个人了解一家公司的资本总额以及它在不同权益类别之间的分配,那么相比起呈现在具体客观存在的建筑、商品、权利等类别中资本分配的报表,他可能会了解到更具实质意义的信息。当然,就企业财务状况的充分披露而言,这些不同类别的划分是很有必要的。

等　　式

　　以下给出的权益栏和负债栏代表的是刚成立的 X 企业的财务状况,它们能够以多种方式加以列示,但平行的方式会更为便捷。

X 集 团

资　产		权　益	
土地 ……………………	$100,000	股本——普通股 ……	$200,000
建筑 ……………………	200,000	股本——优先股 ……	200,000
设备 ……………………	100,000	可抵押债券 …………	100,000
专利权 …………………	100,000	无担保债券 …………	100,000
组织费用 ………………	25,000	应付票据 ……………	100,000
原材料 …………………	100,000		
现金 ……………………	75,000		
总计 ……………………	$700,000	总计 …………………	$700,000

应当强调的是,这种以平行栏方式的列示完全只是一种随意的做法,当然也可采用其他方式,如通过符号、颜色、空间排列等对这些类别进行表示和分类。最本质的事情是要在基本报表中将所有资产和权益的情况列示出来,从任何角度来看,以某种方式对这两种不同的类别进行区分都是可取的,以上列示遵循的是常规的资产负债表形式。① 它是列示必要情况的一种清楚简洁的方式,而且,这种编排方式的有用之处在于它与之后一章中将要展开的账户结构与业务分析相一致。尽管如此,对资产负债表的定义并不需要依赖于这一安排。广义上,无论采取的排列方式如何,资产负债表都是关于某一企业资产和权益的完整报表。在这个意义上,正如斯普拉格所指出的,资产负债表是"所有会计工作的基础,是每个账户的由来和归属"。② 像刚刚阐述的那样,资产负债表代表着对事实情况的一种分类,这种分类是财务账户整体结构的基础。

显而易见,资产和权益这两类的数额总是相等的,从某种意义上来说,它们仅仅是同一事物的不同方面。一种情况下,我们列示客观资产的实际情况;另一种情况下,我们间接地看待同样地资产,站在对这项资产具有所

---

①当然,其他更加详尽的资产负债表形式也被广泛使用,但是在公布了企业概况的资产负债表中,多数情况下仍使用旧的平行栏设计。

②《账户的哲学》(第3版),1910年,第26页。

有权的不同个体和相关利益主体的角度来看。① 一种情况下，注意力主要放在花费资金的对象上；另一种情况下，注意力主要放在资金的来源上。资产是企业财产价值的直接说明；权益是同样地全部价值的间接表示。一方面，我们有以客观和特定存在的方式来体现价值的列示；另一方面，还有对资本分配的列示。资产的总额也是企业资本的总额，而权益表现了对总额的公平分配——将企业财富与特定个体或利益主体联系起来的法律关系，是业主权益的分配。而且，在对两种分类进行说明时，使用了相同的计量单位，即美元，所以我们能够得到数额相等的总额。

再次要强调的一点是，给定时点权益的总额实际上取决于相同时点资产的总额。对这一问题，我们能够以逻辑的顺序加以解释，会计人员首先确定每种资产的类型和数量，并计算出资产的总额；接着根据每种权益的法律权利和特权，将同样地总量在拥有这些权益的各种个体和利益主体中进行分配。将这两种列示放在一起就形成了呈现财务状况的资产负债表。

在资产和负债这两项标题下，可能列示着一些代表了一家企业在期初时的财务状况信息，②资产的总和总是与资产中权利或权益的总和相等。而且，就像在下一章中将要充分说明的那样，这一分类和这种必然的相等关系是账户复式分录体系的根据。资产负债表中左边余额与右边余额相等的原因正在于此。

在最卓越的企业组织形式，即公司中，我们能够更容易并清楚地了解这一等式的实质。不过，在合伙制企业、独资企业或不管是简单的还是复杂的其他企业类型中，这一等式依然成立。在这一点上，来自于一个小规

---

① 贝尔丁：《账户与会计实务》，第 2 页。
② 是否存在多于两个的类别？其他内容能否包含在内？这几乎没有必要争论，以上所定义的资产负债表，涵盖了所有的衡量企业初始财务状况，并以明确的价值形式尽可能呈现财务状况的事实。尽管如此，经常用三种分类而不是两种分类来列示资产负债表的数据。在第三章中，将仔细考虑资产负债表分类的问题。稍后将探讨是否可以将经营的分类限制在资产负债表的术语中的问题。

模"企业"的例子就很有帮助。假设,一名报童 A,口袋中有 $2 的现金,以及成本为 $3 的报纸,此外再无其他资产。首先想到的是,A 完整的财务状况应列示如下:

现金	$2
商品	3
总计	$5

尽管这样的反映很清楚,但这并不是全部内容。问题产生了,什么是 A 的实际权益?是他还是其他利益主体拥有全部资产呢?应该披露更详尽的信息。假设 B 是 A 的哥哥,作为一种未被记述的合伙人,在这一事业上他投资了 $2,而且再没有其他的利益相关者。该商业主体的财务状况将完整表述如下:

资　　产		权　　益	
现金	$2	A,股本	$3
商品	3	B,股本	2
总计	$5	总计	$5

如果 A 拥有所有的资产,要制定一个反映其财务状况的报表,那将只列示资产,这是非常有可能的。但这并不意味着权益不存在。A 将其业主权益视为理所当然的,而资产的报表中隐含着业主权益的真实状况,并不需要将其正式表述出来。

在简单的情形下,即使会计不完善,但也并不影响其实际运用,当编制详细报表时,其中的一个或多个要素被忽略了。"单一分录"是一种普遍使用的名称,用来说明在某些方面不完善的会计体系,而且经常是权益的一些要素被省略了。但应该强调的是,如果所有的实际情况都被列示出来,就会出现基本等式。

尽管如此,在会计实践中,还是有一些显而易见的例外。无论何时,当一个企业的资产遭受严重损失时,将当前的资产状况与早期的权益状况相比,就像将要说明的那样,这两类的数额当然是不相等的。因而,破产的公司可能会对账面或原值大大超过其现有数额的那些资产要求索取权。但是,显然这只是一个似是而非的背离基本等式的情况。当对破产企业的资产进行分配时,不同利益相关主体所能够得到的合计数额不可能会超过这些资产的变现总额,破产企业会"以少于100美分的数额偿还1美元的债务"。出于公平分配资产的目的,在清算报表上列示资产的原始价值和账面价值也许是方便的做法,对于资产总额而言,破产企业显然并不能给出一个符合现实情况的数额。①

稍后账户结构的特点探讨的就是如何将正的和负的项目区分开。从记账工作效率的角度来看,区分正负项目的做法是有优势的,某些情况下,也是出于保留原始数据的特殊原因。比如,习惯的做法是将股本和其他有价证券按所谓的票面价值记录在账目上。如果一家公司通过发行低于票面价值的有价证券筹措资金,账目记录的是票面价值,而非实际的权益总额,这样就必须要建立一个与折扣总额相等的抵减项目。尽管这种抵减应该作为对夸大资本的扣除予以列示,但它还是经常在资产中被列示出来。② 类似地,有时出于各种目的以原始金额列示资产项目,然后在权益中列示其递延抵减额。对于这一点,我们将充分强调这一事实,即由于账户一边的实际数额少于票面数额,我们需要在账户的另一边增加这一多计

---

①在重组中,比起需要保证的初始投资,有时会更加重视特定有价证券的发行。但是,很明显,重组之后公布的真实权益总额不可能超过新企业的资产总额。

在《账户的哲学》(第4版)中,斯普拉格通过资产加上无力偿付的债务等于负债这一等式,表述了无力偿付的债务。事实上,有效的资产等于有效的权益。为了将无力偿付的债务定义为"负的财富",使用了陈述中的一些完全没有必要的金额。资产和权益是相互依存的两种类别,而且在数量上是一致的。当资产减少时,权益也自动减少到相应地水平。当资产价值已经部分消失时,对于基本等式来说,对权益历史数据的使用只不过出现了一种显而易见的例外。

②据我们所了解的,在美国的公司财务中,至少就股票发行来说,面值可能会被略去。当然,作为名义上资本化的面值经常会误导投资者。在资产负债表中,股票可能按所支付的资产的真实价值列示,在剩余或亏空账户中可能记录这一数量的改变,根据每股份额或实际的比例而不是根据虚构的比例或资本来支付股利。当然,根据账面比例来说明股利支付率的确会使投资者经常混淆。因为取消了账面价值,将不存在将折价视为资产的倾向,而且股本会计处理的其他大多数难题也会消失。在这方面,目前正在推进"无面值"股票的发展。在第十六章中,将从会计的角度详细探讨股本的某些方面内容。

额,用于抵销它,或者运用一个估值项目,①这些例子都对"资产等于负债"这一基本等式的一些例外情况作了清楚的解释。

在个体的私人事务中,有时会出现这样一种情况,而这种情况对于基本等式而言的确是一种例外。比如,假设 A 从朋友那里借取资金,但没有提供任何常规的保证,他没有把这些资金投资在资产上,而是投资在大学教育上。此类业务在个人的账户上将显示为权益而不是资产,而且这些权益可能被确定为特定的报酬,就像它们是由确定的资产所提供的资金一样。站在借出方的角度,借入方的一些无法估量的因素,如他的诚实、健康、未来的赚钱能力等有可能为此提供了适当的保障。

这里有一个例子,当"资产"不能被确认时,权益却能够给出明确的统计列示。就连商人都需要偶尔考虑到"道德风险",把钱贷给没有流动资产的借款人。如果能制定某些可靠的试验用以检验和判定这些不可估计的因素,那么这些因素在商业世界中将更具意义。在内在重要性上,这些因素往往要比正式资产重要很多倍。尽管如此,除非有恰当的测量指数和测量方法,否则这些项目就绝不可能成为会计人员业务领域的一部分。而且,像前面那些情况,尽管有所有权,但不存在常规的资产,这种情况下不能形成真正的商业企业,也不会损害到作为衡量一个真实商业实体财务状况的基本等式的有效性。

类似地,作为财务状况说明的政府部门"资产负债表",经常会或多或少地失效。正如第一章中提到的,国家、市政当局或其他政府部门的财政状况取决于它们的税收职权。任何政府制定的列示所拥有资产的特定列表,对其财务状况的衡量都是不恰当的。就像在正常且合理的情况下,确定的权益都很有可能会超过资产。因而,在某一特定时点,政府所拥有的债券和其他公开发行的有价证券可能会大大超过其账面资产。从通常意义上讲,基本等式在这种情况下是不成立的。税收职权——在其权限内征

---

①参见第七章。

收市民和其他公民财产的权利——是一种不对应的资产，不能以美元和美分的形式对其予以明确地统计表述。相反，公开发行的债券却明显可以用价值来表述。

除了这一章中所用的图示外，还有其他的一些表示等式的可能方式。在下一章关于所有权和负债的讨论中，将考虑可供选择的其他形式。

第三章　所有者权益与负债

在进一步说明会计结构的本质以前,有必要对上一章所研究的基本等式的形式与重要性作更全面的考虑,尤其是对等式右边的组成部分。以两种名称或从两个方面对企业财务状况进行的描述,即资产与权益,与对问题的传统论述多少有些不同。在这一章中,我们将对更一般的安排进行说明,试图对相关名称的内容作更为全面的考察,并与第二章中所采用的表格进行对比,从而决定其在不同商业组织情形下的有效性。

所有者权益等式

通常来看,企业的财务状况应从三方面来呈现:常规资产负债表的左边只包含单一的同类项目,通常称作"资产"或"资源",而右边包含两个截然不同的类别,即"所有者权益"和"负债"。进一步,我们经常尝试主要依据与所有者权益的关系和对它的影响来阐述账户结构理论并表述交易分析原则,而资源和负债,只是出于会计目的而构造出的所有权的一些辅助类别。

比如,斯普拉格认为,资产负债表的实质可以很自然地以等式加以表述,即资产减去负债等于"净收益",或者用更正规的词组描述,即资产减去负债等于所有者权益。根据这一观点,会计程序的实质是披露所有者权益,定期确认所有者权益的数额是会计人员的工作目标。斯普拉格指出,在资产负债表的形式下,等式经常被写为:资产等于负债加上所有者权益,但他暗示这只是一种常规的安排而非合乎逻辑的安排,这种形式也的确并不适合于在公开的财务报表中采用。① 同时,他承认一点(尽管如此,他对账户的解释并没有任何更改),即"资产负债表的右边完全是由对左边资产的要求权和所有权组成的"。②

哈特菲尔德将所有者权益提升到一个更重要以及更独立的地位。③根据哈特菲尔德的观点,商业企业的基本等式可以写为"财产等于所有者权益"。这是一个双术语等式,所有者权益被看作是和经济财产一样的基本类别。但为了方便起见,"财产"这一类别经常被分为正和负两类,负债被设置为"负的财产"。换句话说,负债被视为代表了财产的其中一方面,而且与所有者权益没有任何直接关系,净财产(正的财产减去负的财产)等于所有者权益。根据这一观点,常规的资产负债表的安排只是在运算上正确,通过改变符号可以将负的财产转变为所有者权益。类似地,哈特菲尔德将所有账户都置于这种双重分类中。也就是说,每一项单独的账户名称要么代表一种正的或负的财产,要么代表所有者权益的一个方面。

近来的会计著作者广泛采用了这种经过稍加修正的观点。④ 所有者权益不应当仅仅被看作是一种独立的范畴,而应当被视为出类拔萃的会计类别,所有会计程序的目标是确定所有者权益,因而,账户的划分和会计处理程序的形成在很大程度上都依据于所有者权益。

在对所有者权益的主要原理进行初步简洁阐述后,可能会产生一个有争议的问题。我们是否还能坚持认为常规的二维资产负债表是对商业经营数据的逻辑整理?所有者权益和负债仅仅只是所有权、资本或权益这种单一范畴的细分吗?将企业的财务状况划分为三种,资源和负债这两种尤

---

①《账户的哲学(第4版)》,第17页(第46段和47段);第20页(第52段);第33页(第92段);第36页(第100段)。
②《账户的哲学(第4版)》,第46页(第125段)。
③参见《现代会计》,第1章和第2章。
④参见柯斯特:《会计理论与实务》,第1卷(第1版)。

其重要，因为它们之间的差异就揭示了第三种分类，即所有者权益，这样是否显得更为合理呢？换句话说，是否应该采用所有权的或管理的观点来说明账户理论？是否应该站在作为一个经营主体的整个商业企业的角度，来对账户和业务进行分类和分析？或者说，是否应该根据单个利益主体或所有者来说明会计原则呢？

这并不是一个难以区分的问题。如果所有者权益对于处理现代企业业务的会计人员而言是一项基本而关键的概念，作为所有者权益附属物的费用和收入（或称之为"利润和损失"）等项目和账户的解释自然将随之而来。企业用于生产商品所购买的劳动力和原材料的耗费，这与由其他利益相关者而非所有者投入的所有资本所带来的净回报一样，是一项具有普遍重要性的费用。笔者认为，在这一点上，所有者权益的原理已经导致了严重的错误。由所有权会计的支持者所提出的已被普遍认同的营业收支账户概念，对于损益表的所有区别分析而言都并不适用。结果，普通的损益表就成为不合逻辑且没有说服力的类别混合体。在这一点上，对会计理论进行修订的重要性就显得很突出。当然，大公司的损益表并不是其资产负债表上任何单一主体利益或所有权的附属物，而应根据总权益来确定，任何将其视作附属物的尝试都会导致对其性质的严重歪曲，这如同对报表效用的极大破坏。①

在这一章剩下的部分中，我们的任务主要是力图展示所有者权益和负债这些类别的确是权益这一较大分类的构成部分，也即表明资产等于权益这个基本等式是对一个商业企业财务状况的最合乎逻辑的表述。② 换言

---

① 这一问题将在下一章中做详细阐述。应该说明的是，在编制损益表时，实践并不总是像理论一样不合理。由州际商业委员会规定的损益表并不符合业主说，但是总体也是一种合理安排的报表形式。同样地，对于一些大公司，会计人员以实事求是的态度组织账户并编制报表。

② "会计主要与两种主要的分类有关。其中，第一种叫做资产；第二种由拥有资产的人的各种权利组成，这一类可被再划分为两部分，债权人的权利，就是我们所知道的负债，和所有者的权利。"（考彻曼：《盈余的分类》《会计学杂志》，第32卷，第265页）。这篇文章就是这里所采用的这一基本观点的一项解释。

之，我们认为，资产负债表，作为对两种独立且地位相等类别的信息列示，并不仅仅是一种常规安排，而更多的是建立在对企业状况的内在性质之基础上。我们将力图展现实践比理论要更为合理。① 会计人员的基本报表是非常合理的，但是通过由或多或少有独特性的细分类别所表述出的账户理论却是不合理的，因为这些细分类别是源于对一项独立类别所进行的错误划分，尤其是将账户理论运用到公司体制的状况下更是如此。我们坚持认为，权益是与资产或财产类别的地位相等的一种逻辑分类，而且这并不是对完全不同的事物的一种人为混合。

正如在资产中一样，权益中当然也可能存在一种明显的区别。在某一特定情形下，所有者权益的要素可能明显不同于某些契约性权益，比如，像应收票据这样的资产就不同于像建筑物这样的有形资产。如果不对许多区分加以描述，不对许多类别加以运用，会计人员将很难取得什么进展。但是，资产等于权益这个等式表述了基本的分类，它也是随后所有类别的出发点。②

所有权的重要性

在第二章中，从经济所有权方面来看，权益是对商业企业资产的描述。也就是说，权益是在某一状态下，对资产在具有所有权的各种利益相关者

---

①在实践中，账户的贷方经常被称为"负债"。在资产负债表的标题中，几乎不能明确反映账户理论中所强调的所有权的组成。换句话说，尽管会计师努力将一个类别分为两个基本的部分，或者附加像"负债和资本""债务和净值"这样的标题，在一个标题下，将所有的权益归为一类，这种普遍的做法一直在延续。通过研究，根据这一观点，在这一问题上，实务比流行的理论更加合理。尽管如此，使用"负债"一词来囊括所有的权益还是不适宜的，因为在实务中，普遍采用这种表述以说明与剩余所有者权益相对的契约性权益。如果总的标题使用"权益"一词，应使用补充的词组"所有者权益"和"负债"，这样才不会引起混淆。当然，几乎没有希望去改变已经制定的用法，而且如果理解所涉及分类的内容，那么常规的名称也不会导致严重的损害。事实上，在大企业中，必须将其确认为一个清晰的法律主体，将所有的权益归为"负债"并不是无法做到的，因为经常这样来假设。

②完整的表述应是"资产的总额等于权益的总额"，这种账户的单一使用非常普遍。

间所进行的恰当分配。在着手对不同类型企业的权益进行核查以前,从法律和经济角度探讨资产所有权的普遍意义是可取的。

所有权,这一概念的内容是什么?所有权的重要性体现在哪些方面?私有资产的权利包含什么?与资产权利相联系的条件、特权和义务是什么?权利在哪里?权利应归属于谁?所有者,也即所谓的业主,他与债权人是不是处在根本不同的位置上?或者这些名称仅仅是从广义上对所有权在不同角度的说明呢?

似乎没有必要去重复这些,实物形式的持有并不构成资产所有权,而且对于所有权而言也不是必需的。房主的家具并不是持有它的仓储公司的资产;车库的所有者并不是被委托照料的汽车的所有者;批发商 X 公司购买的罐装商品有可能被暂时存放在生产商 Y 公司的仓库中;运输公司并不能获得所运输商品的所有权。不过,所有权的要素之一是控制权,最终的经营管理权是所有者的一种特权和责任。无论资产的所有者是什么形式,我们都认为他拥有管理资产使用方式的权利,在他认为合适时可以租用或出租资产,如果他愿意,可以通过出售的方式转让资产、销毁资产或者将其停止使用。比如,在一个生产企业中,都是由所有者最终决定生产、雇佣、筹措资金等的范围和特点。

但是,在现代社会中,私人所有者对其资产的控制权绝不是不受限制的,最完全的所有权并不是无限制的权利。首先,正如已经提到的,私人权利的范围总是受到政府一般权利和特定法令的限制。对某些特定种类资产的所有权和对某一特定产品的生产有可能被明确禁止。目前对所谓的造酒利益集团的资产权利进行彻底抵触,就是政府限制私人所有者权利的一项广受关注的实例。而且,政府通过对私有资产的征用权,能够间或地使资产的私人权利变得完全无效。在特定状况下,政府还可以征收和没收资产作为税收。处于这样一个强势的地位,政府可以强制规定生产所采用的方法、控制产品的规模和特性、制定价格以及发挥其他管理上的作用。在近年来的战争中,政府合法或非法地对许多工业几乎实施了完全控制。

原材料的数量、性质及来源、工作日的长度、产品的种类及数量、与顾客相关的部门——在许多情况下,联邦政府控制着这些以及其他一些事务。

公众的观点,尽管没有通过明确的法令、条例、规章表达出来,但是可以并且确实能够对商业运营方式施加强大的影响,进而对资产实施控制。

其实,所谓的私人所有者的控制还远远不是不受任何限制的(除了围绕人的力量的一些内在限制外),公众和政府以各种方式在许多最根本的方面对私人所有者的控制加以限制。想象中的权利——"按照我愿意的方式处置我所有的"几乎是不存在的。

与其他个体利益相关者相联系的其拥有的权利和承担的义务经常限制了所谓的所有者的控制。某个继承了一笔资产的人通常被认为是有关资产的所有者,即使根据遗嘱,遗产继承人的控制力在很大程度上受到限制和妨碍。比如,在土地购买的实例中,对于购买了土地的新所有者来说,其他特定相关利益主体的权利也是很普遍的。买者可能会在他的部分土地上给予某些人或所有人通行权,比方说,只要在没有妨碍邻近的土地所有者视野的情况下,他还有可能被要求建造特定类型的建筑物。在销售地皮和其他不动产的情形下,这种类型的限制是比较普遍的。

通过长期租约的方式,名义上的所有者可能把实际控制权委托给了承租人。在这种情形下,仍然普遍地将出租人看作是所有者,但是对于实质意义上的所有权而言,实际控制权已经转给了承租人。因而,从某些方面来看,将长期租赁与全部出售视为相同的经营方式并非不合理。

业主,会计术语则经常称之为"所有者",负债代表着所有者的"欠款"。从这个角度来看,债权人证明与资产有关系的唯一方式就是通过所有者权益。所有者拥有资产,对债权人则负有债务。

从控制的角度来看,认为控制权是所有权的一个方面,这是不是一项正确的解释呢?私人所有者有限的控制权是不是本质上全部都属于所有者?对此必须给出一项否定的回答。一般地,所有权赋予了大部分的控制权,尤其在认为"债权人"一词包括了企业中契约性的投资者时,而说债权人没有控制权的说法当然是夸大其词。债权人总是拥有一种或有的控制权(在所有者被替换的破产情形下),而且在许多情况下,债权人还会有相当大的直接控制权。在这一章的后面部分,我们将根据企业组织的不同类型对这一问题作进一步考虑。在这一点上,我们将充分指出：其一,如果私人所有权曾经意味着对资产的完全和绝对的控制,那么在现代情形下,私人所有权很少是这样的；其二,私人所有权具有的这种控制并不是全部由所有权赋予的,这一观点已在会计学中得到普遍认同。

所有者身份的严格法律特征就是所有权,我们所说的拥有资产就意味着拥有所有权。"所有权"有什么含义呢？这是一个纯技术性问题,这个问题完全超越了研究的范围,而且与我们的研究意图也没有太大关系,一项简洁的声明就可满足要求。首先,所有权并不能形成任何一种义务、责任或特权,而且它并不能产生在任何单一标准的情形和状况下。除了像以上所提及的对所有者控制权的限制外,所有权并不能表明任何特别而绝对的地位。在很多情形下,个人也可能有所有权,而且所谓的所有者并不总是拥有所有权。比如,某个人订立了土地购买合同,支付了购买价格的10%,这样的个人经常认为自己就是相关资产的所有者,而我们也习惯这样看待他。而且依据合同的条款,只要满足一些条件,购买者就可以同其他任何利益相关者一样具有对资产的很多控制权,但是,按照规定,在这种情况下,并不能说他拥有所有权。

此外,很难明确并在总体上划分与资产相联系的抵押权以及抵押品置留权这种类型所有权的地位。根据法律的规定,抵押契据给了抵押贷款人一种实际的所有权。不管怎么说,通常的抵押行为实际上是一种延迟行为,除非抵押借款人不能履行相关条款,否则关于控制权的抵押行为就不能生效。举个例子,我们已经习惯了将一名农民视为一个所有者,即便他已经把大部分农场作抵押,他的净收益只是一项"小额资本"。

在商业买卖交易中,决定所有权转移的难题说明了所有权的技术性特征。一个商人从一个生产商那里订购了很多商品；商品装运上船,将由收货人支付运费;已经收到并检查了装载的货物;告知收到了商品的发票;由收货人支付了运费款;作为部分付款的支票已邮寄给了发货人;等等。在这一连串的情形下,所有权是否转移给了购买方? 收到商品经常成为编制会计分录的依据,但是收到商品并不总是所有权转移的时刻。在一些情形下,即使是全额支付,购买方也没有获得所有权。可以举出很多这样的例子,比如,已收到原材料并加工生产,产品也已经销售,但是所有权还未转移。

至于所有权,如何将所有者权益与负债进行对比? 经常将所有者定义为对资产有独占的法律权利或所有权的利益主体。事实上,所谓的所有者并没有全部的所有权。就像以上提到的那样,根据一个理论,抵押权持有人和债权人都有所有权。对于特定的企业资产,相比起普通股股东,可抵押债券持有人对其更可能拥有所有权,这当然是确实的。在后一部分中我们将进一步讨论这一问题。

相应地,以法定所有权为基础,不太可能明确区分所有者权益和负债,正如在会计中使用这些名称一样。所有权可能出现在任何情形中,可能属于债权人的权益也可能属于所有者的权益。

从经济意义上看,普遍认为,资产持有人和投资者为生产提供了两种主要条件或功能:① 承担风险和责任;②"服务力"——纯粹的资本服务。符合这些要素的分别是企业家和"资本家"。[1] 在会计中,所有者权益与负债之间的划分界限大致与它们在经济上作用的划分相符合。企业中有价证券的特殊性具有作为总出发点的特征。但是,从经济学的角度看,很容易得出所有者权益和负债仅仅是对较大的一个类别——权益或者所有权进行再分类,而分成的相互间存在些许差异的两种类别的观点。即使承担风险是所有者特有的职责,而提供资本是债权人特有的职责,我们仍坚持认为,这两种作用都属于所有权的不同方面。不过事实上,所有权的这些

---

[1]泰勒:《经济学原理》,1921,第 82 - 84 页。

方面总是联系在一起的。比如，一般意义上，如果不提供资本，就不会有遭受损失的风险。用经济学的观点举一个例子，"企业家"和"资本家"这两种名称代表了它们在作用上的不同，但是在商业世界中的每一个个体身上却从未确切地发现这种不同。我们所发现的与任何权益在某种程度上相关联的所有经济学特征，也属于其他每一种权益。而且，由于会计人员主要关心的是价值，经济学上的观点如同法律观点一样必须得到会计人员的重视。

我们并不是在探讨根本性的区别，而仅仅是某种程度上的不同。承担着商业企业的大部分风险，并且具有重大责任和主要控制力的个人或利益主体近似地等同于经济学家所谓的"企业家"和会计人员所谓的"所有者"，他们为企业提供资本，但是相对的，他们只承担了较小的风险，而且对于日常经营只有轻微的或间接的控制权，他们等同于经济学家所认为的"严格意义上的资本家"以及会计人员所认为的"债权人"。但并不能武断地认为，每种权益，所有者权益或其他权益提供资本（金钱、商品或服务）；①每种权益都承担会带来损失的风险；几乎所有的权益对于经营管理都有某些特权和责任；所有的长期权益在收益和资本上都具有权利。

概括而言，资产所有权意味着具有控制、权利、承担风险和提供资本等属性，没有哪一种属性可以唯一地归属于会计人员所列示的与负债相对的所有者权益中。因而，我们可以推断出，所有权或者权益形成了一个大类，它合理地包括了负债和所有者权益这两个类别。

我们还必须在第一章中所提到的不同类型的企业形式下详细核查所有者权益和负债，从而全面证明这一结论。在独资企业、合伙企业以及公司中，所有者和债权人意味着什么？在这些情况下，会计的目的是不是得到了最佳的展现？是否通过将资产负债表的贷方看作是一项单一逻辑的类别，可以将会计结构以最合理的方式结合在一起呢？

---

① 唯一的例外可能是我们所称的政府权益。

独资企业和合伙企业的所有者权益

在对非公司制企业中的负债和业主权益的本质进行阐述以前,我们有必要先从法律角度对这个问题做一些了解,在这些例子中,没有一个是从"企业主体"的角度对这些问题所进行的阐述。换句话说,为了说明"企业主体"的状况,为了将独资企业和合伙企业人格化,或多或少都会涉及对一些可疑数据的筛选,会计人员使用了一项不存在合法主体的概念,来处理每个业主的事务或者是两个或更多合伙人直接组成的企业主体的事务。法律并没有将杂货商琼斯的企业事务与他的其他经济活动和利益相分离。类似地,可以把合伙关系仅仅视为合伙人之间的契约关系,①业主权益和由合伙人执行的企业事务与企业的其他外部事务和利益相比并没有被合法地赋予任何特征或特权。因而,传统合伙企业具有无限义务的特点,合伙人全部或部分地对企业的所有债务负责,而且不允许免除与合伙人相关的其他事务或资产的偿债责任(而在合伙人破产时,这些法定私人资产可能会被免除)。

然而,正如第一章中所阐述的那样,将企业每次的商业尝试视为一项任务对于会计人员而言是更为便利的,这有着直接的根源,而这种观点也有其独特的现实性。"公司""房屋""企业""创立""商业"等术语如同在公司中一样被非公司制企业随意使用。而且,从经济特征和经营视角来看,正式的组织也没能改变这种状况。如果没有企业这一概念,难以想象会计如何能被科学地加以运用。但与此同时,我们必须牢记这种观点的局限性,以避免错误的判断。②

---

①只有个体(一个自然人)才能成为合伙人,像合伙企业、公司或其他组织是不能成为合伙人的。

②在这些情况下,会计人员为了了解企业的真实情况,必须完全排除企业的虚假资产,这个问题将在第十五章进行讨论。

会计人员至少将采取的三种可能的观点作为其工作基础也给他们自身以启示。第一种观点,他们可能会从所有者角度来构建以及设置账户和会计程序,所谓的所有者,是指作为一个经济个体,包含了其所有的经济活动、事务和私人业务。因而,杂货商琼斯的账簿就可能按照上述方法来编制,以披露与杂货业务相关的资产和负债,而这些披露又与琼斯的其他权益披露,以及与这些权益或他的私人债务相关的义务的披露一样。基于这种观点,琼斯的财务报表应该在报表的左边披露所有的资产,包括企业的和个人的,他对这些资产拥有合理的权利;而右边则应披露琼斯对这些资产所拥有的净权益,以及在外的所有债务和留置权。

按照上述方式编制的这种报表将会更准确地呈现琼斯作为一个经济主体的法律概念。而且,它也呈现了相对于琼斯而言的债权人的状况。如上所述,一般而言,独资企业的债权人对企业的外部资产和内部资产一样,都拥有权益。

会计人员所可能采用的第二种观点,就是假设作为所有者的琼斯有着很强的业务能力。那么会计人员就有可能只根据"企业"所有权来构建以及设置账户和会计程序。在这种情况下,汇总财务报表的表头标明的就不是"琼斯,经济个体",而是"琼斯,杂货企业所有者"。会计人员一般会选择这种观点,整体而言这也是完全合理的。正如前面所提到的,只有在对企业事务和私人事务进行仔细分离后,会计的科学性才能有所进展。独资企业会计体系混乱的根源就在于没能从账簿中剔除企业外部业务。

第三种观点的不同之处在于对企业主体的假设,而不管这个主体是不是合法存在的。根据这种观点,独资企业是一家真实的商业企业,它或多或少会涉及一系列复杂的资产和不同的权益,如所有权或其他权益,这也许就是所谓的"管理"观。从这一点上来说,这是一个很容易理解的概念,尤其是对于被雇佣的管理者,他们被委托对企业的各种资产进行管理,所有者要求管理者进行账务记录,那么管理者自然会向所有者呈现一份令其满意的经营记录。对于管理者而言,琼斯的杂货企业就形成了一个独特的经济组织。

使用资产等于权益这个等式来呈现独资企业当前的财务状况时,特别要注意第三种观点是否被采用。毫无疑问,这种观点有其独特优势,而且它也许是经济领域中最合理的一种观点,但从法律角度来说,这种观点仍有其自身的局限性。

同样地,合伙企业在披露财务状况以及设置账户时,也存在着三种不同的观点。从债权人的角度来看,财务报表需要完整呈现包含合伙人私有的、外部的资产和负债以及企业的资产、负债和资本在内的所有信息。①然而,人们普遍认为,成立一个合伙企业,将其作为一个企业主体,并对合伙企业的会计账户进行严格控制,以呈现经营信息的方式能够更好地实现大多数会计处理的目的。

在会计人员为独资企业和合伙企业进行账户的设置和解释时,以上的简洁阐述给出了会计人员必须牢记的背景内容。回到当前的问题,等式如何才能最好地表述出这样一家企业的财务状况呢?资产等于权益这个等式是不是合乎逻辑的表述,又或者是运用资产、负债和所有者权益这三个相互独立的科目呢?

必须承认的是,账户传统的所有者理论得到了这些情形的强力支持。关于独资企业或合伙企业的会计理论表述得到了斯普拉格以及哈特菲尔德等人的广泛认可。小规模企业的业主通常被视为所有者,他们经常为企业提供大部分资本。那么事实就是,资产、成本等自然而然地也就成为了所有者权益的核心,所有者通常会积极地对企业实施控制。

此外,负债大部分都被记录于债权人的名下,这些债权人给予企业 30~90 天的信用期限。这些债权人绝不会将自己视为企业的业主,并且通常并不认为他们对企业资产拥有支配权或受益权,他们的要求只是代表

---

① 事实上,一张两栏式的合伙企业资产负债表在某些情况下并不是没有意义的。一列表示企业的资产和负债,另一列表示企业的外部资产和负债。

了他们在独资企业的个人义务或者是在合伙企业中的共同义务。也就是说,在这种情况下,将负债看作业主的要求权而不是对资产的受益权,这样会更精确。从这种观点来看,将会涉及三个会计科目:① 资产;② 这些财产的"业主";③ 业主的义务。这样,所有者权益等式以及使用所有者权益作为所有账户和交易的核心科目都可被视为是合理的。

同时,二维基本等式在披露独资企业和合伙企业的财务状况时并非毫无用处。所谓的所有者并不通常都是资本的最大出资人。许多所有者在"资本匮乏"中经营,而必须的资金大部分都来自其他利益相关者。假设一部分资本来自抵押物的所有者,正如上一段中所提到的,这样的业主几乎是没有权利的。这种情况下的抵押人可能是"沉默的"合伙人,对于日常事务没有多少发言权,但是当企业财务陷入困境或破产时,这些业主们就能够掌握控制权。

同样地,商品贷款商有时也是企业背后的力量。小规模零售企业的建立有时在很大程度上取决于批发商的财务优惠。通常是这样一些债权人掌握着特别的控制权,而且通常涉及商品的直接留置权。在这种情形下,认为业主的身份是由利息、股票或资产的权益来代表的也毫不为过。同样,在合伙企业中的合伙债权人也拥有对企业的各种权益。

在无法支付债权人利益的情况下就产生了债权人的一种求偿权,与其求偿权相联系的是什么呢?(由于债务已到期)并不是业主本人,也不是与之相关的未来收益或资产,而是可用流动资产。以应计工资为例,抛开破产不谈,说应计工资形成了流动资产的一项权益,这是毫无道理的吗?这种求偿权是一种确定的求偿权,而这个问题的解决取决于现有资产的价值。

此外,如上所述,从经济观或管理观来看,我们的任何一家独资企业或合伙企业的大量资本实质上都是由不同的资产所构成的,代表所有权的不同个人或利益相关方在这些资产中享有的权益。从这些观点来看——它们对于会计人员有着深远意义——资产等于权益这个基本等式是完全合理的。尤其在非公司制企业——仍存有大量的类似实例——这些观点是对其结果的解释。当大量的独资企业或合伙企业并非主流企业形式时，会计人员所关心的通常是那些对企业来说比较重要的业务，而非那些琐碎业务。对于会计人员而言，二维等式的现实意义在于其揭示了该等式是可以与三维等式相互可比的。

资产揭示了所有权，资产意味着所有权。每一项资产都须由某些人、利益相关者或组织所拥有。由于所有者权益通常不等于投入资产的总价值，从某种意义上而言，所有者是企业所有资产的拥有者吗？当所有者对处于其控制下的90%～100%的资产拥有权利时，所有者权益与权益事实上是等同的。但是，通常所认为的剩余收益只是包含了所有权的所有要素是否合理呢？

综上，笔者认为，非公司制企业的所有者和债权人之间有着明显的区别，所有者与债权人之间的太多联系足以证明，出于编制资产负债表的目的，这两者的利益应当被置于表的同一边，即权益。当所有者和债权人这两项权益的关系被通过同时置于资产负债表的右边加以明确后，资产等于所有者权益加上负债，这一等式是完全合理的。同时，除非是被用于特殊目的，否则，资产减去负债等于所有者权益，这个等式是不符合逻辑或者说是不合理的。这个等式显然过于强调了所有者权益，而这可能会导致在对营业收支账户进行解释时犯下较为严重的错误。

但是，在公司制企业中选用什么样的等式也很重要。现在让我们来关注公司制企业的权益。

公司权益的类型

正如第一章中所提到的，在矿业、交通运输业、制造业和金融业领域中最主要的企业组织形式就是公司。而且，值得怀疑的是公司这一组织形式是否已经达到了发展极限，人们期望着这一组织形式的继续发展，并提高它在所有重要行业中的适用性。因此,根据公司的环境、需求和目的而不是那些简单的企业环境来表述账户理论是一项客观的过程。

正如之前所建议的,公司相比其他组织形式需要运用更详细的数据分析。事实上,在公司崛起的同时也伴随着现代会计的发展。从这一点来看,在解释现代账户结构的本质时未涉及公司,这是完全不合理的。会计实践得到了很大的改变并跟上了公司的发展,会计理论需要根据这些发展重新进行阐述。

需要重申的是,公司是最卓越的商业企业组织形式,我们拥有一种名副其实的商业主体。这种表述赋予公司具有独立人格的特征,这点与其他组织形式存在明显区别,随后出现了有限责任和其他重要的特征。因此,会计人员将公司视为一种有着真实商业主体的独特组织是完全合理的,对这点无需加以辩护。

业主权如何在公司进行呈现?"权益"适用于这种组织形式吗?什么是公司所有者权益?什么是公司负债?所有者权益和负债在公司中是否都是最基本的分类?逻辑上,它们能否同时被置于权益类别下?公司债权人与公司所有者之间存在哪些明显区别?

公司资本的形成主要是通过发行股票和债券这两类主要证券,应当强调的是,这种划分表明了在公司资产负债表的右边存在着很重要的特征。接着,在尝试确定"权益"作为基本等式的一个要素是不是令人满意的设计以前,有必要先考虑每一种证券的重要特征。如果没有对公司证券进行详细的描述,那么探讨的重点将仅限于那些与当前面临的问题存在明显关联的那些特征上。

应该强调的是,企业家与资本家之间的界限,正如前面所提到的,对于这两者的划分会影响到对股票持有者和债券持有者的划分。股东把他对资产的剩余索取权中存在的风险因素视为收益或本金。当企业的经营非常成功时,股东会获得最大收益,但如果企业的经营是灾难性的,那么股东将首先遭受损失。也就是说,在企业中,股东权益是对债权人权益的一种保护。同样地，股东在企业经营管理中拥有很大的表决权，而这种表决权在很大程度上影响着企业当前的财务和生产策略。

专业化证券比这要更为复杂。一方面，市场上存在着许多类型的资本化股票，最重要的分类就是优先股和普通股。对股票的划分进一步考虑了业主权的经济和法律要素的特殊性。一般来说，普通股具有更多的投机性，也承担着更大的风险，它通常涉及对经营的直接且更大的控制。普通股经常被当作红利发行，且通常伴随着优先股和债券的发行。在这种情况下，普通股的价值比较小，而且主要取决于与之关联的表决权，以及公司可能获得的未来收益。优先股可能会对资产拥有优先权，并将这种优先权视为利息或本金，或是两者兼有，且优先股通常都有固定的股利支付率。

但是，也存在一种不确定的优先股。在一定条件下，许多都是"可即付的"或是"可赎回的"证券。在某些情况下，对证券的偿付有一个约定的日期，一些证券可以"转换"成其他证券。在某些情况下，投资者可随时执行这项权利，但在其他情况下，投资者的这项权利只能在规定的日期执行。当公司获得的超额收益超过一定比例时，优先股股东才可能拥有"参与分配"的权利，这点与有规律的固定支付率相类似。优先股股利通常是"累积的"。当考虑到表决权和其他方面的控制权时，可能会附带许多不同条款。某些公司发行在外的优先股的地位与普通股极为相似，也即仅名义上是优先股而已。而在其他情况下，普通股与优先股之间的区别还是非常大的。

近年来，利率的上涨已经使得长期债券的发行变得不太合适，优先股则有着更为快速的发展。① 已经成立的许多公司普遍采用优先股和商业票据的方式来增加资本，而大多数新成立的公司也会选择同样地方式。一般而言，公司财务人员会发行高稳健型的股票，以努力吸引那些通常流入到债券发行的公众资金。当前，优先股的发行能够提供许多特殊条款以吸引稳健的投资者。

---

① 事实上，通过发行债券筹集资本并不是为了超额税收收益的目的，而是作为投资资本的一部分进行核算的，同样这些债券可能会与超额投资税收收益的实现有关。

通过某些方式赋予优先股股东只有债权人才享有的权利和特权以对其进行保护,但看起来并没有对这些方式进行限定。[1] 比如,一家公司以重要资产作抵押发行了＄250,000 的"优先股",这种情况下的股东回报应被称之为"利息"而非股利。这些优先股股东没有一般表决权,但对某些特定的、基本的经营和财务政策还是被赋予了表决权利。联邦政府的一项分支管理机构被要求对这种类型的证券是否代表"借入"资本进行裁决。我们还可以列举出其他许多存在争议的例子。

发行的债券种类同样也很多,有"收益"债券、"公司"债券、"抵押信托"债券以及各种各样的"抵押"债券等。在这方面,公司财务人员的独创性并未受到局限。从法律上来说,几乎任何类型的契约型证券都可以称之为"债券"。事实上,每一种特定债券在利息、本金的安全性以及经营的控制权方面都存在较大差异。许多债券被划分为"无记名"和"记名"债券。无记名债券通常将利息和本金支付给债券持有者,而记名债券则是只支付给记录在公司名册(或者是机构花名册)中的特定持有人,这些名册的记录与单个股东账户的记录方法相同。

抵押债券都是基于某种抵押契约,可能会有第一类、第二类、第三类抵押品,只有当证券的发行是基于抵押品时才会使用"抵押债券"一词。如果公司报表中只有一小部分资产或者是第四类抵押品,那么依据第一类抵押品所发行债券的安全性并没有所关注的抵押品本身那么高。债权人真正关心的是公司的盈利能力以及基本状况,在许多情况下,这些因素比那些具体的安全性条款更为重要。必须强调的一点是,即使是抵押债券的本金和利息也存在很大程度的变动。

公司债券,[2]不是依据具体的留置权和债权,而是完全依据公司一般

---

[1]参见凯斯特在《政治经济学》的第 257-273 页所发表的《近来公司融资的趋势》一文。这篇文章对当前公司证券进行了研究并强调了某种观点,这种观点在这一章中也予以了强调。

[2]在这个国家中,"债券"一词表示假设投资部分地代表了业主权与债权之间的关系,其中债权占主导。(米尔顿·林德勒:《股本与投资资本的关系》,《管理杂志》,第 1 卷,第 39 页)

信用的债券，其发行时也附带着许多条件。在某些情况下，这种证券是高度投机的，其安全性要远低于优先股。比如，一家公司已经有许多流通在外的公司"债券"，这些债券的利率——根据发行条款中规定的——为1%~5%，持有者通常收不到利息，而且这些利息是非累积的。

总的来说，如果能根据每种股票和债券的风险程度对它们进行排列，那么排在最前面的将是最具有投机性的普通股，紧接着的是投机性稍低一些的普通股，最后的是具有一些风险的优先股、最具抗风险能力的优先股，以及根据安全性划分等级的债券。我们不可能设计出一项硬性标准对不同的证券种类以及相应地独资企业的权益人—债权人或者是初始投资人进行划分。而且我们在对证券划分等级时，如果考虑到所有权中的控制权或者是其他因素，那我们就不可能对证券等级进行清晰的划分。

现实中业主权要素的区别已远远超出了法律和经济特征，业主权的所有方面——控制权、利息和风险等在许多投资者中都有很大区别。每一种证券的发行都会带来与业主权的所有要素相关联的特权和义务。现代会计人员已经促进了证券的专业化发展，并能区分不同投资者的投资倾向——一些极端的投资者是纯粹的投机者，而另一些极端的投资者则类似于银行的存款人。通过推动证券专业化的方法，使公司成为一种机制，它可以将成千上万的个体投资者以及许多不同类型投资者的资本汇总到一个单一企业中，从而形成一个巨大的经济组织。

在一家公司的财务中，我们还可以找到除股票和债券以外的其他类型证券。公司还经常通过发行票据的方式来筹集大部分资本，这种证券的期限一般为2~10年，而且通常或多或少地代表了一些暂时的投资者。从我们的角度来看，这样一种证券也成为了债券中的一种短期债券。有些也同样会涉及年金、永续年金和其他特别类型的债权性证券。一些小公司的抵押品——非证券形式的发行，这些抵押品通常被直接作为公司的担保性资本。这些例子代表的会计理论也并不复杂，这些都表明了与证券最重要的两种分类——与股票和债券相类似地筹集公司所需资金的方式。总体而言,公司通过各种渠道来筹集资金,不管每一种证券或留置权的个体特征是什么,它们都代表了对公司资产的权益。

一家公司资本中的大部分一般都是通过发行股票、债券和票据来筹集的,正如独资企业或合伙企业的资产负债表中所包含的大量流动负债或"浮动"负债。短期票据、债权人账户、应付工资、应付税金和其他流动项目,如存在于其他企业形式中一样,也存在于公司中。乍看之下,这些流动项目很难被归入权益类别中。即使从最广泛的意义来看,这些个体投资者和利益相关者也的确并非公司成员,他们并非典型的"投资者",他们也没有这样来看待自己。虽然如此,将这些流动项目归入权益类别中也不是说完全就不合理。① 当筹集资本时所签订的是非长期契约时,所涉及的个体投资者以商品、服务和现金的形式对公司做出让步,因为还款并非立即得到支付。换句话说,公司在某一时点所拥有的资产中部分是来自于债权人,这部分数额衡量的就是资产价值超过长期投资者权益的超额部分。显性收益则很少会被归入此类流动权益中(除了带息票据)。但对这部分权益,却很少或几乎没有相关的控制。在这里,我们只是换个角度而非设计一种新的类别。流动负债应与长期资本的权益一样被划分至同一大类中,在编制传统的资产负债表时需要适当地考虑到这一点。

而且,当与债权人和其他客户相关联的单个会计项目不断发生变化时,那么浮动负债的总额也会持续发生较大变化。② 也就是说,总的流动性权益也许能够解释10%或更大比例原始的以及不断变化的公司总资产。当公司陷入破产或进行重组时,债权人的重要性将使其获得相当重要的利益分配地位。③

---

①最近有一则关于所得税服务的广告中有这么一句话,"山姆叔叔是你的企业最好的合伙人,不管你是非公司制企业或是其他类型企业"。当然,政府的"权益"是最令人怀疑的。

②"一个公司至少拥有$10,000流通在外的商业贷款,公司拥有$10,000贷款的意图和目的是想从商业银行获得永久性的资本"。(柯普兰:《财务管理的问题》,《政治经济学》,第28卷,第797页)

③例如,参见《公司激励和重组》,德文,第195页。

公司的"所有者"和"债权人"

在这些环境下,谁是公司的"所有者",谁又是"债权人"?通常来说,股东代表的是公司的所有者,其余的利益相关者都是债权人。股东的总权益就是会计人员认为的公司所有者权益。债权人、票据持有人以及其他所有有债权要求的团体都是公司的债权人,他们的所有债权就是公司的总负债。

对于会计人员而言,这种观点的重要特征及其有效性是什么?资产减去负债等于所有者权益(股东资本)的基本会计等式,是否是最合乎逻辑的表述呢?或者会计人员将传统的两栏式资产负债表作为公司资产等于公司权益或投资这个等式的展示是否合理呢?当股东利益被视为会计的基本类别时,传统的公司资产负债表的右边是否就代表了基本的、同质的一组类别,又或者出于会计目的,公司负债仅仅被视为公司资产的反面呢?当出于会计目的时,股东和其他所有投资者之间是否存在根本的界限呢?或者,更进一步,在公司中,即使所有者和债权人都已被视为权益这个大类的细分,所有者—债权人这个组别对于会计人员而言是否是一种有效划分呢?

首先必须承认的是,法律允许会计人员选择的标准存在差异。① 法律规定的公司中各成员的关系与股票持有者之间的关系存在差异,公司的股票持有者都是公司的股东,而债券持有者是公司的债权人,债权人事实上是公司的外部人。但是,我们却没有对独资企业中的所有者—债权人进行明确的划分。公司本身,从法律上而言是一个独立的实体,任何投资者或

---

① 但应该强调的是,虽然会计人员应当了解法律,但是会计人员通常并不需要仅仅根据相关法规来组织他的编制原则和过程。会计人员的合法观点可能并不一定是符合严格法律解释的,比如,将债券折价出售,会计人员倾向于将债券净值作为一项有效的初始负债,当折价累积时,这一负债逐渐地归于面值。法律人员则更倾向于将债券净值作为合约期间的真实负债额。

不同类别的投资者都是公司业主,而个体投资者在非公司制企业中则都是企业的业主。① 到目前为止的任何事项,尤其像公司业主权,都是存在于公司主体之中,公司"拥有"公司资产。② 正如不同的著作者多次提到的有关公司财务的问题,没有一名股东个体对公司的任一资产拥有任何权利,股东对任何一项具体的公司资产都没有索取权或其他权利。严格地说,股东对公司总资产拥有一项"权益"。很明显,在这里用的是"权益"一词而非"业主权"。

的确,在很多情况下,债权人可能比股东更符合业主的特征。事实上,只要债权人的利益是依赖于某项抵押品或其他以某种资产为标的的留置权,那么债权人的权利就近似于对资产的所有权。正如前面所提到的,以一项被广泛接受的法律解释来说明这个问题,所有权存在于抵押品持有者的手中而非剩余权益中。但一般而言,债权人和股东一样,都不是公司的业主,债权人和股东手中的利益正好形成了他们的权益。换言之,"权益"(已经考虑了股票和债券)一词是对公司资产负债表右边利益的精确呈现。在某种意义上,相比起这种理论,即股东是公司的业主或所有者,负债仅仅是出于确定所有者净权益目的的总资产的抵减项,事实上法律更支持上述划分。

在特定环境下,甚至可以说股东权益包括了所有权要素和负债要素。根据未分配利润而发放的股利总额——在宣告日和支付日之间的日期——通常被作为负债。根据这种观点,一名股东可能曾经是一名公司成员和一名债权人,由于董事会的一些行为使得他的一部分权益被记入负债中。这就凸显了作为公司的一个基本分类的所有者—债权人的划分是很

---

①"但是,通过这种形式,我们并不能忽视所披露的真实问题;忽视公司和股票持有者之间的差别;将公司这一组织视为一个非实体;将股票持有者视为合伙人,当他们不是时,我们必须将公司视为与股票持有者不同的企业实体……"。(来自联邦最高法院在 *Eisner v. Macomber* 的判决意见,1920年3月8日;252 U. S. 189, 214)

②在一定程度上来说,公司的资产负债表有如下三种分类:(1) 资产;(2) 公司业主;(3) 投资者,也就是仅从公司这一实体的角度来关注与投资者的权利相关的公司资产。

不确定的。

但是,我们的讨论必须深入,所提出的假设性结论仍存有若干缺陷,需要对这些缺陷作进一步探讨。比如,可能需要迫切明确的一个事实是,由于债券①有明确的偿还日期,因而与记入同一分类的证券——股票有着明显的区别。这一区别是很明确的,但对我们来说,这并不是本质的区别。正如前面所提到的,在一些特殊条件和有明确日期的情况下,优先股通常是可赎回的,而且公司通常是用现金或其他证券对其进行清算。此外,永续年金拥有与债券相同的全部特征——也可以被称为"债券"——除了偿还日期与英国不同外,永续年金在美国也被当作债券看待。② 毫无疑问,随着国家的发展和投机机会的减少,会更多地使用这些证券。而且,通常是通过"再筹资"来偿还债务,这也就意味着,虽然债权人的名单可能会发生改变,并且可能会被一些不同形式的证券持有者所替代,但是从某种意义上来说,从公司角度来看,债券的发行仍在继续。换言之,一家公司可能会时不时地通过发行新的契约型证券来永久获得其所需的大部分资本。当特定的债权人退出公司时,债权人作为一个整体却仍在继续。比如,从广义上来说,美国铁路的契约型资本的筹集和股票资本一样都是公司总资本的一项永久性来源。

而且,通过发行股票来为某个定期的整体项目筹资也是有可能的。组织公司对煤矿进行经营直到煤矿枯竭,砍伐森林的木材,发展郊区的一部分资产,开发无限期的特许权,等等,企业将会获得发展,并且会在最后取消股票的发行,在这种情况下可能会事先确定一个期限。法人组织和协会在经历确定或不确定的年份后选择终止营业,股本会随着重组计划的出台而相应被注销。

一家公司的经济项目所需的资金很可能是(除了法律纠纷)完全通过连续地或定期地发行债券(或者至少是通过一些形式的"借款")来筹集的。

---

① 在这一章中将会根据公司负债的阐述标准来讨论债券持有者的权益。
② 大部分是由政府部门组成。

事实上,这些证券不附带有剩余权益或平准权益,但是它们可能会依赖于以所有资产为标的的第一类抵押权,这样就会比那些有股权资本作为缓冲的债券更为稳健。市级政府以及其他政府部门常常只通过发行债券和票据来筹集资本。① 一家合伙企业可能会完全或者几乎是完全依赖于借入的资金进行营运。

有着许多现实特征的股票和债券的本质区别在于这样一个事实,那就是债券利息和本金是否被拖欠、无力偿付或至少是破产接管,而无法支付股票股利一般不会立即带来一些法律纠纷。法庭通常会根据债权人的申请而不是根据股东的申请对案件进行审理。通常情况下,公司必须要支付"固定的"费用,否则会产生严重的后果。

不过,这种情况也有其局限性。比如,面临无力偿付状况的收益型债券持有人与拥有第一类抵押品的债权人存在很大不同,每年收益型债券持有人所获得的收益类似于支付给优先股股东的股利。它的收取依赖于公司经营的成功与否,如果公司经营得并不成功,那么公司可能就没有合法的资源用于分配。② 事实上,在美国发行的许多保守型证券的实例中,不能支付优先股的固定股利与不能按期支付债券的利息其性质一样严重。

而且,必须牢记的是,任何一名股东都拥有确定的法定权利,如果他们的这些权利被以任何方式所侵犯,股东有权对公司提起诉讼。笔者见证了太多拥有公司权益的普通股股东和优先股股东起诉公司的案例!也有许多案件是关于对公司收益和控制权的争夺。在一些案例中优先股股东甚至已经敦促公司进入了实质性破产和重组阶段。③

正如前面所提到的,普通股比债券附带有更多的经营控制权和财务决策权。但必须再次强调的一点是,并不是所有的控制权都掌握在股东手

---

① 由市政府发行的"股票"事实上是债券的一种。现在美国基本上已经不存在这种债券型股票,但是在英国却很普遍,现代英国通常使用"股票"一词来代表那些具有特定利率的证券。
② 参见哈迪在《政治经济学》中撰写的《最近的一些财务工具》一文中所讨论的"参与"债券。
③ 我们还可以德文的《公司的成长和重组》为例,第 2 章。

中。这是另一种一般性区别,但并未达到足够废除权益类科目合法性的程度。而且,正如其他一般性区别一样,当出现特定的情况时,这种区别就变得不太明显。债权人通常拥有重要的、直接或间接的控制权。债券合约中一般会详细记录所筹集资金的用途、投资额和一般性财务策略等。债权人通常在重要事务方面拥有投票权和表决权。而且,有趋势表明,债权人将越来越多地拥有对公司财务的直接控制权。潜在的债权人已经意识到了这样一个事实,即如果完全是为了获得其他收益对企业实施控制,而忽视企业的初始资本时,那么现代企业的大部分资本将不能得到保全。大多数公司的利益被那些掌控公司经营且肆无忌惮的股东所掠夺,这是一个相当普遍的事实。

而且,一名典型的股东事实上对公司的经营或财务政策几乎没有影响或是没有直接影响。他可能曾经被"内部人"赋予代理权,但是很明显只拥有很小的控制权。由一些股东所组成的一个相当小的集团在背后控制着一家公司。所熟悉的事实就是,这种情况下的所有权是高度混乱的,从实际目的来说,拥有25%的股份所有权可能就构成了公司的多数股权。再者,控制集团一般代表着董事会一部分股东的权力,反过来,一部分经理人在很大程度上还将实际领导权赋予副经理。

与此相关的另一个重要事实就是,当公司出现接管和重组时,债权人对公司拥有完全的控制权。这样,债权人就会对公司拥有临时的、直接的控制权。而且很难说这是一个不重要的情况,或只是一个完全例外的情形,破产、接管和重组都与我们相关。比如,在美国,不同时期铁路系统的绝大部分利润都是掌握在接管人手中。

公司重组是股东(业主)—债券持有者(债权人)的划分不稳定的又一项证明。而且在出现公司重组的情况下,我们通常会全部出售债券,转而购买股票,或者是全部出售股票,转而购入债券。① 之前的股东会转变为现在的

---

① 《公司的成长和重组》,德文,第608页,表Ia和Ic。

债权人,而债权人有时会成为股东。证券的转换也是重组外的一种很常见的资本运营方式。许多公司所发行的债券附有一些条款,这些条款规定,在某些情况下,债权人可将其持有的债券转换成股票。这些债券通常是由铜矿公司发行。这项可转换权也意味着可转换债券内含有真正的控制权收益。

在这些例子中,我们必须考虑到董事会对重组过程中相关问题的态度,其趋势就是采取我们正在努力形成的与会计人员的正确思维相一致的观点。证券持有者不能被视为完全的业主,即使其他群体被视为外部利益相关者。取而代之的是,企业所有的利益相关者被视为拥有"权益"、权利和义务,这些"权益"、权利和义务只属于对公司投入自有资本的投资者。每一种类型的利益相关者都应当做出一些牺牲、让步和调整,以与他们在企业的特权和义务相对应。

应当予以强调的是,并非笔者有意忽略或扭曲这些证券形式的法律区别,而是想通过相反的例子来加以说明。正如公司资产一样,公司权益的性质也会有比较大的差异,这样就产生了一些最重要的会计问题。股票和债券的一般区别对于会计人员而言具有现实意义,但两者区别必须从特定目的以及与其他证券的相似性来加以考察。股票与债券间的区别并未推翻资产等于权益这个基本等式的合法性,该等式在上一章中已经作为对企业财务状况的基本描述加以详细阐述。资产等于权益这个基本等式展现了会计数据的基本分界,而且还将资产和权益做了进一步更新的细分。许多类型的资产,它们在物理特性、永久性以及流动性等方面截然不同。同样地,不同权益的权利和特权,如在收益、控制权以及风险承担方面也是多样化的。但是,所有这些深层次的区别仅仅只是程度上的差异,并不能引起基本类别的变化。

在这一节的结尾需要强调的是,欧洲大陆的公司资产负债表(或者是任何其他报表)中存在着两种主要的分类,即资产和权益,这种形式的安排也强烈支持了上述观点。德国和法国的资产负债表左边记录的是"积极的",右边记录的是"消极的"。这种设计安排的巧妙之处在于它明确了两种独立分类的基本特征。"积极的"类别代表了目前企业的总价值,是一项客观存在的起始点;"消极的"类别则代表了业主权益的构成,总资产的价值在不同利益相关者之间的分配。

而且,我们经常可以发现,公司资产负债表右边明细分类的名称清晰地揭示了股东或公司成员的权益与债权人的权益都是在相同总分类下的明细类目。比如,我们在1913[①]年的比利时年鉴中发现,比利时殖民企业的资产负债表包含两种主要类别,即"积极的"和"消极的",后者还有两类主要细目,名为"公司对自己的债务"和"公司对第三方的债务"。

从公司这一组织形式在美国所取得的显著发展来看,人们会略带惊奇地发现,美国会计人员将这些发展运用于会计理论和实务中时,要落后于欧洲的会计人员。

一项"剩余"权益

基于前面的讨论,我们可以得出结论,即在独资企业和合伙企业中,会计人员可能基于某种原因,完全从所有者权益和所有者的立场出发来表达他对会计结构和组织会计程序的解释,这种观点暗含了不能合理建立公司的会计结构和程序的思想。这些结构与程序中也不存在完全与独资企业或合伙企业相对应的要素。股东并非所有者,他只拥有权益。对其他投资者而言亦是如此。管理观则将公司视为一项合法的经济实体,并经营着代表了不同类别的所有投资者利益的大量资产,这种观点是我们进行讨论的合适的出发点。

不过,这并不是否认股东权益对于会计人员的特殊重要性。负债都是固定的[②]和契约性的,股东权益是弹性的和剩余的,股东为其他所有的利

[①] 参见比利时的刚果官方公报附件,第474－475页。
[②] 除了应计利息或确定的累计折旧和累计摊销。

益相关者提供了一项缓冲机制。一项剩余权益对于会计人员而言至关重要,因为这样的一项权益使得他的大部分工作变得令人关注。① 会计人员的分析工作,比如他的判断、估计、估价和承受力等都对剩余权益有非常重要的影响。盈余账户是所有营业性和收益性账户会计处理的终点,它代表了部分剩余权益。会计人员特别的估计、计算和解释最终都在盈余账户变为了现实。

但是,严格来说,会计人员并非必须将其注意力放在各种类型的所有股东上。公司中的剩余权益由普通股股东权益所代表。在组织账户以及筹备报表后,优先股股东能够被很好地区分开来,对于多数目的而言,主要是要与债权人和其他契约型证券的持有者相区别。一般来说,优先股股东拥有固定的收益率,但是没有剩余权益,对公司经营只有相对较小的直接控制权。会计人员的分析工作与优先股股东的关联度不会超过其与债权人的关联度。

事实上,优先股的发行量是很小的,具有高度的保障性和安全性,由除普通股股东外的稳健型投资者所持有,而且这种股票没有积极的控制权。从会计分析的目的来说,这样一种证券应该被划分为固定的、契约型的权益。然而,从那些优先股与普通股联系很紧密的相关例子中,我们可以发现,相同数量的优先股和普通股都对利润和剩余权益拥有分配权,并且具有平等的表决权。在这样的情况下,从公平的角度来说,优先股可能被认为是剩余权益的一部分。

有趣的是,我们注意到公司的会计实务中近来还存在着这样一些例子,那就是已经能够明确地确认资产负债表中"固定的"权益和剩余权益的区别。比如,一家大型出版公司最近一期的资产负债表呈现了普通股股东权益的余额,被记录于报表的右边,显示为:"普通股权益,$4,638,952",而资产负债表中的优先股股东权益以固定金额$2,500,000被包含在负

---

① 对于会计人员来说,独资企业或者合伙企业的权益也很重要,因为它是一种留存收益,而不是因为它可能代表着特有的所有权关系。

债中。这种实务上的运用充分阐释了公司账户,这与前面所讨论的高度一致。清晰地在财务报表中呈现剩余权益是值得称道的会计实践。当然,还有更好的运用,那就是呈现那些构成普通股股东权益的所有分类账户余额(资本性股票、盈余等),这些余额的代数和被明确地列示于资产负债表的表外项目中。

当然,会计人员经常强调"资产净值"报表的优势,比如,三栏式资产负债表所列示的资产、负债以及将两者的区别作为资产净值或所有者权益。特定环境下的此类安排是令人满意的,如将注意力集中于特殊权益上的报表通常是有利的。但是,一般而言,公司财务报表中的"资产净值"能够被严格地限定为普通股股东权益。正如前面所阐述的,"资产净值"代表了剩余权益。将普通股股东和优先股股东的权益合并为一项单一数字是一种错误,至少在某种程度上,报表已经内含了这些信息。

必须承认的是,"资产净值"作为所有股东的利益集合体,与发行在外的各种类型证券可能并不一样,但近年来,国会颁布的超额利润的税收法规中所采用的"投资资本"的定义却对此予以了强有力的支持。除了许多法律条例外,出于税赋目的的"投资资本"和会计人员传统的"资产净值"是高度相关的。也就是说,若干收入法案将公司投资资本定义为:只包含了经特定时期资产价值调整的、不同类别的股东权益。由上述事实得出的这样一个结论却是错误的,即"资产净值"概念,要么是作为用于税赋目的的投资资本的基础,要么就是作为用于通用会计目的的基本后果的观点。[1]超额利润的各种税收名目的这些特征遭到了各方的一致批评。我们已经多次指出,资本化计划和纯粹的筹资方法对于评价筹资成功与否难以令人满意。总之,对投资资本唯一的合理定义必须是基于对商业企业的经营有所贡献的资产的价值,而并不考虑证券发行时涉及的个人分配。

但是,需要指出的是,我们也不能过分强调修正的公司所有者权益概

---

[1]斯图亚特·查斯撰写的《什么是合理的收益?》一文中讨论了这方面的收益问题(《会计学》,第29卷,第416-434页)。

念的重要性。坚持将普通股股东的利益视为一项关键的和完整而独立的类别将会导致不合理的分析。这也就意味着,所有经营性和收益性账户要作为股东利益的直接附属。这一点很明显,从普通股股东的角度而言,利益和应计股利对于所有优先权益都是抵减项目和费用,在确定剩余权益以前必须对此予以充分关注,真实营业费用亦是如此。因而,基于上述分析,可以得出这样的结论,即债权权益的回报与经营费用为同一类科目,都是作为资产净值或者是公司所有者权益的抵减项。这种分析完全没有从经理的角度,以及将企业作为一个经济实体的角度来看待。对公司净收益唯一的合理定义必须基于公司所有的权益。经营净收益衡量了所有权益的净增长(获得的补贴和新的投资)。合理的划分是对总收益的抵减和对净收益的分配。①

完全从法律上的所有者权益角度来看待会计账户是一种错误,这种错误严重误导了会计分析,而将角度转向剩余权益的概念也没能很好地解决这一问题。考虑斯普拉格的这段表述:"企业奋斗的目的就是增加财富,换言之,就是增加所有者权益。"②这将有助于一个公司100%的权益都是由单一个人或同类的利益相关者的投资所构成。但是这样的单一权益我们很少发现,即使是在独资企业中都很难发现。当将视角转向公司时,其所有者权益与斯普拉格所描述的所有股东的所有权益为相同含义,我们却很难合理地认为,企业的整体目的就是增加所有者权益。这种观点并没有与公司的组织形式从根本上保持一致。在美国,公司总资本的绝大部分是由债券和其他契约型权益所构成的,以铁路公司为例,这些公司的负债,超额的股票权益,甚至所有的优先股都被包括在后一类中。从会计的角度来看,所有权益的回报形成了财富的增长,并推动了商业企业的发展。企业作为一个经营实体的成功与否不能由对股东的回报来直接决定并以之度量。将经营净收益在契约型权益和剩余权益之间进行分配仅仅是公司筹

---

①这部分内容将在后面章节中作进一步阐述。
②《账户的哲学》(第4版),第59页。

资问题,而且它并不反映经营业绩。这个问题我们将会在后面章节中在分析费用、收入以及利润等概念的重要性时,做更为深入的探讨。

总之,资产等于权益,这个基本等式是对任何企业财务状况令人满意的表述,虽然在独资企业中,会使用到三种类别：所有者的利益、"他"的资产以及"他"的负债。公司的资产负债表清晰地阐明了两种类别。公司的剩余权益通过普通股股东权益、优先股股东权益,如果有的话,还包括债权人权益等加以准确表述。

现在将要从基本会计等式来对会计账户系统的结构进行解释。

第四章 资产与权益账户

此前已经揭示出,任何企业的财务状况都可以用资产和权益这两种类别来加以表述,且在数量上,资产等于权益。① 这是对会计数据的基本分类,也是任何完整的财务账户系统的本质。现在,我们的任务是,根据这个基本等式来说明现代企业中不同类型账户的构建。在这个基础上,我们将建立一套高度合理且便利的系统来对定期的财务历史和财务状况进行分类和展示,以逻辑上与这些基本分类直接关联的方式来构建和解释每个可能的账户。本章将主要集中于对资产负债表账户结构的探讨,即那些用于展示纯粹的资产和权益要素的账户。② 随后,我们将仔细分析几种重要的辅助账户。

经营的基本影响

我们首先要考虑的是,什么是企业的经营?以及随着时间的流逝它会发生哪些变化?这些问题的分析都必须依据已有对会计数据的基本分类。企业的经济活动如何影响资产和权益?会计人员将如何理解企业基本的价值流动过程?

---

① 也就是说,财务状况可以被简化为一份以美元和美分显示的报告,由资产和权益这两个项目来反映。正如第二章中所提到的,很多与企业财务状况有间接和潜在关系的因素和条件不能被直接表示成明确的价值形式。

② 后文将说明,实践中,很少有账户持续地只反映确定的资产或权益。经营环境发生变化将使持续反映单一要素变得不现实。但是,本章假设实践中的账户组与基本分类准确一致。

我们先来看资产。以一个制造企业为例,它购买了土地、建筑物、设备、生产工具、物料和原材料,建立了人事系统,换言之,就是提供了管理服务和普通人工服务,还提供了保险、广告以及其他许多方面的服务。所有这些基本的架构、商品和服务(与投资者自己提供的专门要素相结合)配套运用便生产出了产品,即商品或服务。然而,在这种情况下,企业的持续经营必然伴随着其必需的实物资产价值的逐渐减少、消耗和流失,因此需要经常对其进行重置和维护以维持价值。而且,基本服务必须要持续供应,换言之,企业资产会出现持续不断的变换过程。个别资产将很快地或多或少改变其特性,进而消失,新的要素也会很快替代它们。企业的资金可以完整无缺地保存甚至增值,但是蕴含于建筑、商品、服务和权利中的资金在任一会计阶段都是变动的。资金存在于大量的商品和服务中,但是在某种程度上,却独立于这些具体资产性质和状态的变化,这种观念极大地方便了会计人员。

涉及资产的变化有三种情况:其一,购买或出售资产,用某些资产交换其他资产,如用现金购买商品。其二,某一资产在经营中被利用后无法辨认,但并没有导致该企业资产总额下降,如工业制造中消耗原材料,材料虽然消失了,但其价值还存在,假设它们附含在了利用它们生产的产品和半成品中。① 其三,通过产成品的出售,专门生产线、商品和服务的价值最终被消耗,从经营中消失了(虽然假设在出售的过程中得到了补偿)。当资产价值失去或降低而没有得到任何直接或间接的补偿时,变化就发生了。以上三种情况在后文中将会得到更为深入的呈现。

当然,资产的价值变化率与资产类型紧密相关。有些成本的发生——以防火建筑为例——将保持资产的性质,在长时间内仅发生相对微小的变化,而像邮票类资产的价值在售出后马上就会被消耗。通常,为区分两者,我们描述前一类为耐用的、固定的,而另一类为变动的、流动的。

---

① 这是一项会计基本假设,即为获得产品或服务而消耗的所有商品和服务的价值全部流入了目标产品中,并构成了目标产品的价值。参见第二十章,第 490-493 页。

与由于购买和建造等所引起的资产记录的特定变化相同,价值重估的全部问题都产生于此。价值是会计的关键问题。用美元记录商业企业购买商品、服务和权利的初始成本要相对简单,若根据明确的会计分期来列示以后的价值,则是对会计人员一项很大的挑战。

　　如果会计的任务是以特殊的方式记录单个业主或业主群的投资,并且在这些投资转化成各种建筑、商品、服务、权利及条件时继续对其进行跟踪,那么一个合适的会计体系必须被设计出来,以便于反映所有可能资产价值的波动和转换。

　　在资产购置、变动、消失或被替换的同时,权益也会在某种程度上发生相应地转换、减少或增加。首先,一种权益可以直接替换另一种,如某些现金持有者被吸引用现金投资公司股本。其次,某些权益通过对业主的支付而清偿,新的投资可能又会获得。最后,权益可能因经营的成败而增加或减少。

　　很明显,在一定时期内,权益的变化可以是资产变化的反映,实际上,期间内的资产净变化值与权益净变化值在数量上是一致的。正如前文所述,权益是从法律上的产权角度对资产的再体现。资产总体的增加或减少总是伴随着权益总数的增加或减少。净损失或净利得是对资产和权益作用的最终结果。投资的增加或撤回同样对两者都有影响。

　　资产和权益虽然有以上关系,但两者的变化在一定程度上具有相对独立性,因此,作为两种不同的会计概念应区分开来。只要资产总额没有被影响,它的各种变化和转换都有可能在不影响权益记录的情况下发生。如前文所述,一项资产可以被交换成为另一项等值资产。类似地,在不影响资产的情况下,业主权益可以被清除或被另一项权益所替代。所有权益的相互转换,以及所有不影响资产总额的权益变化,都不会影响到资产的变动。①

---

①第五章将说明这些基本情况及其账务处理。

应当强调的是,资产和权益之间仅有的关系只是两者总数相等。对于一般的平衡表,资产总额必须等于权益总额。不能透彻理解这项基本事实往往会导致会计理论和实践产生错误和误解,如现金是一项具体的资产,而盈余是持有的一项权益,两者经常混淆。实际上,具体的资产和权益之间并没有一一对应的关系,没有单个的资产——作为会计处理程序的一项业务——能在一项权益中得到反映。①

通常,在具体的资产与权益之间没有数字上的一致。但是在特殊情况下,这种相等的关系也会在财务报表中很巧合地出现。假设存在这种极端的情况,经过整合后的 Y 公司资产负债表如下所示:

资　　产		权　　益	
不动产	$40,000	A. 合伙人	$40,000
厂房和机器	60,000	B. 合伙人	60,000
物料	20,000	C. 票据持有人	20,000
现金	10,000	D. 票据持有人	1,000
合计	$130,000	合计	$130,000

从表中似乎可以看出,A 投资了不动产,B 投资了厂房和机器,C 投资了物料,D 投资了现金,这种看法也许是事实。但很明显,像这种从逻辑上一一对应的交易在现实中并不多见。甚至,即使具体的权益与资产数量相等,这种巧合也很难持续。无论如何,它没有什么实质意义。严格来说,A,B 的权益同等地由不动产来体现,现金同时反映了 C,D 或其他投资者的权益,等等。

资产和权益相辅相成、缺一不可。而且,特别是在存在连续的资产负债表时,我们能够通过其很便利地推测出引起重大影响交易的实质。② 但是,这两个实物和我们正在讨论的它们相伴的过程,必须要区分开来。最

---

① 这里的说法可能有些夸张,某种权益可以由某项资产的留置权产生,即一项权益有时恰好可反映一种资产(或可能偶尔代替)的总额。
② 举一个简单的例子,流动负债的大幅减少很可能伴随着流动资产的相应减少。

初的分类一旦形成,就会为会计构造出一条基本的且必须严格坚持的分界线。

总之,企业的经营和所有其他的偶然交易,对于资产和权益的变换、退出,积累和流动,增加和减少,会计上都有最基本的描述。所以,很明显地,企业的账户必须尽可能便利地反映这些变化并得出期间汇总结果。

账户的基本要求

这些目的如何实现?最有效率的安排是什么?什么形式应当构成会计基本的整体技术架构?我们如何构造单一的账户?

很明显,从理论上说会计最直接、最简单的方法就是用资产负债表作为最重要的记录载体和单一的、包罗万象的账户,如第二章中的 X 公司,当资产和权益陈列在财务报表上时,原始事项发生的所有改变都会在合适的位置以合适的数据重新记录下来。当新的资产和权益出现时,报表项目名称和数值就会在原来的基础上发生相应地变动,如用 \$5,000 现金购买原材料后,报表中的现金和原材料的数据都要作改动。或者,用现金承兑一张面值 \$1,000 的到期期票,则现金和应付票据的数据都应做出合适的变更。

但是,会计人员用直接修改资产负债表的方法,即使在最简单的情况下也很不方便,因为它需要为记录留下很大的空间,至少原来的财务报表有必要被拓展和延伸以便有足够的空间来列示各种交易对原始数据的影响。这就意味着每项重要的资产和权益的独立账户都是开放的。

如果在第二章中提到的 X 公司的资产负债表以这种方式被拓展后,既能体现基本关系,又能为每项资产和权益的独立账户留下空间,那么它将变成如下情况:

资　产	权　益
土地	股本——普通股
$100,000	$200,000
建筑物	股本——优先股
$200,000	$200,000
设备	抵押债券
$100,000	$100,000
专利权	公司债券
$100,000	$100,000
开办费	应付票据
$25,000	$100,000
原材料	
$100,000	
现金	
$75,000	

必须加以说明的是，对于在财务报表中直接陈列经济事实的会计方法，还有其他的不足。在这种方式下，会计存在严重缺陷，即它对经济过程的披露非常少，很明显，历史数据和各种概要情况对于迎合各类利益相关者的需求都是必要的。事项的因果都要求被简单披露，而且，用文字来直接描述对资产和权益的影响并不可行甚至是不可能的。换句话说，个别事项的数据不可能立即反映在现有报表要素中。不过，通过中间或辅助的类别和账户确认会计信息以分期积累资料还是有必要的，除了定期所必需的，目前并未有将这些暂时性账户减少至最低程度的任何尝试。我们将在下章中详细讨论这个问题。

与此同时，其他方面的原因也很容易证明更精细会计技术的可行性。在大企业中，账户的再分类和记录是有必要的，通过此举可以使员工尽可能充分掌握经济交易的动向，而且，一套有计划的会计体系工序及其扩展和专业化对于充分测试员工责任履行和"内部检测"系统是很重要的。此外,准确、及时、整洁、高质量的簿记以及其他重要特征毫无疑问都产生于对科学技巧的理性运用中。当然,这些方面的考虑远远超出了此类简单问题,即将会计结构限定在平行栏目式资产负债表是否可行?而且延伸到了完全处于本研究之外的技术性事项。

构造单个账户的第一步工作,可以被认为是对汇总资产负债表的延伸和拓展,以保证在任何情况下,每类项目都有足够的空间来对给特定资产或权益带来影响的数值进行记录。第二步工作就是将每类项目下的空间分成两个隔间或部分。为了说明此举的内在必要性,我们有必要对已经列示在资产负债表上的所有可能经济交易的数据效果进行更明确的展示。

我们首先来看资产。关于数额,这点是无疑的,资产的余额仅仅只能被两种方式所影响,即要么增加,要么减少。资产的增加、提高、改良、置换、扩建等,以及报废、毁损、减值、处置、注销等,从价值角度总括起来分别就是增加或减少。因为资产总是用价值单位从量上表示,所以,所有可能的变化情况就是增加或减少、剩余或不足的问题。

同样地,权益也是用数额来表示,因此,所有重要的交易都会导致其增加或减少,追加投资、借款、获利等将会增加权益,偿付贷款、利润分配、损失等则成为权益的减项。会计人员仅用表示价值的数据描述权益,因而不存在其他种类的数据。

相应地,每项单独的资产和权益账户都需要两个部分,一边记录增加,另一边记录减少。或者,如果这两部分并没有从空间上分离,那么无论如何,都必须要制定出处理这两类相反变化的某些策略。当然,也就开始形成了某种表格,它可以处理每类条目下实际的算术变化过程,账户仅仅反映余额或发生额总数。除了空间排列,其他方法也同样适用。加、减号可以用来表示相反要素,或者用不同颜色表示。根据这种思路设计出一些方法并不困难。

事实上,现代会计所采用的方式曾一度包括正、负双方的分离,增加额和减少额都能够分别累积,然后定期结算出余额。这种方式看起来很随意,但实际上是建立在客观需求之上的。首先,运算过程(考虑到会计数据的及时性)不必在单笔交易发生时进行,这样不仅使记录简化,而且降低了错误发生的可能性。其次,通过对专门项目的增减项分开记载,可以得到更完美和令人满意的会计记录结果,某一资产的减少或增加都会对管理决策过程造成重要影响。比如,现金账户必须设置为在一定时期内能够明显反映现金的收支情况。现金账户不仅要反映账户余额,还要呈现所有的增加项和减少项,以暂时性地对数据进行清晰的分类。通过使用以上方式对增加项和减少项分开进行记录,我们就能够很便利地在会计期末获得账户余额。

最后对本节内容做个总结:其一,汇总资产负债表并非令人满意的会计处理单元。为了得到必需的空间来予以充分记录,以及避免将某些复杂交易简化,资产负债表必须进化成单个账户体系。其二,既然所有交易数值的影响可以归纳为增加或减少,那么每个账户需要划分为两个部分。其三,每个账户增减项的分离和临时记载是必要的,它不仅提供了记录上的方便,账户下双方的发生额还为管理决策提供了依据。

平 行 栏 账 户

资产负债表,即总账户的框架,由两个平行纵栏构成。[①] 这种设计在

[①] 正如第二章所强调的,资产负债表的本质是对资产和权益的反映。在报表中反映这两类要素所进行的安排仅是出于记录方便的目的。虽然目前有将两者按顺序列示的趋势,先反映资源或资产,接下来反映权益,特别是需要更精细的报表时,平行栏设置有其缺陷。但平行栏形式仍被普遍应用。资产负债表作为财务状况的一种报告形式,含有复杂的资产报表,包含很多页内容,后面紧跟着完整的权益报表。这个过程中含有资产负债表中的某些计算和重要性的判断,同时它还趋向于排除报表中的技术性问题,不致使非专业人士产生困惑。

它一出现时就极好地迎合了单个资产和权益账户的需求。正如此前的解释,每个账户表头下需要设增加和减少两个部分,平行纵栏或"T"形账户能够很好地满足这种需求。至此,我们已经有了基本的会计工具,每类账户都有一项单独的表头,下设两个平行纵栏。① 每个子账户在形式上可以被视为基本财务报表的缩小版,资产负债表本身就形成了一项反映企业所有资产和权益的原始账户。为了记录企业经营过程,会计人员发现将这个原始账户分解成一些与其有相同形式的子账户体系是非常有必要的。同时,会计人员必须掌握期间结转操作,即对子账户中所有数据进行收集整理并将它们转回总账户。

现在讨论单个账户中栏目的设置问题。以资产账户为例,增项安排在左边,减项放在右边,还是相反呢?我们应该以便利为标准来解决这一问题。事实上,两种安排的效果是一样的。但是,从目前的资产负债表来看,资产项目放在左边栏,权益项目放在右边栏,这种安排已经在全球实务界得到广泛采用。② 相应地,总账户左边代表资产余额,右边代表负债余额,如果这种会计处理能被一致地贯彻,那么每类资产的正向余额就会被置于左边。

在权益账户中,增减栏又应当如何安排呢?答案同样是以便利为原则。在构造账户时,唯一应遵循的要点是基本平衡关系的保持和增减项的分离。同理,为了确保资产的正向余额在左边,权益余额在右边,而且如果这种会计结构能够得到一致地贯彻,那么我们有必要在每个权益账户下的左栏记录减项,右边记录增项。

在考虑到基本平衡关系后的 X 公司③的平衡账户的设置和总账户可以用下图表示:

---

①当然,实践中账户的每边通常包含日期栏、备注栏、发生时间栏以及各种发生额。但是,只强调这两栏已足以达到我们的目的。

②英国是个特例。英式账户在单个账户的组织上遵从全球惯例,但在财务总结中则将这种结构反了过来。保守地说,这种不一致是不完美的。

③见第二章的解释。

X 公 司

资　产		权　益	
增加	减少	减少	增加
土　地		股本——普通股	
$100,000			$200,000
建　筑　物		股本——优先股	
$200,000			$200,000
设　备		抵押债券	
$100,000			$100,000
专　利　权		公司债券	
$100,000			$100,000
开　办　费		应付票据	
$25,000			$10,000
原　材　料			
$100,000			
现　金			
$75,000			

在上图中,应该注意,表明每个账户框架界限的线条与别的账户或中线是不相连的,这凸显了每个账户都应被视作独立的个体。还应注意的是,此表并没有呈现出它在实务中的通行做法。集中起来按照英文字母顺序排列,或者是以活页式或册次来安排,在每个账户后留出一页或更多页,但很少或几乎没有对按逻辑关系分组的说明,从记账效率的角度来说,这种做法更受欢迎。给定的框架简单而深刻地说明了资产、权益账户与资产负债表的基本等式之间的逻辑关系。

如前文所述,"T"形账户并不是单个账户的唯一设置形式,但我们很难发现一个更有效率的安排。它比较好地符合了前文所提及的账户的基本要求,即方便了记录人员将期间数据划分成增加项和减少项,从而消除了除余额计算外的所有运算,降低了错误出现的可能性;它完整保存了整个会计期间对立要素的增加和减少，从而使这些分类后的数据——每类都有其内在重要性——对管理有用。而且，可以认为此前所使用的方法都没有像纵栏账户这样方便，这种设计可以横向记录实际数据，纵向求和。与其他方法相比，很容易得出这种方法是最优选择的事实。

流动资源和权益账户

正如上文所述，会计人员应将企业经营看成是一项利用大量的、各种各样的商品和服务来生产用于出售的某些商品和服务的过程。很明显，即使在非常简单的情况下，除了上文 X 公司列出的资产外，企业在生产经营前还需要其他商品和服务。以制造企业为例，它需要各种类型的雇员提供服务，如经理、操作员、文员等。事实上，每一家企业都必须持续购买这些服务。成功的经营还需要经常支付保险、广告、照明等，以及购买燃料、文具和其他流动资源。当然，这些暂时性商品和服务的类型和数量取决于企业的性质。

问题在于，流动项目的账户，如办公用品、燃料、保险、雇员服务等，如何与已提及的账户设置相适应呢？在会计教材中，这些项目通常被贴上"实账户""虚账户""假想账户""经济账户""内部账户"或"损失账户"等标签。那么，这些流动项目的性质是什么？会计人员又应当如何理解影响这些项目的过程？以及如何将它们记入这些账户呢？这些问题给会计理论界和实务界带来了很大的困扰，因此迫切需要进行更深入的研究。

正如上一章所述，所有有价值的因素，如商品、劳务、权利以及其他条件进入企业后就构成了资产总和。依据这一概念，流动性服务和物料代表了资产或增加其他资产的价值，我们在获取这些资产时需要在资产账户的左边栏予以确认。在有形资产项目如燃料或物料中，这点很容易理解。和其他箱装物或耐用资产一样,箱装煤很明显也是不折不扣的资产。此外,企业价值或多或少地存在于无形的状况、权利和服务中,资产包括物质资产和非物质资产两个方面,这点应当引起充分的重视。因此,人力资源、保险和广告服务都可以增加资产总额,它们也可以独立于有形资产而存在。所有的服务对于企业经营而言都是必需的,它们对于企业家而言也都是有价值的。

所有者大量投资所获得的任何要素、材料或其他物料,在起初就会形成一项资产的价值。当企业家支付保险、广告或其他服务费用时,正如购买建筑、机器或其他实物资产一样,他希望获得等值的回报。与有价值的实物一样,有价值的服务同样能够增加企业资产总额。实际上,某种所谓的"有形"资产之所以有价值,主要是因为它的各种服务改变了原材料的场所和性质(从本质上来说,这点通常存在些许经济意义),使得变化后的原材料能够与一系列的服务相结合,最后生产出其他的一些商品和服务。①

一般的企业家都能够很好地理解这项经济事实。比如,如果某人想从事零售公司业务,那么他将会采购哪些货物呢?当然,报表中应该出现由其控制的煤或其他流动性物料,以及机器、设备等。此外,如果他还购买了一些保险、广告、交通或其他有价值的服务或权利,且尚未消费,那么这些项目也应该毫无疑问地被列入企业的资产列表中。②

这里并不意味着耐用的实物性资产与有价值的流动商品和服务之间没有重大差别。实际上,两者在理论上和实践上都有很大的区别。但是,以建筑和燃料为例,应该着重指出的是,两者的区别不在于前者是资产,后者是损耗,即使笔者完全清楚这些资产的本质以及这两种情况下的会计程

---

①从会计目标来看,毫无疑问,"商品"和"服务"应该被分开,虽然在最后的分析中,所谓的"原材料"资产的成本大部分构成了各种服务,从使用者的角度来看,它是有价值的,因为它为使用者提供了需要的服务。

②预付保险和广告,其实是一种应收账款而非服务。当保险公司和广告公司清除账款时,它们就变成了服务,并以另外一种形式增加资产价值。

序一定会发生改变,但运用描述两者区别的专业术语只会产生混淆。区分两者的唯一方法是考虑其持久性。① 煤在每月的消耗量可能很大,建筑可能持续50年。煤是流动的、暂时的资产,很快就会失去其形体。建筑具有耐用性,其价值在消失的同时逐渐转换成了另外的形式。两者的区别类似于经济学理论中"固定"和"流动"资本的区别。

会计人员不能根据流动资产很快就被损耗的事实,得出它们的价值也会完全从企业中消逝的推断。正如已经提到的,流动商品和服务的使用为企业产品的生产提供了必要条件,因此,合理的假设是,除非产品被出售,否则所有被消耗的价值都以半成品或产成品的形式存在于企业中。此处我们所表述的是工业会计的一项前提假设。成本会计人员通常假设,为既定目标所耗费的商品或服务的价值全部流入了利用这些商品和服务所生产的产品中。② 从这个角度而言,发生的所有商品和劳务的成本对于成功的企业经营都是必备的,它们首先凝聚在半成品中,再以产成品的形式出现,最后随着产品的出售离开企业。的确,固定资产亦是如此,不同之处在于,固定资产是逐渐将其价值转入生产经营中,而流动资产是暂时的,在购买后会很快失去其状态。实际上,流动性服务可以被认为是直接地存在于它所服务的对象中。

所有有价值的商品和服务,虽然其存续期间很短,但仍是企业购买的资产,增加了企业的资产总额,但这并不意味着在实务中,我们就能够以此来设计账户,并将这些账户视为资产账户以记录上述项目的期初成本。燃烧后的煤不再是煤,花费在工业生产上的劳务不再是最初的劳务。保留煤或劳务被利用的持续记录并不可行,因此,我们需要一个与该项目原始性质不一样的账户。

所有的流动商品和劳务在购置时都能清楚地被确认为资产,按购买对

---

① 我们将在第八章中详述固定资产和流动资产的区别。
② 这个假设和马克思的劳动价值论相似,即为生产特定产品所耗费的劳动价值,就构成了这项产品的价值。

象的性质来定义,并记录其价值的账户,都为资产账户。但是,从账户的常规角度来看,即从普通簿记的控制要素角度来看,情况又有所不同。账户分类问题将在后文做深入探讨。

我们暂时根据流动商品和劳务在获得时的性质来对记录它们的账户进行定义,换言之,它们可以被看作是流动资产账户。比如,假设 X 公司需要四个这样的账户,分别记录人工、燃料、保险以及混杂的物料和服务,可能还有其他账户,但以这四种为例足以说明问题。根据上节对资产账户结构的说明,这些项目的账户设置方式也和其他资产账户一样是开放的,左栏用于记录增加,右栏用于记录减少和报废,具体如下:

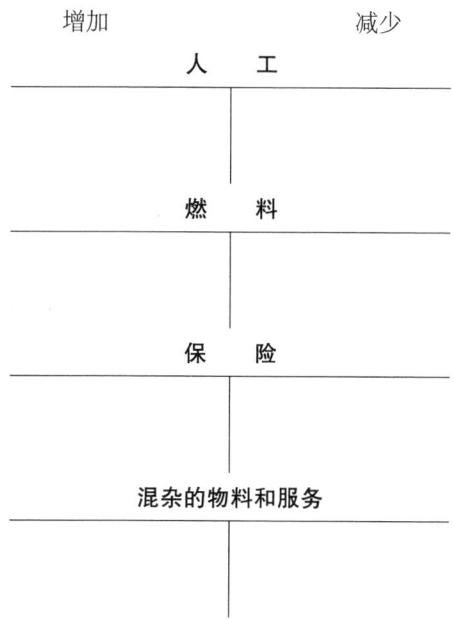

另外一种所有企业共有的流动资产就是一般的应收款项,即对客户发出货物后,客户未付清款项而形成的一种账面索取权。美国商业经营的一项重要特征就是,企业账面已售出商品和劳务,但款项在货物和劳务供给后一段时间才能收到。于是,销售方的账面上就形成了对购买方的索取

第四章 资产与权益账户

权,即应收资产的确认。这种权利是暂时的,因为它们很快就会转化成现金(如果被付清),但是,它们在企业经营中不常出现,因此,不会造成如上述例子中的混乱状况。应收款项账户的构建方式与其他资产账户一样,如下图:

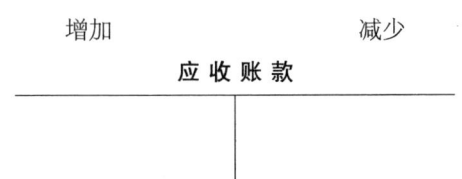

所谓的"应计"资产,仅仅是应收款项的一种,如应收利息、应收租金。企业在收款前提供服务,形成了对客户的索取权,上文提到的预付保险,同样是一种应收权利,但是,它是用劳务消费来清除的,而非收取现金。现金是资产中流动性最强的,它本身被列为一种流动资产。下一章我们将详细讨论资产的不同种类。

同样地,随着企业生产经营的展开,和上文列举的 X 公司流动权益项目存在很大区别的其他项目也会出现,如账面上已频繁购买了商品、物料和服务,但款项并没在获得这些货物和劳务时付清,而是在以后期间进行偿付。应付账款①的账户设置与其他权益类账户的设置方式一致,左边代表减项,右边代表增项,如下图:

"应计"负债,如应付租金、应付利息,都在现代账户体系中得到了定期确认。这种账户随着客户在付款前要求获得各种服务而产生,它的设置原

---

① 当然,在实践中,应收和应付款项分别被分为了明细的债务人和债权人账户,其账户结构与前述一致。

则同样与其他重要权益账户相一致。

在此,我们并不试图列举典型企业中的所有流动资产和负债,目前所做的解释和建议已足够会计人员进行账户的设置安排,以列示可能会流入资产负债表中原始账户的流动资源和权益的增减变化情况。

第五章 交易的类型

现代企业完整的记录系统要求各式各样的中间和辅助账户,在学习这些账户前,有必要明确说明记录在账户中的商业交易所有可能的类型,从而完成对资产和权益账户结构的前述分析。本章将会表明,影响一个企业财务状况的所有事件、变化、过程和环境能够立刻在纯粹的资产负债表账户中体现(假设所需信息是可获得的)。换言之,每项会计交易都能够以与基本等式直接关联的方式加以表述,如果分解到具体的基本要素,也即资产和权益。

这次讨论将致力于清晰地表明所有的会计明细分类都明显地应从属于资产负债表的主要分类,而且,在企业实务中需要的辅助账户不代表特定的新要素,而是在基本等式不能较为便利地将业务分解到基本要素时,来充当其暂时性的阶段或方面。

会 计 交 易

在前面几章,已经了解了业务运行和会计交易的很多方面,现在有必要更完整且更详细地说明交易的含义及其主要类型。从广义上说,交易能够定义为:在一个企业中,引起个别资产或权益项目发生变动的任何变化、事件、过程、条件或政策。或迟或早地要求在账户中记录会计分录的任何一种情形或状况就是一项交易。根据这种观点,会计交易绝不是被限定在明确的财务运作和事件中。只要在企业内部,涉及价值变化的任何过程都必须被视为一项交易。

基于该定义,所有交易都能归入到三种类型中。首先是显性的商业交易,它是特定企业与其他企业、个人或利益相关者之间的交易。购买厂房设备、原材料、服务或其他资产应归入此类,销售也是如此,收款和付款、业主投资、股利派发或其他收益分配、债务的发生和偿还——所有这些都形成了显性的商业交易。一般认为,处理和记录这些商业交易的运行轨迹是会计的职能。对采购、销售、付款、收款等业务,必须有精确的、系统的且可理解的记录。为了保护综合性企业的顾客、债权人、职工和投资者的权利,明确管理者和其他雇员的责任,以及尽可能地处理任何一种形式的业务,这些数据都必须加以仔细地汇编。这就是狭义上的会计。

但是任何一个熟悉现代会计的人都会认识到这只是一个开始,仅仅对所谓的"实际"发生的交易作记录,通常并不能完整地反映一个企业的经济历史。不管如何合理地安排,没有进一步的分析和会计分录,仅从商业事件的日记账中是无法得出反映收益和财务状况基本事实的准确结论的。

其次是隐性的交易,它是因内部经营过程和时间流逝所引起的价值变化,企业必须对其进行处理。外购商品和服务的准确状况只能暂时地保持(即使假定其成本对期初的报表而言是正确的),所有资产或快或慢地都在发生贬值,并转化为其他形式。如前所述,对这些变化的记录是会计的一个难题。固定资产的折旧、劳动力和原材料的生产耗用、其他流动资产和服务的消费、体现在产成品中资产价值的消失——这些及其他所有影响资产特征和数量的变化过程都必须记录。

对涵盖了企业内资产价值的重要变化以及企业价值的流逝等范围的业务编制恰当会计分录的过程,毫无疑问,就是会计人员对显性交易的一项确认过程。也正因为在此过程中,存在一些特殊的问题,因而这部分的会计是非常重要的。

最后是所有形式的会计分录,它们并不对外部交易以及伴随资产变化的实际过程进行记录。所谓的"结账"分录提供了很多例子。为了在会计期末汇总并得出结论,记账员可能会发现,有必要将特定余额从一个账户转移到另一个账户,以将几个账户的余额都汇总到一个科目下。举一个具体的例子,我们可能需要把"销售人员的工资""销售人员的差旅费"和"销售人员的业务招待"合并到一个更一般的账户——"销售成本"中,这样的一项集中过程需要会计分录,但并不伴随实际价值的变化。体现管理层政策和意愿的净收益或盈余的分配或派发也是账面交易的例子。这类分录会在以后的章节中加以更详细地说明和讨论。

我们在交易的基本概要上再补充另一种分类,所有可能的会计交易都能根据其对资产负债表类别的影响归类,具体如下:

(1) 只影响资产的交易。

(2) 所有者权益间的交易。

(3) 对两种基本类别都有影响的交易。

(4) 第(1)(2)(3)类的组合。

上述每一类都包含显性的商业交易和正式的会计分录,除了第(2)类,其他的也都可以找到隐性交易的例子。我们现在将根据这种技术分类对交易进行分析并解释其对账户的影响。

资 产 交 易

从资产负债表的角度看,其中的一类重要交易就是资产交易,一般企业大量的财务事件都属于这一种。货币资金、商品和服务与等价的其他商品和服务相交换,这些称为"资产间"交易,这类分录描述企业与外部的实际交易,或者简单地确认企业内部价值波动过程及资产价值内部转换。两种情况对账户的影响是一样的,一种资产被交付,或报废或转移,就从资产中减去;而另一种资产在交易中被接收或确认,就以同样地价值增加资产。

通过引入大量具体的实例,可以很好地说明此类交易对账户的影响。第一个例子,我们假设 X 公司支付 $300 现金购买燃料。这里有一项资产减少,即现金,同时有一项资产增加同等价值,即燃料。① 根据上一章所描述的账户设置,这项交易应确认为:在燃料账户左栏入账$300,在现金账户右栏入账$300。显然,该分录表述了这项交易的整体影响,且由于我们在相反的栏目里都记入了同等价值,基本等式并未受到影响。

我们再举第二个例子,假设 X 公司借给史密斯兄弟公司$500 现金,后者签发一张为期 60 天的价值$500 期票,票面利率为 6%。X 公司用现金交换了另一种资产,即一种权利或要求,通常称为"应收票据"。这种情况下应如何进行记录呢?一种资产减少而另一种资产增加同等价值。最后这项交易应记录为:应收票据账户的左栏记$500,以反映这项资产的增加,在现金账户右栏记$500,以反映现金的减少。我们再次在相反的栏目里进行了相等数额的记录。

再举第三个例子,假设史密斯兄弟公司在往来账户中记录了一笔对 X公司$500 的欠款,现在用一张票据来结清。所谓票据,是指客户给公司出具的书面付款承诺,以代替往来账户。从 X 公司的角度看,这项交易是对史密斯兄弟公司的一项权利与另一项对等权利的交换,正式的债权证据用稍显非正式的协议来代替。这样,未清的应收账款减少,同时,应收票据增加同等价值。一种要求被另一种法律地位稍有些不同的要求所代替,虽然这个要求还是直接与同一方有关。这项交易反映在账户上就是:应收票据账户增加栏记$500,应收账款账户减少栏记$500。

一家企业的房子和设备投保 1 年,用现金支付保险费$800,对其后一年中可能的损失进行投保并预付保险费。这项资产在于公司对保险公司的权利,而且这项权利会随着时间慢慢消失而兑现。交易记录为:在保险账户左栏记$800(资产增加),在现金账户右栏记相等数额(另一种资产等

---

① 就像已经提到的那样,对于期初表述的目的而言,成本决定价值是会计的一项普遍假设。无疑,这个假设对于建立在正常竞争情况下的公平商业交易是成立的。当然,如果 X 公司非理性地运作,而且遭遇了某种方式的损失,这笔交易将不再是公平交换。可是,我们还是要坚持经济学家和会计学家的普遍假设,也就是,在自愿的交易中,任何一方都不会获得不恰当的好处。

价减少）。

假如企业用现金或其他流动资产建立专用基金,用来偿还、收兑债券或其他目的。比如,X 公司的主管拨出＄5,000 现金给信托公司作为偿债基金,以便收兑某些到期债券,这实际上是对现金账户的分离,基金为了某一特定目的被分离出来并在会计上予以确认。我们假定"偿债基金资产"这个概念特指这项专用基金。主管的行为在账户上应确认为:偿债基金资产账户左边记＄5,000,普通现金账户右栏记相同数额。

接下来,我们对经营情况引起的资产"内部"转换举个例子。假设价值＄700 的原材料从 X 公司的仓库中被领取并投入生产,即投入到生产过程中。这种情况与任何外部企业或个人无关,这是企业内部的简单转移,不会影响总资产但会改变个别要素。＄700 的价值从原材料转移到未完工产品,并在生产的各个阶段发挥作用。这里有一种资产减少,即原材料,而且假设另一种资产增加同等价值,即在产品。这种转移反映在账户上,分录应记为:在产品左栏记＄700,并在对应的原材料账户右栏记相等数额。

3 个账户或账户群总被提出,它们与生产过程的重要阶段相一致,并在会计上分别确认,即原材料、在产品和产成品。某些资产形式的改变、物理位置以及企业已发生成本形式的转变都会在账户上不时进行确认。在理想状态下,这种确认应当伴随着生产的实际过程立即进行,但实施这样一项持续性的会计程序并不总是可行的。

价值从在产品转移到产成品,是同类交易的一个例证,该类交易发生时,也按同样规则记录。

原材料成本不是在转变过程中发生的唯一成本,其他流动项目,如普通劳务、管理、物料以及更永久的资产,如房产和设备等,至少在理论上说,它们都是遵循着相同的流程。事实上,对企业生产经营必不可少的每类项目,由于某些原因,其价值在生产过程需要集中于产品中。在实务中更完整的成本系统下,所有成本(除了严格的销售成本、特定的管理项目和高度综合的项目)都被视为连续地存在于在产品和完工产品中。此处,我们并不需要关注所涉及的分配方法和原则,也不涉及准确而同步地伴随价值转移过程中,账户所出现的几乎难以克服的技术困难。① 我们的目的只是想要强调这项过程的性质及其对账户的影响。

我们举一个与人工成本有关的例子。假定 X 公司获得了价值 $1,000 的人工服务,如果这些服务已经被支付并记账,这项交易就应被视为资产间交易。② 交易应记录在人工账户的左栏和现金账户的右栏。但是,如果已经在生产经营中利用了劳动力,就要立即确认另一项交易,即从人工账户中,一种无形短暂的资产账户,转移 $1,000 的价值到在产品账户中,一种有形的资产账户。最后这项交易在账户中应记录为:在产品账户左栏记 $1,000,并在人工账户的右栏记相等的金额。

再举一个有关价值的内部转移和账户间适当项目一致转移的例子。假设 X 公司买了 1 台设备,离岸价为 $6,000,并另支付运输安装费用如下:运费 $200,人工 $50,辅助材料 $10。如果所有支出一开始都记在运费、人工和辅助材料账户中,接下来,就有必要将相关账户的数额分别转入到设备账户,这里并不需要复杂的说明,运输安装支出作为发票价格的一部分,完全可构成固定资产——设备的成本。这项账户间转移的交易确认为:设备账户左栏记 $260,运费、人工和辅助材料账户右栏总额记 $260。

资产间的正式分录,并不伴随着任何客观的经营或价值流程,只是为了统计或其他目的而区分已经存在的资产余额时才使用。举个例子,假设 X 公司的管理层决定给某种特别重要的原材料予以明确的会计确认,那么有必要在特殊原材料账户的左栏记入适当数额,在一般原材料账户的右栏记入相应地数额。

以上例子应该足以揭示出资产间交易的主要情形的性质,也很清楚地

---

①一般假设,在内部转移的整个过程中,价值仍然不变。当然该假设不总是符合实际。举个例子,市场价格的显著变化是生产过程中原材料价值的影响因素。我们需要具备这样的意识,即纯粹的资产交易只发生在价值传递到新的阶段时,成本能够合理地假定是固定的情形。
②购买人工服务在账户上的会计处理将在下一部分讨论。

表明了这些交易的确认对会计系统和基本等式的影响。需要强调的是,每类事件,我们在相反的栏目中都登记了相等数额,资产增加总是登记在适当账户的左栏,而资产减少总是登记在适当账户的右栏。因此,资产余额和权益余额的基本等式是不受影响的,这些交易仅仅影响资产的某个基本类别,而不影响资产总和。它们仅仅是资产价值在账户间的转换,从而相应地,仅仅通过改变特定资产的特征和数量来影响企业的财务状况。

所有这些交易都是商品或服务与其他等值商品或服务的交换。至于外购情形,应注意到现金总会受到影响,这很好理解,因为现金是唯一的法定偿还手段,而且在现代企业中,易货类型的交易是少见的,明确购买的交易总是在它发生时记录。① 但如果是劳务,会计就并不能总是与价值增值的实际过程保持一致。比如,人工服务经常允许在支付和会计确认前提供。而相反的,保险服务一般是要预付费用并且在支付时记账。至于由经营产生的资产内部转移,像前面说的,确认这样一个过程是不可行的,除非间断地予以确认。这就揭示出,在资产间交易的情形下,记账员对交易的确认与获得和转移的实际过程并不总是时刻保持一致的。

显然,把资产间交易记入账户的双栏系统的方法本身是比较简单的,几乎任何人都能马上掌握。实务中的困难则在于解释。在大量复杂的数据中,并不总是很容易就能够发现,资产发生了什么变化,一旦确认何种资产增加,何种资产减少,接下来的记账几乎就只是一个过程。

权 益 交 易

前面提及的第二类交易包含了所有的仅影响权益的事件、转换和交

---

①当然,所谓的现金购买可能也要一点时间,而且在付款后,才能说完成了交易并准备记账。交付订单、收到商品、付款——所有这些事件都是建立买者和卖者关系的重要因素。如果在付款前的某个时间收到商品,这项交易就不是严格意义上的资产交易,实际上改为两笔交易:(1) 获得商品和发生负债;(2) 用现金偿还负债。

换。这些交易发生时,一项权益增加,另一项权益减少相应地数额,但并不伴有对资产的任何影响。相应地,这些事件被称为"权益间"交易。这些在公司经营中尤其普通,而且某些情况会被频繁地曲解。证券的兑换、盈余的分配、股票股利的发放、累积的折扣、现金股利的宣告、偿还流动负债的证券的发行、偿还未结清的债权人账户而签发的期票——所有这些运作都涉及了权益的交换,而对资产账户并不产生直接影响。将会在这部分详细介绍本章第一部分所讨论的第三类交易,即并不涉及外部交易以及伴随资产变化实际过程的交易类型。

应付票据和应付账款的交换提供了一个简单的例子。我们假设,X公司给Y公司一张为期60天价值$3,000的期票来结算等额的未清账款,这和此前所讨论的应收账款和应收票据的交换是相似的,X公司没有付款给Y公司,相反,一项正式的书面债务证据被稍显非正式的要求权所代替,一种债务被另一种债务所代替。一项权益,应付账款减少$3,000,另一项权益,应付票据增加相等的数额。参照上一章中对建立双栏权益账户的解释,这项交易将会被这样记录:应付账款左栏记$3,000(一项权益的减少),应付票据账户的右栏记$3,000(另一项权益的等额增加)。显然,这项交易导致相反栏目的等额记录,资产总额和权益总额的基本等式仍保持不变。

在上一章中提到,"应收账款"和"应付账款"通常在实务中是作为控制账户。①"应付票据"也一样,应付票据登记簿实际上是辅助分类账。上面的交易(和所有的类似交易)会在副本上记录,即同时在辅助账户和控制账户中进行记录。某些事件(如应收账款的支付),显然只有交易的一方需要在副本中记录。当然,我们要强调的是,没有任何情形会导致相反分录的数字恒等关系发生变化。

股转债、债转股或是某种特定的股票和另一种不同类型的股票进行交

---

① "控制"账户可以这样定义,即显示摘要形式信息的账户,而且同时有披露更详细信息的副本。

换都是公司会计熟悉的财务运作方式。正如我们在第三章中所阐述的,一般在重组时,这些交易经常会大规模的发生。在这种情形下,所有发行的债券频繁地和股票进行交换。就这类交易举个例子,我们假设,在 Y 公司的重组过程中,用发行的 $100,000 的优先股与债权人进行置换,收回此前发行的 $100,000 债券。① 这项交易将被记录为:债券账户左栏记 $100,000(意味着权益的减少),优先股账户右栏记相同金额(意味着权益的增加)。这里,基本等式没有受到影响。

净收入和盈余的各种拨付反映了权益余额的简单转换,在定期结账时所作的许多必要的分录也属于这一类型。这些情况将在第六章和其他地方做更进一步的讨论和说明。

已举的这些例子已经可以充分解释权益间的交易。应当强调的是,在每个例子中,此类交易的确认都是在相反栏目的等额记录,结果保持了左边和右边余额的相等,而且只有单个权益要素受影响,权益总和不变。这些交易既不影响单个资产、资产总和,也不会对权益总和产生影响,它们仅涉及了权益间的简单转换。就像不管多少纯粹的资产交易发生,都不会影响资产总和一样,相应地,在权益交易中,权益间不定数量的交换,都不以任何方式对权益总和与资产总和产生影响。

在实务中,权益间交易经常在发生时同时登记在账簿中。实际上,在一部分专门账户的盈余派发情形中,权益间交易包含在通过账户与董事会所批准决议的正式确认连结的过程中。只有这类交易,在账户中持续地对其现状进行反映才是可行的。这归因于这样的事实,即在涉及纯粹的权益交易中,不存在这样一种渐进的转变过程,该过程会影响资产且很难辨清

---

① 在这些交换中,就名义或票面价值而言,各种权益很少被视为具有同等的地位,结果,比上面复杂得多的交易经常发生。比如,在上面这种情况下,债权人可能会收到票面价值 $125,000 的股票用来交换他们的总价值只有 $100,000 的债券,这还是一个纯粹的权益交易,无论如何都不会影响到资产账户。另外 $25,000 可能简单地被计为假想的票面价值,从而适当地抵销股票的折价。如果有实际价值 $125,000 的优先股,总额和债权人原来要求权的差额将从某些剩余权益中扣除,很可能是普通股股东权益。

及跟踪。估值问题在权益间交易中也没有直接涉及。

不过,只是由于许多权益转移存在的某些形式特征以及没有与此相联系的必然过程,我们并不能因此断定它们不真实。它们构成了实际的会计交易,用某种计量方式反映企业的财务历史和状态,以及管理层在某些往来关系上的意图和政策。相应地,它们对所有与账户相关的事务都很重要。总权益在不同类别中的分配,这对于确定任何企业的当前以及长远的财务状况而言,都是具有决定性意义的。

资产—权益交易

第三种主要的交易类型,包含能够同时引起资产负债表的基本类别发生相应变化的所有事件和过程。某些交易会导致资产的增加或减少,以及权益的等额增加或减少,这些交易类型值得重点关注。如果与企业经营相关联的所有事件都只用已经讨论过的两种交易类别加以反映,那么资产负债表的总额最终总是保持不变的。在这些交易中,会计只由两项独立的过程组成,资产要素转移和权益变换的记录。显然,从广义上说,由于资产和权益的总额都是固定的,因而这些交易永远都不会改变企业的财务状况。

然而,第三类交易影响基本等式的两边,资产的增加或减少伴随着权益的增加或减少。此类交易经常影响资产负债表两个类别的总额,且表现出相等的金额和相同的方向。相应地,这些资产—权益交易是企业所有可能的交易中最具意义的。而且,此类交易反映了存在特殊困难的情形,包括将某些复杂的商业状况和过程分解至最小要素,即资产和权益。从根本上说,事实情况经常很难去分清,即使已经确定了具体情形,但在编制会计分录时,也依然存在一些困难。

我们以一起常见的商业事件作为第一个实例。X公司用$5,000现金收回等额的应付票据。这里,一项权益即应付票据减少,一项流动资产即现金发生了等额的减少。结合上一章介绍的对账户结构的分析,这项交易应在账户中反映为:应付票据账户的左栏记＄5,000(表示权益的减少),在现金账户的右栏记相等的数额(表示资产的等额减少)。结果就是在相反栏目内记录相等的数额。这样,基本类别等式以及左栏和右栏的平衡就不会受到干扰,但是每项类别的总额都减少了＄5,000。

第二个实例:X公司以赊账方式购买了＄3,000的商品。这项交易涉及资产项目的增加,即商品,还涉及一项权益,即应付账款也增加了相等的数额。这项交易应记录为:原材料账户的左栏记＄3,000,应付账款账户的右栏记相等的数额。

吸收追加资本提供了第三个实例。比如,X公司新发行了＄25,000的普通股(以账面价值发行),并收到现金。这项交易最终要求在现金账户的左栏记录＄25,000,股本——普通股账户的右栏记录相等数额。① 这项程序以每一类别总额都增加相等数额的方式保持了基本类别等式。

净收益提供了两种类别都直接增加的情形。举个例子,A在其拥有的市政公债上剪下息票,并兑现收到了＄300。这里,我们有一项资产,即现金增加＄300,但没有资产的减少,也没有负债的发生。资产的增加就意味着A的业主权益或权益的相应增加。这项交易应记录为:现金账户的左栏记＄300(表示资产的增加)以及A的资本(或收益)账户的右栏记相等数额(表示权益的增加)。

遗产或捐赠的接受也以同样方式影响账户。比如,我们假设A计划在某个城市建造一栋厂房,市政府将价值＄5,000的地基捐赠给了他。A在收到一项价值＄5,000资产的同时,却没有消费资产或发生负债,结果所有者权益就增加了。交易应记录为:土地账户的左栏记＄5,000,A的资本账户的右栏记相等数额。再一次,我们在相反的栏目中作了等额记录,基本等式也相应保持不变。

---

① 在实务中,组织分录比这里要复杂得多。习惯上,要把认购的确定、认购款的支付、股票的发行作为独立的交易确认,而这里给出的分录反映的是一系列过程的汇总。

捐赠或净利得的相反面就是资产损失或亏损。比如,假设台风彻底毁坏了 A 正在建造的一座半完工的厂房(未投保),已经花费的成本是 ＄10,000。这是资产的损失,没有任何补偿,而且由于 A 的权益是剩余的,业主权益的减少就是以其利益作为代价。对于这起不幸,我们应在账户中作以下记录:在 A 的资本账户的左栏记 ＄10,000,在厂房账户的右栏记相等数额。①

在本章学习中,我们已多次提到,会计的一项基本假设就是,成本提供了初始表述的真实价值。假设当企业员工获得了某项资产时,购买价格就是在账户中会计分录所记录价值的合适测试。总的来看,对于会计人员而言,这是一项完全合理的假设,但是严格来说,购买中不含有这样的合理性。为了某项资产所做的经常性支出无疑会大大超过其合理价格。在筹备期间、组建期间以及运营期间内,即使不是故意地滥用,资金的使用经常都很草率。在极端的情况下,会计人员或许应拒绝以表面成本或甚至是实际成本为基础来确定资产价值,而且应该将所放弃的真实价值和收到的价值之间的差异作为损失从权益中减去。这方面的估值问题,因为是在筹备和组建期间产生的,将在第十四章中做更深入的阐述。

在税款已缴付后的某个时点对联邦所得税的追加征缴,是所有者资本强制减少的例子。我们假设,A 在 1919 年已经归档记录了不真实的收益,在 1922 年又被要求支付估值所产生的追加税款 ＄2,000。这项交易可以这样进行反映:A 的资本账户左栏记 ＄2,000,其现金账户右栏记相等数额。

净收益和净损失、以股利或其他方式发放的盈余,以及其他资产—权益交易实例的意义和处理,将在第七章中进行阐述。

信贷交易是现代企业的特点,至少在美国是这样的,许多购买和销售大量地依赖于信贷。企业购买商品和服务,在那时就获得了所有权,但最

---

① 会计人员经常假定资产价值的损失都会引起最近的累积所有者权益的减少。但是,确切地说,未完工资本资产的损失更应该看作初始所有者权益的偶然减少。

终的结算却推迟了一段时间。从最终意义上说,在有股东和债权人的公司中,原始的厂房和设备以及部分原始的流动资产,更可能用长期投资者提供的资金获得(当然,短期的债务或许会因建造资产而暂时发生)。不过,此后的各种商品及服务的获取,都可能是在信贷基础上获得的,流动负债也由此形成。也因此,一台机器或一船商品都以赊销方式来购买,资产和负债同步增加,其后,产生的负债用现金来偿还,资产就减少了,流动权益也相应减少。

资产和权益的等额增加及随后的等额减少这两个过程在典型的商业企业中持续进行。获得的商品和服务加工成产成品,以赊销方式卖出,从而可用的资金被部分用于清算在获得原始商品和服务或其他资产时所发生的负债。某个过程可能正好用于抵销另一个,对企业结果而言,流动权利的数额不会发生大额的增加或减少。事实上,流动负债相当大的扩张从即时偿付能力的角度来讲是很危险的。所有这些交易都是资产—权益交易,都能够以不影响权益左栏和右栏平衡的方式进行记录。

正如此前提到的那样,劳务的获取并不总是会(实际中通常不会)在账户中立即得到确认。工人会在支付前提供两个星期的服务,或更长时间,这样,就像经济学家指出的,生产过程中经常带有一小部分真实的资本成本。照字面意思理解,从会计的角度来说,企业以赊销方式购买这些服务,就像"及时"购买商品一样,在支付款项前获得服务。如果正确地遵循了真实的情况,我们将会有两种截然不同的会计交易。首先是获取服务的确认。比如,假设 X 公司在某天获得了成本价值为 \$3,000 的劳务。这笔交易应这样记录:劳务账户左栏记 \$3,000(资产增加),应付工资账户右栏记相等数额。后者表示真实的债务或者计量雇员在公司财产上的要求权或所有权。[①] 其次是用现金偿还流动负债的交易,另一项资产—权益交

[①] 应付工资确实经常被认为是在破产情况下建立的一项"优先要求权",法庭一般认为劳动者的权益排在除了产生的税款以外的其他所有权利之上。应付工资账户和商品的应付账款非常相似,工时卡和其他薪水册记录实际上代替了应付工资账户控制的辅助分类账。

易。这项交易应在应付工资账户的左栏记录(负债的减少)以及在现金账户的右栏做等额的记录(资产的减少)。

租赁某些资产所提供的服务,比如说使用厂房、机器等,付款会被延迟,可根据理想的会计程序进行类似操作。比如,所获取的服务定期记录在"施工服务"账户的左栏,同时在应付租金账户的右栏加以记录。随后,用现金偿还应付租金这项权益,并作适当的记录来确认这项交易。

总结资产—权益交易的讨论,需要再次强调的是,在每种可能的情况下,我们在相反的栏目里都需要登记相等的金额,这就保持了左栏和右栏的等式平衡。在每种资产—权益交易中,每项基本类别的总额都发生了变化。一些交易引起了资产和权益的等额减少,其他的则是资产和权益的等额增加。在所有的情况下,每一类别的变化都表现为相同方向和相同金额。

组 合 交 易

最后一组交易包含了反映两个或更多其他类型组合的事件和过程。这里并未介绍新的分析原则,因此这组交易不能被视为基本类别。但是在实务中,普遍所说的"交易"有时涵盖了两种甚至三种此前所讨论的交易种类。

最复杂的"组合"交易就是销售。当企业销售所生产的商品或服务时,这种交易如何影响资产负债表的基本要素呢?由于对销售交易的合理解释是会计理论中最困难的问题,所以有必要在回答这个问题时注意几点。

从某个角度看,销售交易可能和用现金购买一项资产的交易非常相似。企业生产的一些商品或服务与其他商品、货币或权利(通常是现金或应收账款)相交换。而且,像在此前关于购买的讨论中所提到的,在分析这些交易及阐明所涉及会计原则的目的时,仅有的一项合理假定是,所有这些交易都是有同等理解力和理性的人之间公正平等的交易。不过,此前也已提到,会计估值一般是以成本价格、购买价格为基础,而不是销售价格。与这种方法相一致,根据会计的目的,企业产成品的价值被认为是成本,而不是销售价格。① 也就是说,会计是基于这样一种方案,即盈余或损失被表示为一种剩余,成本和售价的差额,这个差额可能是正的,也可能是负的。在有竞争力的企业,这个差额被视为投资者所提供服务价格的大致体现,业主权益功能的价值——管理、资本服务、风险承担等等,被视为权益的增加,而不是成本。从不同的角度接着考虑这个问题,会计人员的一种整体上看来是理性的基本观点认为,这只是购买的商品和服务,而不是所有者自己提供的服务,这些商品和服务在账户中应用资产价值来表示。② 如果这种观点被采纳,正常的销售交易就必须被视为资产(商品或服务)和其他更大价值资产的交易,其中的差额衡量企业的收益。

从这个角度看,销售是资产间和资产—权益间交易的组合。举个例子加以清楚地说明。X 公司销售有效成本(包括销售和管理费用)为 $500 的产成品,售价为 $600。这里,我们有一项资产增加,即现金增加 $600,另一项资产减少,即产成品只减少了 $500,这个差额在哪里呢? 显然,另外 $100 是权益的增加,企业现在所拥有的商品价值不再是 $500,而是 $600。结果,那里肯定有 $600 的资本和盈余,而此前只有 $500。这项交易相应地应记录为:现金账户左栏记 $600,产成品账户右栏记 $500(包括覆盖了原来没有收集在"产成品"账户下的销售和管理成本的现金或其他账户),在一些恰当的权益账户的右栏记 $100。③ 结果,整个交易都

---

①这不需要排除有效重置成本的使用。在理想的经营情况下,会计人员采用作为所有估值基础的最合理数据就是当前的购买价格。可是,研究估值的适当基础本身也是一项课题,这在其他书中有过陈述,在本书中不作介绍。

②这在随后的章节中会详细地加以阐述。

③"净收入"是这次学习中用到的从长期权益的角度来登记企业整体净收益的账户。参见第七章。就像在这章前部分指出的,建立一个产成品账户涉及资产价值的转移,从原始的账户比如设备、原材料、劳动力等(设备的情况比原材料的情况过程更慢,劳动力的情况就要快一些),转移到在产品,最后再到产成品。

是直接根据资产负债表账户记录,而且所记录的分录并不会干扰相反栏目之间的基本等式。

上面所说的销售交易分析遵从了估值的传统理论,即为了会计目标,准备装运的库存产成品价值仅仅是企业生产过程中产生的实际成本金额。而如果销售前的产成品用销售价格减去未发生的营销成本计价,销售本身在本质上就形成了资产间的交换。① 产成品加上现金、其他要装运销售以及其他营销运作方式的资产,正好等于销售过程中所形成的现金或应收账款。销售仅仅代表了资产间交易的一种特殊情况。

当然,有必要做初步分录以将超过成本的价值增加引入到账户中,以使其资本化,换言之,在企业本身的服务和职能范围内,净收益是对这些服务和职能的支付。这些价值增加可能随着产品接近完成阶段,用一系列分录逐渐加以确认,或者可能对覆盖所有库存完工产品的增量以定期一次全部加总的方式进行确认。在任何情况下,增加的数额在账户中应这样反映:产成品账户的左栏需要记录某个数额(或者先在各种在产品账户,最后在产成品账户),并且需要在一些权益账户的右栏记相等数额。

如果生产过程是瞬间的(这是企业对典型传统会计程序的假设),记录一次销售的分录将会比已经揭示的要详细得多。那将不会确认在产品或产成品。收到的现金能够直接与企业获得的原始商品和服务相交换,和之前一样,在现金账户左栏记录,但是覆盖 $500 成本的右栏分录应记在各式各样的资产和往来账户,这些账户记录发生的原始成本。在厂房、设备、原材料、劳动力、辅助材料、保险、广告等账户中记录恰当的数额,总额为 $500。

下一章中将会介绍,在实务中,将销售交易立即分解到原始的两个要素,即资产和权益,并不是合适的做法。账户展示的是暂时性的事务,我们需要有中间的过渡分类。资产和权益的特殊阶段被临时地建立起来,随后

---

① 库存产成品价值由销售价格减去营销成本的定价政策,从确定的会计实务角度看不是没有理由,参见第十九章以便进一步的了解。

定期地再分解到最原始的要素。进一步,销售过程(其成本并不经常合理地作为产成品价值的一部分)中的服务和商品被要求进行暂时性的会计确认,而脱离它们真正的资产负债表要素的特点。这里强调的是,销售和所有其他可能的商业领域内的交易都能够用两个资产负债表类别明确地直接加以说明,依据第四章中介绍的会计程序的简单规则,在纯粹的资产和权益账户中直接记录,即假定正确信息是可获得的,或者能够确定的,同时伴随实际的发生或实际的过程。

上面讨论的销售交易,可将其称为具有"化学"意义的资产间和资产—权益间交易的组合。① 不过在实务中,有很多所谓的这些交易,只是基本交易"机械的"组合。比如,X 公司从 Y 公司购买了 $500 的辅助材料。为了支付这笔款项,X 公司向 Y 公司转移了一笔应收账款,是对 Z 公司具有要求权的价值 $100 的账款,又签发了一张为期 30 天价值 $200 的票据,票面利率 6%,还用 $200 现金付了余额。将这整个商业运作视为单笔交易,我们有一项资产增加,即辅助材料增加 $500,(对 Z 公司的)应收账款减少 $100,另一项资产——现金减少 $200,而且一项权益——应付票据增加 $200。这项交易应这样记录:在辅助材料账户左栏记录 $500,在应收账款、现金、应付票据账户的右栏记适当数额,各个账户右栏所记录的该项数额在加总后得到的总额也是 $500。结果仍然保持了基本等式的平衡。

在企业实务中,会发生数量不定的"混合"交易。有些情况很难清理出各种要素,并对适当的分录加以确认,尤其对于初学者更为困难。由于在这章的前面部分没有充分地讨论过,这里也没有特别要求的程序原则,在这些情况下,所需要做的就是仔细分析。相应地,这里也没有更多的篇幅来介绍这些组合交易的例子。

---

①当然,也有可能会任意地将这些交易划分为两部分,也就是说,收到现金 $100(指的是上面的例子)记为权益的增加,而且交易的平衡也只涉及资产的交换。

小结——复式记账和单式记账

总结：广义上的会计交易是影响企业资产和权益要素状态的任何变化、过程或环境。所有可能的交易都能够根据其对基本类别的影响归入以下四种分类：

(1) 一项资产和另一项等价资产的交易。

(2) 一项权益和另一项等价权益的交易。

(3) 一项资产的增加或减少伴随一项权益的相应增加或减少。

(4) 两种或更多种交易的组合。

当然，这些基本的交易可能以各种金额、情况和组合出现，但是所有的交易都能够不失真地归于以上几种分类。学习了每种分类的例子，可以说明每种可能的会计交易都是双向的；也就是说，对于每个右栏的分录(或多个分录)总是有一个等额的左栏分录(或多个分录)，反之亦反。因此，左栏(资产)的总余额和右栏(权益)的总余额的最初等式能够一直保持。[1]

毫无疑问，我们能够在每笔交易都有相等且相反分录的事实中发现"复式记账法"的本质特征。就像我们刚才所看到的，复式记账——也就是在每个平行栏目记账——必须记录任何变化、运作或财务流程对账户的影响。但是这个设计并非完全巧妙，因为它的意义总是被曲解，甚至被一些有会计知识的人所误解。复式记账制度好像普遍被认为是重复记账制度，即每个本质事实都记录两次的制度。这里简单地假定，这种设计的主要优点是来源于这样一个事实，即记账员将所有的数据在两个地方记录，通过与复件进行比较，以确定记录的正确性。显然，从前面的讨论中可以发现，这种观点是极其错误的。复式记账法不是所有的数据都记录两次的方法，

---

[1] 在簿记实务中，分类账相反栏目总和间的恒等式，通过试算平衡表的使用，提供了对精确性的重要测试。

而是每项基本数据记录一次的制度。无疑,传统会计的特点(如双栏账户的使用)是有些武断的,但是大多数复式记账会计是合理且必然的,这点能够在商业企业和商业运作的本质中找到。从广义上说,复式记账制度是会计的方案,这个方案表示出企业所有的资产和权益的事实,并至少定期地登记其中的变化;从狭义上说,复式记账是能够通过双栏账户的使用达到这个目的的设计(用本章介绍的方法)。因为那里至少有两个不同的价值事实,所以每笔交易要求至少两次的记录,资产要素的变化只能通过其他资产反方向的变化或通过权益的同方向的变化产生。类似地,权益的变化只能在其他权益反方向的同等变化或资产同方向的同等变化时发生。这并不神秘,也不存在什么复制,这只是对事实完整的反映。商业交易完整的记录要求至少两项相等的记录。在这个意义上,实务中不管采用什么样的记录方法,但都必须要坚持复式记账。

与"单式记账"的一点联系也应该被切断。所谓的单式记账一般不足以被信任,尽管很多会计教材(包括大部分最近出版的)使用一章或更多的章节来讨论单式记账的程序,以及这个制度和复式记账相比较的优缺点。如果清楚地认识到了账户结构的本质,那么对单式记账方法的考虑就完全没有必要。显然,实际上没有交易可以仅用单个分录记账。相应地,除了复式记账,其他制度都仅代表了不完整的会计。"单式记账"一点都不合理。

当然,有一种很常见的情形是,很多企业的账户在很多方面是不充分和不完备的。在有些情况下,实际建立的账户只覆盖了现金、顾客和债权人——一个高度简化和不完整的系统。在其他情况下,全部或部分没有进行专门确认的要素只有剩余权益。不存在标准的不完整系统,而是无穷尽的多种因素导致会计结构的组织并不完美。

对某些特殊且不完整方法的特征进行描述,如"单式记账",无疑是可能的,但是,应该清楚地认识到,即便依照称呼上的字面意义,包含建议的程序,这个设计并不反映任何制度。在任何情况下,留下这种印象——有时候的确如此——即单式记账是可选择的方案是完全不合理的。有些作者甚至还认为,应该有更多可能的记账制度,如"三重""四重"记账。事实上,只有一种完整会计的可能,就是本章列示的以及使用某些理由所描述的复式记账制度。就像已经强调的,这种制度能够在商业交易的固有性质中找到,而且无疑地,正是这个理由,这种方法已经在坚持——而且将继续坚持下去,尽管人们普遍不能理解它的"神秘"。

第六章 费用与收入账户

下一步将是对补充的、中间的以及临时的账户分类进行解释。在本章中,将对费用与收入部分进行详细阐述,它们是在补充类别中最重要和最难解释的问题。本章将会揭示出,这些类别是资产负债表基础部分中的特定阶段或方面,还将发现,从某种意义上说,没有任何新要素包含在这些附加部分中。如果不是为了解决商业过程中的某些错综复杂问题以及出于便利因素考虑,实际上完全可以不设置这些类别,如果那样的话,对账户和交易的分析,与上一章中的内容相结合就可以实现。如前所述,如果能够立即获得所需资料,那么所有企业中的所有可能类型的事件和过程就能够被分解为资产和权益两种要素。正是因为这个原因,费用和收入能够被合理地解释为资产和权益的必要阶段。

作为这种解释的开始,商业过程的条件和一套会计系统的实际需求将会被重申和强调,这些条件和需求引起了这些类别和其他补充分类的应用。

补充账户的必要性

此前已多次提及,在所有的商业企业中,特定的交易直接被分解至最基本的要素,即正向和负向的资产和权益,这实际上是几乎不可能或至少是不可行的。基本的要素都在那里,但它们很难在每项交易中都能合适地被"呈现"。

在推动制造业务的商业经营中,由于记账工作以及事实确认过程中的内在困难,在账户中难以对资产的转换进行持续不断的跟踪。比如,对燃料的逐步利用在同时由会计人员表述时会存在很大困难。同样,由于经营条件引起的固定资产变化,以及反映管理当局几乎不能控制的价格变动、技术进步和其他外部经济趋势和发展的变化,很难被连续地加以记录和反映。

通常,企业时不时地需要将企业内部的价值过程或是企业外部的经济变化转变成确定的会计分录,而这在很大程度上都是建立在合理的估计和判断上。一些适时发生的资产转化过程能够被视为一系列无限瞬时交易的构成部分。显然,对于这些经济活动,我们需要定期进行特定的会计确认。而且如果特定资产的耗竭没有相应地或确切的记录,那么很明显,会计账户中将不再连续呈现出正确的资产余额。

在试图对这些资产变化进行处理时,会计人员发现有必要将账户系统扩展至远远超出一系列纯粹的资产科目。复杂的情形要求明细账户或辅助账户的使用,必须建立资产的特殊阶段,会计确认时必须要设置特定的、试验性的和临时的资产数据类别。① 进一步来说,与之相关联,会计人员被迫使用购买账户,这些账户具有暂时的且并不明显的作用。特定时期的特定账户是否代表了一项资产、资产价值的耗竭抑或是其他事务?② 回答这样的问题通常并不轻松。

再者,在定期的"结账"账户中,在将整个系统分解为最基本要素的过程中,出于汇总以及揭示收益的数额及其处置的目的,资产负债表经常需要开设临时性账户。进一步,就企业而言,将主要权益账户中的数额限定为正式的标准数额,这将使得构成主要权益账户附属的特殊抵减和盈余账户的引入很有必要,这些明细账户的数额在任何情况下都代表了正式标准

---

① 见第七章对估值账户的讨论。
② 在第八章将进一步考虑账户分类问题。

的数额与完整的权益"账面"价值之间的差额(正的或负的)。①

然而,对我们的直接目的更为重要的事实是,产品成本的确定是一个呈现出特殊困难的问题。不仅难在对企业中特定资产价值转换的追踪,更为困难的是,当销售完成时,如何确定最终从企业消失而体现在最终产品中的资产价值的数额。正如上一章所指出的那样,由最基本的、真实的资产和权益要素所构成的销售交易,能够被直接记录在资产和权益账户中,提供了在销售时能够被直接确定的基本事实。事实上,由于所销售的产品来源于资产的耗竭,单笔销售成本通常不能够以相对准确的数额来确定。在尝试解决这一状况的过程中,会计人员发现有必要设立中间的、临时的分类和账户,从而可以定期确认基本事实。在这一关系中,必不可少的账户是费用和收入账户,对资产和权益未作分析的阶段被记入这一账户,由此形成的混合体被归结为其内在要素。

应该注意到,除了实际上的必需,使用这些明细类型的账户还有其他原因。从管理层的角度来看,这些暂时性类别有很大的内在重要性。即使将每项交易立即分解至资产负债表要素也是有可能的,但出于管理目的,设置某些暂时性类别仍然是可取的做法。如果要使系统在指导管理的过程中发挥最大效用,那么商业的历史,也就是不断带来变化的过程,应该在账户中有一定程度的详尽呈现。而且不要忘记,这就是现代账户最重要的用途,或许是最重要的用途之一。因而,对于企业管理者而言,费用或成本的不同方面就是上述事项所带来的经济后果——尽管从账户理论的角度来看,这仅仅是某些基本事项的短暂阶段——在某些情形下,为了证明"成本会计"这一复杂体系的运用。同样,总收益是商业活动的一项重要标准,相应地,应对其进行独立的会计确认,即使它是在确定真实财务状况过程中所产生的中间类别。因此,即使常常有可能将单笔销售及其成本放在一起(成本会计人员可能认为在核准的成本法下,这是可行的,也有某些一般

---

①净收入和盈余账户将在第七章作简要探讨。

性项目的例外),将归属于不同类别账户中的收入和成本全部进行归集,并以管理层感兴趣的不同关系为导向,对归集的数据进行分类或重分类,在许多情况下这仍然是可取的做法。

更进一步,即使我们实际上能够将销售及其他会计事项和过程直接分解为最基本的会计要素,但在实际进行记录时仍然不太方便。无疑,这将会涉及多重分录。从记账的角度来看,相对于将某些事项立即分解至最终结论,设立辅助类别更为简单,我们将只需对这些辅助类别的总额进行分析。这一点在后续内容中将会得到更为清晰的展现。

在以下部分中,我们将会清晰地呈现现代会计中所使用的费用和收入类别及其账户的性质,对这些账户融入此前已作描述的账户系统的方式加以解释,并将揭示出这些新的类别亦是符合此前已阐述的账户和分录构建的简单原理。

收 入 部 分

上一章中已经揭示了,从某种观点来看,销售就是产成品(加上运费以及其他营销成本)与现金或等价应收账款的交换。但是,此前已指出,比销售的实际完成更重要的是,缺乏成熟的会计实务以在账户中对所售商品的账面价值与实际成本的差异进行确认①。换言之,资产价值的净增长及其后发生的净收益或权益的增加,都可能被视为对企业自身特有经济职能的补偿,②它们经常未被视为是比产品的最终销售更为重要的部分。相应

---

① 一项捐赠的商品或服务当然也应被确认,但是由于捐赠不是典型的商业交易所发布的报告,也已充分精确,因而通常并不对其予以确认。费用和收入账户的性质以及包含于完工商品的程序根据完工百分比以售价为基础估价,至于长期程序则经常会延后处理。在经济学上,当商品经历了由原始阶段至完成阶段,由此形成的商业收益(资本和企业成本)的积累与原材料或劳务费用等任何因素的积累一样合理。在下一章中,将进一步讨论这一点。暂且我们假设这一点能够充分解释与之相关联的会计人员的态度。

② 价值上的不同也许是例外的,但也因此超过了任何服务的定价成本,这项成本是企业在使购入的商品和服务一致并适当协调而必须提供资本与能力的过程中所发生的。

地,销售时所获取的资产要超过销售过程中所涉及资产的边际收益(不论其中所有的资产都被置于同一个产成品账户中,或是被分散地置于不同的原始或中间账户中)。换言之,销售交易涉及了(可假定)净利润或净收益,也即权益或业主权益的增加。

在极端情况下,总收益中所蕴含的本质属性及剩余要素能够从会计的视角来体现。如果一家企业所获取的必要商品和服务是永存的(在经济上和物理上),并因此能够在生产经营中无限地被使用而无需对其重置,那么一方面,将不会出现诸如产品费用和直接引起资产增加的收入,另一方面,也不会直接引起业主权益的增加。虽然确实很难发现十分接近此类情形的实体企业,但对此类假定情况的考虑将有助于从资产负债表的角度来阐明净收益的真正重要性。

A在一家储蓄银行有\$10,000的存款,他没有其他的资产和负债。将其作为一家商业企业来考虑这一情况,A的经营活动在于资本的提供,其资产负债表如下所示:

资　产	权　益
银行账户 …………… \$10,000	A,业主权益 …………… \$10,000

假设银行对其存款按4%的年利率支付利息,那么在年末,已积累了\$400的利息。A的资产负债表,按日期更正(假如没有其他交易),将显示如下:

银行账户 …………… \$10,400	A,业主权益 …………… \$10,400

这里,因为没有耗费或成本,资产增加\$400的同时伴随着权益的等值增加。收益在这种情况下是净值。原始投资保持完整无损,因此增加的\$400立即构成资产的净增长以及权益的等值净增长。"银行账户"和"A,业主权益"两个账户能够呈现整体情况,而且这一年的营业收入也可以由一对简单的分录予以记录:银行账户的借方记录\$400,A,业主权益账户的贷方记录同样数额。

为了进一步强调这一点,我们将给出另一项假设的例子。B是一个农民,他拥有一个多岩石的大片山地,很受郊游者的欢迎。此项资产没有其他用途,B给旅游团的价格是每人每次25美分。不考虑维护成本以及税金。在某个周六,20人来到这片山地旅游,B的儿子收取了＄5。显然这项交易也导致了资产和所有者权益的净增长。而且,如果B将这项交易记录在账户中,那么应记录为:现金账户借方记录＄5,相应地净收入或资本账户贷方记录＄5。因为没有与此相关的价值损耗,收益就是净值。

当然,典型的商业情形根本不会像这些案例所描述的那样。主要从事于资本借贷的某个个体、组织或公司一般将会产生伴随经营过程的某些成本,如租金、劳工、办公等。而且在某个贸易或者制造企业,销售产品所收到的资金中可能有60%～90%(甚至更多)将有必要用于偿还生产产品所需要的支出。换言之,这意味着,在业主权益的净收益被确定以前,总收益一定有大量的扣减。

即使资产在产品的生产过程中被消耗,进而形成了总收益,应强调的是,整个情形都能够直接被记录在资产和权益账户。如上一章所述,假如已知道隐含的事实,那么尽管复杂,销售交易也并没有那么困难。为强调这一点,我们考虑一种简单情形,不是典型的贸易企业或其他任何重要性的公司,但有与所有这些公司相同的基本会计分录。假设A是一名学生,拥有＄5的现金资本,某天有一场大型足球赛。A将其全部资本(除了保留50美分用于找零)投资于花生和汽水,这些将在比赛中卖出。为简便起见,我们假设A未必可能非常成功地将其所有存货全部卖出,并收入＄9现金。除了买卖的原始支出,没有其他成本发生。A独自完成了所有的服务,一天下来,他的手头没有未结清的负债、应收账款及存货。

在这个非常简单的案例中,如果A开设一个复式分录账户去记录这一天所发生的交易,那么他能将整个状况直接归纳为纯粹的资产和权益项目,并得到一份新的资产负债表。第一项交易是购买商品,它是资产间的交换,在商品账户的借方确认为＄4.5,并在现金账户的贷方确认相等的数额。归纳起来,这一天的营业可以视为一笔单一交易,导致现金资产增加至＄9,商品资产减少＄4.5 以及业主权益——A 的资本增加＄4.5。这将记录为,现金账户的左栏记录＄9,商品账户的右栏记录＄4.5 以及 A 的资本账户右栏记录＄4.5。

在当天的营业开始以前,A 的资产负债表可以表示如下:

现金 ·················· ＄5   A,资本 ·················· ＄5

上述交易结束后,A 的资产负债表可以表示为:

现金 ·················· ＄9.50   A,资本 ·················· ＄9.50

如果是发生在实际情形下,A 无疑将不保留任何账户。事实上,为这种情况进行任何正式的会计核算都是荒谬的。然而,现金和商品的核算对财务状况的确定是必要的,为掌握更加复杂的会计状况和程序,对这类情况的考虑是有价值的。所有重要的业务均包含在这个简单的企业中,资产被购置、转化以及卖出。显然,所有这些业务都能直接在纯粹的资产负债表账户中进行反映。

考虑到我们当前的目的,典型的贸易企业与刚刚讨论过的案例有何区别呢?答案在于,在普通的零售或批发商店中,确定每笔销售额或每天总销售额的精确成本是不可行的。也许,在某些情况下,密切追踪已售产品的"实质性"成本是合适的,但显然,即使准确确定普通商店的雇员工资、电灯折旧、保险费等并非完全不可能,这些耗费发生于单笔销售或较短时间内发生的总销售过程中,但这项工作实施起来也将非常困难。因此,净收益要素、权益或业主权益的增加并不能在每项交易中准确分离。这种方式只有在交易间歇发生的过程中去尝试才是可行的,即使如此,结果也经常在某种程度上依赖于估计和判断。

正如已经揭示的那样,成本会计尝试将单笔销售所涉及相当大的一部分成本放在"已完工的库存"账户中加以汇集。但是与销售直接关连的某些成本则不能这样分配,并且一些一般性的或者管理的项目经常被遗漏。此外,此前已多次提到,总收益作为营业的判断标准,对于管理层而言有其内在重要性,应该被保存一段时间。同样,在制造企业中,直接核算关于销售的纯粹的资产和权益账户也并不方便。会计人员需要有进一步的策略。

会计人员通过对"总收益"账户的使用,能够暂时应付这种困境,总收益通常是销售总额。比如,一个批发商售出价值 $1,000 的一批商品,这笔交易应记为:应收账款账户的左栏记录 $1,000 以及收入或"销售"账户的右栏记录 $1,000。由左栏的记录所度量的资产增加被立即记录,但是伴随的成本价值的减少和(据推测)业主权益的增加则没有明确记录。我们反而获得了一个临时性的或暂时性的账户——总收益的右栏记录。从某种意义上说,因为在相反的两栏中有等额的记录,会计的基本等式仍然成立,虽然左栏(显示资产增加)呈现了一个明确的资产负债表事实,右栏却只不过是一项未经分析的、混合的数字。

对于收入而言,右栏记录的性质是什么?它本质上包含了上文中已提到的两个部分:(1) 资产的减少;(2) 权益的增加。依据第四章中呈现的图表,这两部分均应记录在右栏。因此,这对于基础性的账户结构并没有实质性影响。就我们所关注的栏目,分录记录是完全正确的。这个例子的暂时性部分集中于收入账户所记录的 $1,000,它包含了两种截然不同的事物,即资产的耗费和权益的增加。在后续处理时,这两者将会被分离,否则将无法编制正确的、全新的资产负债表。

再次参照 A 的例子,一名零售商所面临的情形也许对这个问题能描述得更为清晰。按照常规的会计程序,当天 A 的销售将首先在现金账户的左栏记录 $9,并在收入账户的右栏记录相等数额。这与只使用资产与权益账户的程序有何不同呢?显然,依据这两种方法,左栏是相同的,但是在第二种情形下,收入账户的记录暂时取代了商品账户右栏的(资产的减少)$4.5 以及 A 账户(权益增加)右栏的 $5。

为了方便,在计量权益的总增长时,考虑收入的分类以及依据这种分类来解释右栏并非不合理。这样做的目的是为了披露收入账户中的纯权益要素,其后,会计人员需要付出绝大部分努力来实现这个目的。也许会计最重要的单一目的就是净收益的确定。业主权益的净增长是收入账户的剩余要素,会计人员也正在研究这部分要素。不过,我们一定不能忘记的是,"权益的总增长"只不过是出于便利目的而设置的标题。综合起来,收入包含了所有各种各样的设备、商品和服务的耗费,它们与纯权益要素一起体现在商品销售中。

费 用 部 分

接下来我们考虑费用。为了说明这种情形,我们假设在 6 个月中,一名批发商获得了 $50,000 的总销售额,他在期末进行"结账",也就是,盘点存货,确定每项资产的价值,并间接确定在这一期间销售过程中的成本耗费。当这些成本耗费被确定后,会计人员就能够将销售分解至其内在要素并形成纯粹的净收益。我们假定总共有 $40,000 的成本耗费。$40,000 的金额将被记入不同账户的右栏,这些账户记录经营所需的许多商品和服务——货物、运输服务、保险、广告、劳务费、租金等——收入账户的左栏记入等额数值。现在,收入账户将显示为:

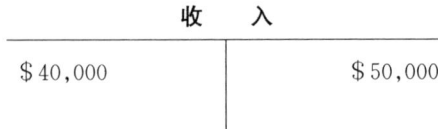

这个账户的余额代表了净权益的增长,并且能够被转入另一个有合适名称的账户中。

收入中减少部分的重要性是什么?依据基本方案,我们如何解释这一分录呢?如上所述,收入的右栏中最初的分录包括了未确定的或未分配的资产损耗(假定销售没有任何净损失)。这些损耗一经真正确定(通过盘存和估计),会计人员就能够在涉及的许多具体的固定和流动资产账户中分配这个暂时分录。换言之，他就能够将其返回或分配至不同的账户，这些账户记录具体的设备、商品或所需的服务，这些减少项目的暂时记录，整体都记入收入账户中。正如此前已作说明的某种联系，记账的基本规则在于，两栏账式的固有特征使之不管在任何情况下，都能通过在相反栏目下设置适当的账目以说明减少部分，那么＄40,000的金额就是通过收入账户的左栏从＄50,000的收入项目中减去。同时，如前所示，不同的账户将设置贷方以表示增加的成本或取得的资产，因此，这也完成了这个临时的收入账户这部分的重新定义和分配。

严格地说，左栏＄40,000表示"资产减少的减少"（第二个减少涉及的是临时收入账户），既然资产中的减少在右栏记录，那么这项减少中的减少置于左栏更合适。因此，承担的费用体现了所涉及的不同资产账户的分配，这些账户涉及了部分包含销售成本的混合收入数据。

但是，收入的左栏记录的不仅仅是收入的减少部分，还包含了所涉及的期间产品的费用或成本，并且，如前所述，从管理层的角度来看，这个数额有其最大的内在重要性。费用，其自身也代表了会计的一个重要组成部分，因而，会计人员有理由对其进行单独确认。基于此，一个单独的费用账户或费用账户组能够被恰当地使用，费用和收入类别在其后也将合并于一个汇总账户中。

然而，应该强调的是，独特的费用账户的左栏分录类似于直接在收入账户的左栏加以记录，两者具有同样地基本重要性。从账户理论的角度看，收入在这两种类别中占主导地位。费用项目，无论其精确的定位如何，它本质上代表了收入的减少。严格来说，而且也应该这样来看待，费用账户仅仅构成了收入账户的左栏。使用上述数据，其关系如下图所示：

	收　　入	
		＄50,000
费　用		
＄40,000		

同时,我们应该认识到,当这些临时分类的性质能够以一个单独账户很好地进行解释时,(这里明确的是,账户体系可能几乎无限地延伸和拓展)收入可能被分解为若干单独的销售类别,每项类别由一个明确的账户表示。并且,费用可能会被更为完整地细分,先按照许多类别的原始设备、商品和所需服务进行分类,然后再建立在功能性基础上对其加以细分,费用和收入账户的详细分类将在第八章中简要论述。

虽然分开设置,但费用与收入账户实质上为一栏账户,保持两栏的形式只不过是为了方便。除了过账和调整,一个收入账户只应在右栏有分录。同样地,一个名副其实的费用账户,通常只在左栏有分录。但是,如果费用和收入能合并至一个单独的账户,两栏当然均可使用。这样一个账户的右栏登记总收入,左栏表示收入的减少,即在得出余额之前应扣除的费用。

在生产过程涉及大量成本以及相当长时间的制造企业中,销售费用或成本的确定会遇到特殊的困难。如前所述,这里通常会确认三类货物:原材料、在产品和产成品。成本会计假设原材料、人工等成本,本质上首先耗费于产品中(通过各种步骤),随后进入产成品中,最后当企业产品卖出时作为"销售成本"从企业中消失。显然,如果每项销售的整个成本能在销售完成时确定,那么将完全没有必要使用明确的费用和收入账户。相反,正如已解释的那样,每项交易能立即被分解至最基本的要素,并记录在纯粹的资产和权益账户中。但应重申的是,在实务中,或多或少都有些任意地将"间接"成本("责任"或"管理费用")分配至经营和产品中,而且极少数成本系统会尝试确定分配所有的这些成本。更进一步,比如,包装和运输成本经常在产品的工艺完成之后伴随着实际销售交易成本的发生而形成,并且,这些成本显然不是完工产品的一部分,除了可能正好发生在销售时点的部分。

因此,即使运用了成本会计的一套复杂系统,对于典型的制造企业而言,回避使用收入账户和一些结论性的费用账户是不合算的。我们需要真实的费用和收入账户。一段时期的总销售金额进入收入或销售账户;在产品销售过程中发生的具体成本转入"销售成本(费用)"账户,这些成本被大量汇集至产成品项目之下;销售费用和运费,以及任何总括的或管理项目同样进入这个账户,这些项目被认为不可分配至具体的经营和产品,并最后汇集于产成品项目下;净收益通过定期结合收入和销售成本等账户来确定。当然,就贸易或其他企业来说,作为产品的交换而收到的资产,也被确认,对此情况所涉及的账目的具体解释将在后面的部分给出。

与之相关联,应再次强调的是,即使所有的成本能被合理地汇集到产成品账户中,对作为一项独特管理数据的销售成本加以强调依然是可取的做法。此外,为了避免大量分录的注销,对销售成本和收入的混合只能相隔一段时间进行。

正如此前已陈述的,一项一般性的会计基础是,假设准备销售的产成品不会比所有为生产它们而消失的已购成本的总和价值大(在生产者的账簿上)。产成品应以所需的所有购入的项目加上生产企业自身作用(为方便起见,假设净收益不是偶然的盈余,而是消费者为真实经济服务的支付)的重要性为基础进行计价,如果这一理论被采用,费用的性质以及与之相关的程序将会被稍稍改变。在此情况下,产成品账户的左栏将包含:最终转变为产成品的所有原始购得项目加上生产企业自身作用形成的重要性(假定在完工百分比的基础上)。相应地,借方的最后余额将进入净收益账户,当销售完成时,先将整个金额记入一个总收益账户,也即当情况发生时,同时在应收账款或现金账户的左栏加以反映。当销售成本和运费确定后,这些项目以及产成品结余的适当金额,应转入销售成本。最后,通过结合销售成本和收入,我们就能够得到增加的净收益,这也许是很小的金额。①

我们在这部分中再介绍下与费用性质相关的最后一点。此前已作阐

---

① 参见第十九章。

述,收入账户的原始借方包含涉及已售产品资产中的中间减少部分。如果商业经营不成功就不是这种情况。换言之,在确定后,损耗也许会超过总收入金额,权益账户的右栏将没有余额。在这些情况下,汇总的账户将有一个左栏余额,这将成为权益的净减少,一项原始资本的减少(与期初一样),也即一项经营亏损。因此,如果费用超过收入,差额将依然进入另一类账户,即损失。这将在下一章中考虑。此外,在这种情况下,我们不能说所有体现在产品中资产的减少都被临时地确认为收入账目。显然,收入的有限金额是为产品交换收到的资产价值(现金、应收账款等)的金额,损耗超出这些收款(如果有的话)的金额将在其后进行记录。

发生的费用、支出和成本

根据以上的解释,费用计量在特定期间内为产生收入份额而发生的成本。因此,费用绝不等同于:① 这段时间内发生的总成本;② 在此期间内生产的现时商品和服务的支出金额;③ 在此期间内利用的或转换的价值金额。即使这些事实中的两个或更多在某种情况下正好在金额上大致相等,它们在原则上却依然存在非常大的不同。考虑到这一点在理论和实务中都有相当大的困惑,这个问题值得做一番思考。

此前已经指出,一个企业中的资产价值经历了三个不同的阶段:① 购买或获得;② 利用或转化为新的形式;③ 转变为费用或从企业消失,体现在产品中。未能仔细观察这三类业务的不同之处是会计理论与实务中错误的普遍来源。很明显,在任何情况下,真实的销售费用或成本是第三个阶段所流出的价值金额,而不是出现在第一个或第二个阶段。发生的成本,即一段时期中购入的或由其他方式获得的商品和服务的金额,在一些项目中与费用截然不同。第一,它不包含先前购入的固定资产和流动资产的损耗部分,这些可以适当记在流动收入之中;第二,如果在这段时间内,有任何固定资产购入,很明显它们的成本与目前的销售无关或关系不大;

第三,所有在当前生产中尚未完全利用的流动商品和服务的成本,而且与近期出售的商品构造相关,均不计入费用。如果像这样仔细地分析,那么在这种典型情况下,很明显,不论精确的或大概的,定期的发生成本和销售成本均不一致。

当然,虽然这些部分在原则上非常不同,但有可能构想一个它们在金额上正好一致的情形。比如,假设一家报纸销售公司,在一幢租的楼房里经营,没有任何设备,在期初没有库存,并且在一段时间内处理了所有的购入商品,并且只发生租金、电缆和所有只与目前经营相关的成本。显然,在这种极端情况下,在此段时间内发生的总成本也就是销售金额的专门成本,因为所有购入的商品或服务均恰好被利用并被完全消耗。

应当承认,在贸易领域中,固定资产成本经常很小或为零,获得的流动商品和服务的定期成本可能接近销售价格的合法成本,特别是当周转率很高并且会计期间相当长时。然而,即使在典型的零售企业中,会计核算将当前成本的金额视为收入的支出是草率且危险的。实际上,几乎在每种情况下已提到的所有三个阶段在贸易企业中都有所体现。货物(在此情况下为原材料)被购入,商品被运输、装箱、包装、上架,再另外准备销售;以适宜的数量被放在家庭主妇门口的阶梯上,在适当的时间,它们成为产成品。理论上,会计人员应该确认这一过程及其涉及的分类,尤其是如果涉及月报,这作为一个实际问题可能很重要。比如,如果一个零售商为了假期的贸易在11月份就储备存货,发生了大量的运输和管理成本,那么如果他将11月份发生的所有劳务和运输成本(不考虑商品成本)作为11月份销售的支出,这无疑将是一个严重的错误。在其他情况下,如果一段时间内的工资包含销售人员的服务和运费,构成了外部运输的主要支付,那么,将这些成本的金额同样看作当期费用项目则是不存在严重错误的。

应该注意到,如果在一段时期内,期初存货和期末存货的金额相同,购入金额与费用金额相同,虽然构成某个金额与购成其他金额的特定项目不同。在这种情况下,从记账效率的角度来看,直接由购买账户来确定销售成本会很方便,并且只要结果是正确的,用这种程序就没有错误。而应强调的是,不论在数量上还是价值上,未发生转变的存货都不是实际经营状况的特征。

当然,在制造企业,考虑到资产的价值,确认三个不同时期的重要性变得明显起来。在涉及房屋、轮船以及其他复杂建筑物的企业中可以找到极端的情况。显然,如轮船制造企业的管理层确定发生的费用和成本,这几乎是没有风险的。这里很清楚,在此段时期内所需的劳务和材料成本,未必与同期开展的建造成本相一致,并且在此期间内,这两项成本都不会构成或表示销售成本。在这种企业,购买、使用和最终耗竭中的每项都应给予独立的会计确认。

不是每家企业的所有资产项目都经历了这三个阶段。有些成本在使用的时候变成费用,以一个零售商使用的纸张和绳子的成本为例,在购买时,这些项目表现为资产,在使用时,它们使企业参与到了生产中,由此,直接发生了费用的支付。此外,如上所述,真正构成费用的成本也许立即可以发现,运输成本和销售人员的薪水是重要的例子。这里,取得、使用和最终的耗竭实际上是同时进行的过程,因此,这些项目有理由在最初出现时归入费用。

前述内容应已明确,制造企业的"成本"账户和当前贸易商的"费用"账户描述了大多数已发生的成本或已转化的价值,而不是真正意义上的费用。纯粹的费用账户是个例外而不是规则。然而,这并不是说,商人和会计构造劳务、生活费、保险费等现行账户,并将它们作为费用账户是严重错误的。就像下一章将要说明的,在定义一个账户时,依据的是关键时刻账户中占主导的要素,而非进入账户中原始分录项目的准确性质,这是有道理的。只要定期作出正确的解释,依据一些现行账户的观点并非完全不合理的。

最后,在这一点上应该强调的是,无论根据总的或单个分类,定期发生的成本和定期的现金支出绝不相同。所有种类的商品和服务可能是赊购的。这意味着特定时期的现金支付包括先前一段时期内发生的负债支付以及最近获得的劳务、材料成本。此外,现金当然也可以用于支付长期权益的收回、分配收益以及用于与目前发生成本无直接关系的其他目的。

一 个 实 例

为了使对费用和收入的讨论更加清晰,并着重说明费用和收入的分录和账户与整个系统的关系,在这里引入一个相当完整的例子或许会很棒。参考 X 公司,以及第四章中描述此企业的账户要求,我们假设,这家公司营业一年,而且为满足情况的需要,我们开设了四个附加账户:在产品、产成品、销售成本和销售,前面两种称呼表示资产账户,第三种表示费用,第四种表示收入。虽然与上述已解释的两项基础类别有关,为方便起见,这些费用和收入账户放在权益分类下,因为揭示剩余净收益的数额是它们的基本目的。

假设,这一年 X 公司发生劳务成本 $200,000,购入材料 $100,000,支付保险费 $2,000,购买燃料 $5,000,购入各种商品和服务 $20,000,产品销售额总计 $425,000。其中,现金销售金额 $50,000,剩余部分为赊销。这段时期的楼房和设备分别计提折旧 $4,000 和 $10,000,专利权摊销 $6,000,在产品和产成品年末价值分别为 $20,000 和 $15,000,期末库存原材料 $50,000,未到期的保险费为 $500,库存燃料有 $500,未使用或未预付的存货和服务共计 $10,000。为了方便,假设没有未确认的成本发生,并且所有成本都包含在产成品账户中,忽略负债的归集、借入和偿付等。

上述 X 公司的交易结果反映在账户上的汇总形式现在可以确定。假设劳务服务是赊购的,交易由劳务账户的左栏①和负债账户,即应付账款②的右栏反映,即一项资产的增加以及一项权益的等值增加。之后,当支付时,需要记录在应付账款账户的左栏,以及现金账户的右栏,资产和权益等值减少。如果材料是赊购的,同样应记录在材料账户的左栏,以及应付账款账户的右栏。同样,保险服务、燃料以及其他各种存货和服务的购入应记录在相应资产账户的左栏,以及流动权益账户的右栏,或者,如果立即支付,就记录在现金账户的右栏。既然这样,我们就假设所有的这些项目都使用现金立即支付。

根据前面部分的解释,销售总额 $425,000 应记入销售或收入账户的右栏。再重申一遍,右栏表示发生成本的暂时减少,如购入(不管它是否汇集在产成品之下)以及业主权益的净收入或净增长的假定、期望部分。根据前面几章描述的系统,因为这两部分应登记在右栏,销售账户的分录可以被恰当地确定,同时发生的左栏也能根据上面所给的数据在现金和应收账款账户中分配。

就像已解释的,资产最初计入在产品,随后计入产成品,这种转变构成了企业中资产价值的转换。需要记录在劳务、材料、建筑、设备、专利权、保险费、燃料以及各种存货和服务账户的右栏,其金额分别为 $200,000、$150,000、③ $4,000、$10,000、$6,000、$1,500、$4,500、$19,000。左栏总额 $395,000,应记入在产品账户。这种情况下的右栏表示资产价值的减少,就像在原始购入账户中所显示的,左栏表示在产品增加了这个数值的价值,这是另一类资产。

下一步,在产品向准备装运的产成品转变。记入在产品账户的右栏为 $375,000(总共发生成本 $395,000,减去 $2,000,为期末的在产品余

---

①今后,简化词语"左"和"右",将用于指明相反的两个账户栏目和相应地分录。
②为了方便,例子中所有的流动负债进入应付账户。这种情况更适合的称呼是"应付工资"或"工资"。
③最初在第四章表示的材料账户显示余额 $100,000,加上购入的 $100,000,减去现在手头上的金额,余额变为 $150,000。

额),以相同金额记入产成品账户的左栏,这是资产价值的又一次转变。

最后一步,产品的这些价值从企业中消失,应在产成品账户中的右栏记入＄360,000(＄375,000 减去＄15,000)(收入等值减少),如果没有一点间接的论证,左栏不能直接与基础种类相关联。最合理的做法是,将其设想为收入的减少或成本,因为收入是右栏种类(因为以上充分解释的原因),任何收入的减少都涉及左栏。①

从会计的角度来看,上述实例又一次表明了产品的这三个主要阶段怎样用已概括的并列栏目的形式反映在账户中。第一,获得价值,其他资产正在交换或已正在确认新的权益;第二,价值转变,资产的内部转化;第三,体现在产品中的价值最终从企业中消失。正如此前已解释的,最后一个阶段能最方便地用费用和收入等补充分类和账户。很显然,根据前面几章阐述的简单规则和原则,所有这些情况都能够予以合理解释并记入账户中。

在第九章,将考虑涉及费用和收入的某些特殊情形,特别是那些在结账时出现的特殊情形。

费用、收入和所有者权益

对费用和收入这些临时类别的通常解释是极其不合理的。在许多会计理论的讨论中,没有认真尝试去说明使用补充账户的根本原因,或解释其中复式记账系统的应用。有时随意的和无意义的词语和规则代替了真正的解释。比如,将费用与收入账户看作是"名义上的",而非"实际上的"——这可能是最普遍接受的观点——这种观点阻碍了对这些分类内在特性的透彻理解。任何代表企业财务状况某一方面的账户,本质上跟任何其他此类账户一样都是"实际上的"。费用账户和收入账户都是暂时的、中间的结构,它们在以后会通过结合被分解至最基本的要素,这是真实的,但

---

①在下一章,将解释 X 公司账户的完整体系。在此提到的分录将被记入适当的栏目。

是它们本身以及它们所包含的特定事实并非不真实的或"名义上的"。费用和收入的事实形成了必要的会计数据以及资产和权益的阶段,这些内容如管理上的数据一样有其内在重要性,并且如果要披露定期净收益和当期财务状况,这些内容都必须要加以确定。

哈特菲尔德将费用和收入账户定义为所有者权益的直接附属,收入代表了所有者权益的增加,费用代表了所有者权益的减少,这一观点被近来的一些作者所接受。① 这种理论,是迈向正确方向的一步,但并不完全准确。认为总收入是所有者权益账户的直接增加,这一假设明显只是为了方便。即使所有人是一个单独的业主,只有在假设没有成本时,总销售额将度量利润,资本也会增加。正如这一章前面所指出的,在实务中,甚至很少有接近这种情形的。相应地,将总收入记入所有者账户的右栏,将费用记入其左栏,两栏可能会有些不匹配,虽然净值可能是正确的(假定总的业主权益存在于所有者权益之中)。收入,如上面所强调的,包含了大部分资产的减少,在成本被减去之后,只有贷方余额,表示业主权益的增加。

然而,这一理论更为严重的缺陷是基于公司的这样一个事实(在较低程度上,基于独资或合伙企业),即剩余权益只是业主权益的一项利益,一项要素。企业当然是一个明确的实体,而且企业会计人员的职责是记录企业的账目,而非普通股股东的账目。在这样的情况下似乎很清晰,账户应从作为一个经营单位和一个经营实体的企业的角度来建立。企业会计人员的职务是对企业混合资金的持续记录,这些资金体现在各种设备、商品、服务和权利中,并且定期披露所有这些资金的正确状况,如它们在具体资产名称下的分配以及所发生的净变化。这个净变化(通过费用和收入的结合来得到)度量作为某一期间交易结果的业主权益的增加,这一增加必然要公平分配给所有为企业提供资金的各种证券持有者。换言之,净收益代表了所有权益的增加,而不仅仅是剩余收益的变化。就债权人而言,这一

---

①在实务中,术语"损失和利得"或"利润和损失"比"费用和收入"更常见。这些措词的用法与这些项目是所有者权益的直接附属这一学说相一致。

增加通常会予以偿还,就剩余权益或所有者权益而言,它也许会以合适的比例部分留在企业。因此,债券利息、优先股股息以及对收入的其他契约性分配仍然是作为一个经营单位企业的部分收益。

如果在任何意义下,费用和收入类别、"营业收支"账户都被视为管理的结果,那么我们需要这种观点。显然,一家企业的现任经理并不为资本化的计划负责。因此,将费用、利息和回报作为投资的一部分将会损害作为管理数据的成本的重要性。如果费用和收入被视为剩余利益的直接附属,这就意味着外购资产的耗费,被用于外购的资金净回报的契约性要素,甚至如所得税这样的项目,全都被视为具有相同的经济事实。站在普通股股东的立场看,所有这些都表示减少,因此,如果从他们的角度来定义费用,所有的都构成费用。

应从企业整体的角度来定义净营业收益,而不管其资本化的特定方案,否则企业之间或同一企业各年之间费用的比较基础将会被破坏。比如,假设 A 企业在 1920 年有公开上市发行的年利率为 6％的 \$1,000,000 可转换债券,进一步假设在 1921 年年初,由于转化为普通股,可转换债券减少为 \$500,000,1921 年的费用会因此而减少 \$30,000 吗? 显然,任何这样的结论都将是荒谬的。① 不过,如果可转换债券的利息属于企业的费用,那么这一结论将是正确的。

这里强调的观点在企业财务的讨论中通常被视为是有效的。但是,它还没有完全应用于账户的理论中,而且职业会计人员将其作为损益表编制基础的过程进展缓慢。在后面的一章中,对这个问题将会作更深入的思考,并且出于编制损益表的目的,说明净营业收益的合理调整及其分配也将会呈现出来。

---

① 某个汽车公司一度宣称,它能以更低的价格销售汽车,因为它没有有担保的负债。只需做一点思考,就可以证明任何这样的宣称是完全无根据的。特别地,资本化无论对成本还是对价格都没有影响。对整个行业来说,证券的专门化使企业在低回报证券发行中能够保证他们的部分资本这一事实降低了资本成本,由此降低了价格。换言之,合理的证券专门化从社会立场看是一种富有成效的方法。

第七章　其他辅助性账户

上一章中所讨论的费用和收入的分类，毫无疑问是商业企业所要求的各种临时性或永久性辅助账户中最重要的，然而，也有一些在深入研究会计理论时所不能忽略的其他重要情形。记录业主权益的净增长及其分配，紧接费用与收入之后的是净收入[①]和盈余账户。此外，我们还发现，被引入到会计结构中的还有许多辅助性的备抵账户和估值账户。在本章中，我们将进一步探讨所有这些账户类型。

净收入的分类

第六章中解释了净收入数据的一般意义。曾经指出，净收入代表了总收入超过费用的部分。换言之，它是总收入中所包含的纯粹的权益要素，即业主权益的净增长。从业主权益的角度来看，它反映了某一特定期间交易所引致的资产要素的净增长（当然是在由新的投资、分配和撤回等引起的权益的直接增长或减少的变化后）。净收入账户代表的是费用和收入的余额。相应地，这个真实的权益账户的右栏记录增加的项目，左栏记录减少的项目。

之所以需要这样一个账户，是因为在大型综合企业中，需要一个在某

[①] 会计师一般不使用清晰的净收入分类。然而，对这种分类的需要确实存在，同时其独立性常常并不完全地被予以确认。在州际商业委员会的分类中，我们发现了费用、收益、收入以及利润和损失组群。吉尔曼建议使用"利润和损失分配账户"（参见吉尔曼的《会计学原理》，第213页）。

一总账户统驭之下的净收入账户系统。虽然如此,但正如以上所说,它的使用仍未得到充分的发掘。净收入账户不仅呈现了不同利益相关者间净回报的分配,而且净营业收入的特殊调整可以直接在净收入账户中进行,而无需再通过费用和收入账户。当然,在典型的独资或合伙制企业中,只有非常少的"净收入"交易,因而,这种分类的重要性可以忽略不计。然而,在有着高度复杂的业主权益的大型公司中,可能会有很多交易影响净收入,因此,需要一个单独的账户或者账户组去记录这些交易。一家公司发行在外的可能有不同的债券和其他契约性证券,或许,还包括两三种股票。在这种事项下,就需要一个独立的账户来呈现与每种不同证券相关联的利息和净收入的分配。

第二章中所提供的 X 公司资产负债表列出的权益如下:普通股,$200,000;优先股,$200,000;抵押债券,$100,000;公司债券,$100,000;应付票据,$100,000。第六章中给出公司一年的销售收入和销售成本总计分别为 $425,000 和 $360,000。为了方便汇总,我们假设 X 公司设置了一个费用和收入账户,销售收入和销售成本的数额一起被记入这个账户。这些项目的金额通过以下分录转入总账中:左记销售账户 $425,000,右记费用和收入账户 $425,000;同时右记销售成本账户 $360,000,左记费用和收入账户 $360,000。下一步是开设净收入账户,将费用和收入账户中的经营净收入余额 $65,000 转入净收入账户中,这将通过以下分录完成:左记费用和收入账户(所包含的纯粹权益余额的转回)$65,000,同时右记净收入账户(这个账户下权益的增加)相同的金额。

可以进一步假定,发行的三种债券,抵押债券、信用债券和票据要求的年利率分别为 5%,6% 和 7%,优先股要求 8% 的回报率,同时管理层宣布普通股的股利支付率为 10%。为了方便起见,我们假定在年末,不同类型证券的净收入分配是同时进行确认的。为了确认这些利息和股息需要左记净收入账户总计 $54,000,并在应付抵押债券利息、应付信用债券利息、应付票据利息、已宣告的优先股股利和已宣告的普通股股利等账户左记,所记金额的总和为$54,000。这些交易在第五章所讨论的有关案例中已被进一步说明。一项混合的数据(企业作为一个运营经济单位的净回报)被减少,对债券持有人、票据持有人和股东有利的、确定的负债被确认。当这些债务被偿还时,左记所影响到的各种债务账户,右记现金账户。

当然,在实际情况下,季度股利比年度股利更为常见。与债券以及类似证券相关联的一般是半年付息。然而,从技术会计结构的角度来看,这些利息和付款的内在特性已通过上面的简要说明被予以充分呈现。

即使在某一时期业主权益没有净增长——也即,没有净收入余额——可能仍然必须满足各种不同种类的契约性权益以及优先权益的当前索取权。在这种情况下,所涉及的利益将会从剩余权益的原始或累积份额中予以拨付。换言之,如果没有当期盈余,使用现金或其他资产去支付,显然,原始的业主权益总额(相对于当期期初余额)会等额减少,所涉及的损失将由缓冲权益承担。然而,无须去证实这种主张,即一般而言,所有的权益回报都将从净收入中提取。当然,投资的具体分配——"清算股利"没有被包含在这种支付中。

以利息或股息的方式直接增加净收入当然是可行的。因此,如果一个企业拥有股票、票据、债券或其他有价证券,这些资产应计的真实收益应为"净"收益而非"毛"收益。[①]换言之,事实上没有与这些收益相关的费用,实质上,它们形成了纯净的收益。

存款账户的应计利息也许是对这一点的最好说明,在这种情况下,事实上,资本的完整性无疑能够得到保全。银行存款利息无疑直接构成了资产的净增长及业主权益的净增长。因此,如果X公司获得银行账户的利息总计$500,此交易将被记录为:左记现金(银行)账户$500,右记净收入账户相同金额(或者右记一个具体的利息收入账户,之后再转到总账户中)。

[①]当然,假定已对累计的折价、保险费的摊销以及其他估值原则做了适当的调整。

这些事项的净收入应从总收入中剔除,但这并非强制性要求。在某些情况下,将销售过程中的总收入以及各种各样的净收入加以合并,再减去费用总额,可能并非完全不合理的程序。然而,如果费用和收入的分类是出于管理目的的最大效用,那么,首先将所有收入合并起来,再减去所有的成本,并最终增加任何收益项目的剩余权益,而非费用项目,这种做法将更为合理。

应当注意的是,混杂的或辅助的收入绝不会一直是净额。比如,一家公司可能会对外出租特定的资产,然后获取租金收入,但是这项收入并非毫无成本的项目,维护、保险、折旧等等在其中都会有所涉及。

在下一节中,我们将考虑某些被视为净收入附属项目的特殊交易和账户。

净利得、损失及税金

在一些案例中,捐赠和增值被视为可以带来净收入的直接增加。比如,市政当局可能会捐赠地皮给制造业公司。这种资产的增加,并没有伴随资产的消耗或债务的增加,却显然导致了剩余权益的增长。然而,这种增长可能会被认为是一种完全在正常经营活动之外的净利得的增长。①类似地增值,无论是否通过销售实现,都可以被视为净利得的增长。如果价值的变化是在当期,也就是,在最近的会计期间开始出现,那么就需要将这种变化合理地在业主权益中加以反映,如第一个例子中的辅助性净收入账户。因此,如果一家特定公司所拥有的证券在当期价值增长至$15,000,这种情况将记录为:左记证券账户$15,000,同时右记净收入账户相等金额。如果在若干个会计期间获得的增值最终被确认,就所考虑的权益方面而言,最合理的方式是将其作为盈余处理。

---

① 无疑,最好使用一些专门的盈余账户来反映这些所有者权益的增加。

在特定环境下,需要被置于净收入分类下的另一种类型事件是实际损失。在会计中,"损失"一词常被不加区别地使用,包括一般经营费用和真实的损失。这是不合理的。保持收入和费用的完整性应当是会计师的一项主要目标,因为只有当这些分类被限定在真实的收入和费用项目时,它们作为管理判断的基础才能被最有效地使用。一项损失反映一些资产价值的消失,对这些资产而言,将不会再收到价值方面的回报。换言之,如果企业的任何资产发生丢失、损坏或消耗,而没有进入所有者的生产性经营活动,则可认为发生了损失。从原则上来讲,损失和费用的区分是非常清楚的。比如,制造商锅炉里燃烧的大量煤炭的价值就形成了一项合法的产品成本,而被盗的大量煤炭的价值就是一项损失。作为生产所必需吸收的一项要素的任何价值,以及为了生产产品所承担的任何成本,是收入的一项成本,即一项费用。由于效率低下、事故、欺诈、自然灾害等导致任何项目的消失,且没有以任何方式使企业从中受惠的,就是一项纯粹的损失。

应当承认,虽然损失和费用的区分在理论上是很明显的,但是在实际中,区分损失和费用却并不那么容易。在每个企业中,生产的技术过程或多或少几乎免不了和一般经济过程以及纯偶然状况联结在一起。某一特殊项目是费用还是损失?通常很难回答。从理想的角度看,一般企业所承担的许多成本是不必要的。导致材料浪费与劳务成本高企可能是因为劳动效率低下、管理不善。缺乏适当的协调、延误、小事故等可能会在很大程度上增加成本,保修费用可能过高。这些项目是损失还是费用?报废是损失还是费用?火灾损失的本质是什么?从整个制造业行业的角度来看,这些损失必须负担并且是限制供应的因素。在某种程度上,从定价角度而言,它们无疑构成了成本。然而值得怀疑的是,它们是否总是会对单个企业的销售价格产生明确的影响。比如,一家公司被迫放弃代价高昂的已过时的设备,事实不过是,它并不能因此而提升销售价格,尤其是当它在同领域内与新企业竞争时,而这些新企业并不需要被迫承担此类损失。

毋庸赘言,在实务中,会计师在做出分类决定时不能被理想的事务状况所引导,每个企业都离这种状况相距很远。一旦与生产相关的耗费以完全合理的方式发生,且毫无异常,它们或许就被归入费用中。但是,必须在某些方面加以区分。当然,一名可靠的雇员侵占大量公款并不是商业经营的一项典型成本。

甚至在某些情形中区分一项损失和一项资产余额也是极为困难的。试验成本和重建支出为此提供了实例。由一些价值所产生的一项特殊支出使得利润不会在一段时间内被消耗或者金钱被浪费掉。比如,一家公司在某项广告活动上花费了$100,000,会计师被要求确定这个价值是否为损失,或是产生当期收入所付出的必要成本,又或是一项资产余额。与此划分相关,可能出现最麻烦问题的情形是在公司筹备期和建设期内。在下一章中我们将会讨论此类问题。

在细节方面探讨如何区分资产余额、费用和损失的实际问题完全超出了此项研究的范围。此处只是试图强调每种分类的内在特性以及每种分类与会计系统的技术结构相关联的方式。每种分类的重要实质以及其中与它相关的会计体系的技术结构在意图上是很明确的。根据两栏账户以及基本等式,一项真实损失的性质是什么?如果一项资产终结而没有获得补偿,很明显业主权益必须承担相应地减少,业主权益所发生的此类减少的特性是什么?它是原始投资、累积净收入又或者是当期净收入的抵减吗?如果损失的资产是一项原始资产,即原始资金担保的资产,通过显示初始所有者权益的账户减去这些数额将看起来更为合理。然而,在实际情况下,通常假定损失按照流动性来吸收业主权益,也就是,这种耗费首先应当从最近的累计数额中扣除。这种假定在公司中最为便利,因为它们并不愿意再打乱之前的股东权益表,除非特定的股份退股。在任何情况下,损失当然是首先从剩余权益中减去。

如果假定一项损失能从净收入中被适当地减去,发生额显然可以通过左记净收入账户(一项权益的减少),同时以相应金额右记所影响的资产账户(一项资产的等额减少)来加以记录。

在某一特定时期,在费用超过总收入的情况下,很明显,费用和收入总账中将有左方余额。当被转到净收入账户中,净收入账户变成一个净赤字或者净损失账户,这个账户衡量了由于以前期间的经营和环境所导致的业主权益的减少。如果这样的一类项目在账簿中持续了一段时间,则构成估值账户的一个特殊案例。对此类账户将在本章下一节予以说明。

另外一项与净收入分类相关联的应予以探讨的项目是应交税金。政府对私营企业征税的本质是什么?相应地,记录税收的账户性质又是什么?这些问题的回答通常难以令人满意。在商业经营和会计中,税收是一项异常的要素。如果我们将政府设想为是向企业提供保护,如稳定契约、限定竞争程度、阻止不公平行为等,可以认为,税金首先构成混合型有偿服务的价格,并最终成为销售成本或费用。不过,这一点并不成为无政府主义者否定税收的依据。税收并不是因为企业为了未来的业务发展而必须支付的针对确定商品、服务或条件的支付。纳税是一种强制性的支付,完全在企业管理部门的掌控之外。对于税金,采购部门也无话可说。

即使采纳最广泛的观点,认为企业直接根据从政府获得的利益按比例支付税金,这种观点也是不合理的。当然,政府提供的基础条件对企业而言,其价值是无法估量的,但是,这些条件是社会形势的基本部分,被视为是理所应当的。政府对特定企业的成功所作出的贡献是一种完全在市场规律之外的因素。税金绝不是特定服务的"价格"。税金一般不根据所获得的收益按比例征收。因此,我们不将税金的支付视为对所收到服务价值的度量,当然,更不会将其视为产品成本或费用。①

这种情况最合理的解释是,税金一般是基于净收入(或者是资本,如果没有获得净收入的话)强制征收的。在前几章中已经说明,政府实际上对

---

① 专门费用、特许费、评估的改进等可能由于一些特别的理由被视为真正的成本。当然,在此范围内,应付税金代表了确定资产的增加值,它构成了资产的增加,同时,当资产由于使用而到期退废时,也是一项费用。同样也有一些人认可这种观点,即在筹备和组建期间的资产税代表了资产的适当费用。参见第十四章。

每个商业企业的资产拥有潜在的优先所有权。一旦它在会计上明确确认，这种权益可以被视为一种不断循环的求偿权。增加的税金、已支付的应付款、以元、分计的政府权益因此立即消失。如果那时账户已"结清"，并且这一期间的税金债务也已确定，应该以此金额左记净收入账户（或者是记入附属的税金账户），同时右记应交税金账户，这是一个优先的债务账户。如果税款在当时未定，也可以估计数额作相同的分录。在付款时，应左记债务账户，同时以相同金额右记现金账户。

当然，收入和超额所得税提供了明显的例子。此时，政府就是明确对净收入征税（一般来说，从股东的视角来看），同时，这项征税从会计的观点上看意味着净收入的分配。

税金，要么必须代表费用（生产收入中所使用资产的耗费）、损失、权益的分配，要么代表一种不能被放在一般账目下的完全不同的项目。根据以上讨论，应交税金最好能被视为一项损失（从私人所有者的观点上看），或者是根据权益状况所做的一项基本分配，如果将其视为一项费用，则是不合理的。如上所述，税金交易是非常规的，没有与之相似的情形。但是，如果遵循以上分析，也将不会带来严重的错误。

在第十一章（及其后章节）将进一步考虑净收入，它的会计意义、它与剩余权益的关系及其经济成分，在这些内容中，我们将再一次对本节中的部分事项作进一步考虑。

盈 余 类 项 目

盈余类项目的基本作用是记录净收入账户的未分配余额。除此之外，还应当确认的是，某些特定的交易能够合理地直接反映在盈余账户中（就所关注的权益类别而言），而无需通过总收入或净收入账户。

在外部，应当注意到，净收入与盈余组别之间的区分并没有总收入与净收入之间的区分那样重要，这是因为，从管理的角度上看，这些数据的重要性在于重申了费用与收入的完整性保持应该是一个会计师的首要考虑。净收入的分配与盈余的拨付必须确保不能与真正的费用缠在一起,但是,许多事项既能被认为是净收入又能被认为是盈余,这些几乎是不重要的。比如,从盈余或未分配利润账户中分配股利并不被视为是不好的做法。一些公司的确遵循这样的做法,即将调整后的净所有权收益数据转到盈余账户并全部作为业主拨款,未分配利润与盈余账户也因此被用作宣告股利的储存器。显然,如果记账是合理的,净收入通常将在不同期间内波动。① 但是,依据股东的利益,他们希望获得稳定的股利,这能够——就所关注的股利拨付而言——通过将净收入的余额转到盈余账户中,并基于盈余账户的宣告加以实现。

在实际中,盈余账户几乎都是由公司所使用,它反映利润的累积,以及剩余权益的增加。就盈余账户而言,盈余一般部分度量了普通股股东权益、优先股股东的股利支付率以及其他契约性利益。当然,在特殊情况下,优先股股东在盈余中拥有分配权。显然,对于这种账户的需求与这种观点是相关联的,即股本账户本身必须被限制在票面价值以内。通常,在合伙制企业中,合伙人的初始投资与其累积收益之间几乎没有区别。虽然为了完整地反映初始投资,对数据进行保留具有一些明显的优势,但在公司中广泛使用的盈余账户在本质上来看却可能是不尽合理的。事实上,当前的一些做法导致股东的初始权益与其后发生变化的数额之间的区别已然消失。② 进一步来看,未分配利润的实际数额也变得十分模糊——至少从外行人的角度来看是这样。为了反映董事会的特定预测及想法,人们将相互隔离的和"指定用途的"盈余放置在一些难以理解的科目之下。

涉及盈余的分录解释起来并不困难,让我们再次以 X 公司为例加以

---

① 在这种联系中,应当强调的是,所有试图消除净收入现实波动的会计政策都是不合理的。这种反映企业兴衰史的数据记录的过程是很奇特的。折旧费用的欺诈或者其他任何试图平衡净收入的行为都不能被过于强烈地予以驳斥。

② 参见下一节对这些做法中的一种的探讨。

说明。净收入账户的余额,经过本章第一节提到的分配之后,还剩$11,000,这代表了至少暂时留存在企业内的普通股股东利益①的增加额。为了结清净收入账户,需要左记净收入账户$11,000,以相同金额右记盈余账户。此交易显然只是在"账簿"中发生,权益余额从一个账户转到另一个账户。应当注意到,许多影响盈余的此类交易涉及的是所有者权益之间的转换。

进一步假设,X公司的管理者决定拨出或者"指定用途"$10,000,作为可能的报废准备金。为了说明这项决定在账户中的效果,有必要左记盈余账户$10,000(一项权益的减少),同时以相等金额右记"可能的报废准备金"账户(另一项权益的增加)。这种交易明显没有影响任何资产,没有实际发生的事件,未分配利润的全部数量未发生变化,但是,管理人员说明了他们留存数量为$10,000的利润在企业中的意图是作为可能损失的补偿。

特殊项目下的盈余拨付政策,已在现代公司会计中得到了广泛应用。所有种类的"准备金"都在公司的资产负债表中,"增加和改良准备金""扩展准备金""偿债基金准备金"都是常见的名称。这种盈余细分的过程产生了第五章中提到的大量权益间的交易。显然,事实上对与之关联的辅助账户的使用并无限制。盈余一般代表了普通股股东权益超过普通股票面价值的超额部分。在董事会的眼中,盈余几乎可以被无限细分。

各种项目下的盈余拨付并非是完全合理的,除了能保证未分配利润留存在企业中以外,它显然并不能提供真实的保障,盈余拨付并不能阻止损失。普通"未分配利润"的累积正如大量准备金的使用一样令人满意。重要的是没有将所有利润都作为股利予以支付,准备金的拨付则是次要的。这里涉及一项确定的或有事项,比如,与背书票据相关联,如果部分盈余被指定用途,真实情况可能会得到更加准确的反映。不过,一般而言,以一种

---

① 假定优先股没有参与。

通过将不确定的项目与盈余相关联的方法来预测损失是毫无意义的。当然,全部权益可能会被损失抵消,但是,从资产负债表中预见破产并不是好的会计方法。当然,至于准备金的改进和扩张而言,至为重要的是,它们是前面所述的股利,而不是指定用途的盈余。

这种做法也有一点不合适,因为这些标题可能被错误地使用。"准备金"一词意味着盈余,但是它并不仅仅只有这个含义,应计债务有时也被指定为"准备金"。工资和税金的准备金不能与真正的盈余相混淆。更严重的事实是,资产估值账户通常也被指定为"准备金"。本章下一节将说明这些余额并非皆为盈余。

与盈余和准备金相关联的一个常见误解,是将这些事项与其他现金或流动资金相混淆。对此很值得做一番思考,同时这也适合与偿债基金准备金这个重要的盈余分支联系在一起进行讨论。这样的准备金可能出现在带有偿债基金条款的债券合约中,或出现在管理人员自己决定以偿债基金的方式提供的债券付款中。建立偿债基金准备金说明指定用途的盈余或盈余拨款伴随着流动资产实际资金的累积。它确保了"利润内"资金的积累。然而,应该强调的是,从会计结构的角度来看,这两种交易完全不同。留存的资金反映在账户中应记录为:左记这个基金账户,同时右记一般的现金账户——一种资产间的转换。准备金的拨付通过左记一般盈余账户,同时右记准备金账户来记录——一种权益间的转换。其中一种交易涉及对现金的细分,另一种交易涉及对盈余的细分,两种过程完全不同。

这或许能够通过注意到任何一项交易都可以独立完成来加以强调。对于资金的累积而言,完全有必要的唯一事项是,可获得现金或其他流动资产。建立准备金的必要条件是留存在企业里的利润。如果资金的累积没有准备金,那么债权人就不能得到企业整体资本能够保全的保证,即使是一个濒临破产的企业也可能在累积流动资金。而如果准备金被专门设置,债权人不能得到任何流动资产都正在累积的保证,但是他确实知道企业的全部资产不仅可以维持还可以增加(忽视可能的债务赎回)。或者更准确的是,他知道股东的权益,即他的安全边际正在被拓宽。显然,一般而言,相比其单纯的流动资产累积,准备金的建立是对债权人的更大保护,因此,债权人权益所依附的"缓冲器"正在稳定地增加。然而,相对于股东权益的增加,资产的增加不可能是单一的或者只以现金的形式增加。如果企业在扩张,就所关注的资产而言,留存的利润将意味着厂房的扩大、设备的增加、存货的增加、更大的顾客账户总额以及更多的现金。

第四章中已经强调,一般而言,特定的权益余额与任何特定的资产之间并不存在内在的不可避免的关系。唯一的必要关系在于资产负债表总额相等。只有当权益总额受到影响时,资产总额才会被影响,反之亦然。这一点可以通过其与盈余账户的关联加以强调。股东的"盈余"权益不过是与一项资产相关,而非与其他任何资产都存在关联,它仅衡量一项资产总额中的要素。因此,我们并不期待在现金账户或其他任何资产账户中能够发现盈余的准确数额。① 因此,经常会发现公司在很迅速地"挣钱",也即,公司在累积大量的未分配利润或者盈余余额,但并不是用于支付股利。股东权益在增加,但是流动资产并没有相应地增加。创造大量利润的企业有时不得不借钱去满足契约性权益以及政府的要求权。

正如此前已提到的,直接损失、净增值以及捐赠都可以反映在一般盈余账户或特殊的附属账户中。资产价值的这种变化可能不会与最终确认变化的期间精确关联。在这种情形下,最好将交易直接记录在盈余账户中。进一步,如果损失或者收益与企业的日常经营活动无关,完全处于管理控制之外,那么就可以要求它们的影响不出现在费用、收入或净收入账户中。由于地震引起的大量资产损失、银行的倒闭以及盗用公款等,都可以记录为:左记盈余账户,同时右记影响到的资产账户。相似地,由于土

---

① 当一个企业既没有扩张也没有缩减其经营时,当然会有一些实际支持这种观点的,即未分配利润以现金、应收账款以及其他流动资产形式被占用。

地资产增值获得的直接收益以及假定的无价值账户的一项付款等,都可以记录为:左记适当的资产账户,同时右记盈余账户。①

特殊的盈余状况

宣告股利是一项有趣的盈余交易,但却受到了广泛的误解。从会计的角度看,这种交易实质上涉及盈余和股本账户的全部或部分合并。为了记录这类交易的发生,有必要左记盈余账户,同时以相等数额右记股本账户(居于两者之间的账户——应付股利——也许也会被使用)。显然,这是权益间交易的另一种说明,业主权益的某个项目从一个账户被转入另一个账户,未涉及资产,业主权益总额保持不变。盈余只是从一个会计部分转入另一个,部分未分配利润被赋予了新的标签。每个股东实质上都处在交易发生前他所处的位置,他在这个企业所拥有的利益未发生变化。这种交易通过由股本和盈余账户所代表的权益类别被分解至大量的等分部分中,这类交易自然会降低每股价值。

应当指出的是,股利并非完全合理的设计。部分管理层希望"掩盖"盈余,以增进投资的表现,或平息股东对股利的强烈要求,这可以解释某个特殊的例子。而以未分配利润发行股票可以有效地防止使用这些利润作为股利的基础,也因此,当确实需要扩张时,股利可能是合理的。股票和其他证券股利的重要性将在第十六章中作进一步考虑。

在许多公司中,资产负债表账户被发现存在难以确定的意义。比如,一家涉及诉讼的公司,可能会决定设置"准备金"以弥补判决不利时可能遭

---

① 最好能注意到这一点,即由于税金的缘故,事实上,所有的损失是它们发生当年的"正当的减少",同时几乎所有的收益(除了为实现利润而发生的折旧)都是相类似地可收回收益。然而,应当强调的是,当账户的一项重要优势在于其作为税金返还基础的时候,试图严格根据分类规则来对会计基础进行分类是完全不合理的。"可允许的减少"和"费用"不是同义语。纳税意义上的"总收入"和"经营收入"是不相同的。会计有许多纳税之外的作用,同时,当国内税收署的规章和规则一定会对会计程序的发展产生影响时,基本的会计程序可能因此被严重地扰乱。

受的损失。这类账户的特点是什么？如果该账户从盈余中拨付,那么它只代表了一般未分配利润的一部分。如果相反的决定看起来更可能,那么损失实际上产生了,并且准备金的余额是一个"估值"账户,与折旧准备金存在些许类似。

当一家公司试图承担其自身的火灾风险时,具有部分不确定性特征的账户的另一个例子出现了。比如,一家特定的公司可能决定在每月结账时,将数额$1,000的资金指定为火灾保险准备金。这个项目的特点是什么？它是真正的净收入或盈余的拨付,还是一项资产的"应计"抵减？如果是后者,那么,就会发生来自于总收入的拨付(或者应当这么做)。也就是说,如果在采取了所有合理的预防措施以后,每月平均的火灾损失是$1,000,每个月的经营就应当负担这个数额的成本,而不考虑特定期间火灾毁损的资产价值,这个假设有一定的合理性。然而,在任何时刻,这个账户的余额——所有估计的损失都没有实际发生——被指定为盈余可能有一定的合理性。

与证券的初始发行相关联的不同账户,有时被包含在盈余分类中。当股东的初始投资超过其票面价值或者代表其自身利益的形式上的价值时,适合使用一种特殊的账户来记录这种超额权益。在银行会计中,这个增加的数额进入"盈余"账户。① 显然,这个账户在这样一个例子中揭示了部分初始权益或者股东利益。因为"盈余"的广泛使用指出了这种权益的增加来自成功的经营活动,一般而言,使用其他的一些标题来标明真实投资与正式股本之间的不同是可取的做法。州际商业贸易委员会的分类中所要求的"股本溢价"这个标题更加清楚地显现出这类项目的特征。使用不标示票面价值的股票是公司财务的高度发展,它完全消除了与股东初始投资

---

① 在银行的资产负债表中,我们通常发现有三个主要的所有者权益账户显示股东利益、股本、盈余和未分配利润。盈余账户一般被用来说明股本溢价以及确定留存在企业中(也由于法定要求或者体现管理者个人意志的政策)的收入。"未分配利润"被用来指明可能组成宣告股利基础的收入部分。

相关联的两类账户的必要性或原因。

另一种盈余,产生于筹备期间,即所谓的"捐赠"盈余。当初始捐赠者放弃其部分资产,由公司转卖以增加运营资本时,就形成了一项明显的盈余余额。这样的盈余经常是纯粹的虚构,因为它是由对初始资产的高估值所获取的。在任何情况下,它是与初始权益有关的项目,而非通过累积盈余揭示初始权益的增加,它只是股本溢价的一种特殊情况。

此外,一家公司以低于"账面"价值的价格回购已发行的股票、债券或者其他证券,显然,可以因此增加剩余的股东利益,盈余账户通常被用来反映这种增加。

作废的安装以及不恰当的股利等,会形成盈余的其他一些情形。这里要强调的一点是,不考虑某一特定情形下的特殊环境,根据此前已多次强调的会计程序的规则,股东利益的所有调整,都能够被合理地记录在盈余或相关分类中。一些关于股本的特殊会计及其附属标题将会在第十六章中予以讨论。

估值或抵减账户

在对财务账户体系结构以及在其中所处理的主要类型情况的分析中,应该对所谓的"估值"账户的性质做一番细致的阐述。不仅基础资产负债表被扩展为一套由若干重要总分类中各个账户组成的复杂体系,而且所有分类的许多具体账户可以被用来与特殊的"抵减"或估值账户相联系。估值账户是一种记录特殊的减少或者抵减的设计,它来自一些主要分类,如资产或者权益,或者基础分类中重要的一个。由于某些原因,需要对来自于一项重要余额的特定减少做出会计确认,此时我们需要一个估值账户。这种账户是记账员推迟实际减少做法的一项极端扩展。由于它们遍布现代会计的整个体系并且经常被误解,对它们进行合理解释就是一件很重要的事情。

估值账户的一个重要例子是固定资产的"折旧备抵"。通行的做法是，厂房和设备资产在期间的估计损耗被记入某个特殊抵减账户的右栏而非资产账户的右栏。换言之，由于经营以及时间的流逝所产生的固定资产的特殊减少在一个明细附属账户中予以呈现，仍旧使用的初始单位成本仍完整地保留在主要资产账户中。① 因此，资产的真实状况（估计的）不能在两个账户中的任一个反映出来，只能通过比较原资产账户和折旧备抵明细账户来加以确定。

举一个具体的例子，参考第六章中所给出的 X 公司在运营第一年后的建筑物和设备折旧情况的数据。假定的数额分别为 $4,000 和 $10,000，使用估值账户，这种折旧可以被记录为：左记费用账户总额 $14,000（或者如果我们遵循此前讨论设定的假设，那么首先记在在产品账户，其后记在费用账户），右记建筑物折旧备抵账户 $4,000，同时右记设备折旧备抵账户 $10,000。下面的图表展示了这些资产账户及其明细分类的关系：

建　筑　物	
$200,000	**建筑物折旧备抵**
	$4,000

设　　备	
$100,000	**设备折旧备抵**
	$10,000

这些特殊的右方余额的本质是什么？不能过分强调地认为这些右栏分录仅代表了资产的估计减少。实质上，它们的重要性正如它们被直接记

---

① 在这个讨论中将假定，作为固定资产估值的起始，初始成本是合适的基础。

在主要资产账户中一样。"备抵"账户仅是主要资产账户右方的一部分。为了确定资产的真实状况(尽可能地接近)，必须把这两个账户连在一起解读而不考虑它们在分类账上实体的分离。通常使用的"准备金"这个名称并不适合，这个科目意味着"盈余"，也是右方余额，且我们经常对这些账户产生误解。事实上，这样的余额与真实盈余之间的关系比不上资产的任何减少与权益项目的增加之间的关系。资产的减少和权益的增加存在根本的区别，虽然这两类的数据都出现在右栏中。此类相反要素的混淆涉及的是对复式记账体系的一项根本区别的忽视。

记账员将资产估值项目列在资产负债表的右方或权益一方造成了当前对这件事的误解。严格来说，这些项目根本不属于资产负债表，它们应该从资产总额中扣除，同时净资产价值应该展示在左栏中。然而，正如会计师所建议的，估值余额表现为资产负债表左边资产总数的扣除数(以一个附属栏的形式)，这导致资产负债表中呈现了对估计耗费的列示，当然，这没有坏处。

为什么要使用折旧备抵这样的特定账户？这种做法的原因之一在于折旧数据的不确定性，即使在最有利的环境下，折旧是暂定的，一项临时性的数据，它说明了判断的结果，它是一种估计，不是一种确定性。固定资产在相当长的期间内被全面地使用以提供一系列相似的服务。它们不是像流动资产一样单独地被消耗(从一般的会计观点看)。因此，需要谈一谈与之相关联的支持估值账户的做法。折旧数据的不确定性以及临时性的特点可以通过使用明细分类账来很好地说明(如果状况可以理解)。主要资产账户的金额减去给定的当前资产价值的估计耗费。

进一步，估值账户的使用允许保留原始基础数据，一旦其正在被使用就不予以分配。这特别适合与"直线折旧法"相联系，这是一种广泛被接受的在期间内分配折旧的方法。主要资产账户持续不断地显示了采用年折旧率计算出的折旧总额。

如果合理地估计了折旧备抵，那么显然，估值账户中的数额将会稳定增长,直到所涉及资产的寿命终结,两个余额接近于相等(分配相同的价值)。当资产实际上被放弃时,折旧总额的最终决定无疑是可能的。在那时,临时备抵账户将通过回归到母账户而终结,通过合适的调整,将会呈现对资产的最终处置。这个分录是重要的。设想一个例子,公司有一个机器账户,显示的所获得的初始价值为$10,000,与其相关联的估值账户中的折旧总额为$9,000,现在,如果资产被放弃或者废弃,可以实现$1,000的净残值,这个交易可以记录为:左记现金账户$1,000(如果废品回收价值以现金的形式实现),左记备抵账户$9,000,同时右记机器账户$10,000。

这些分录的确切解释是什么?显然,因为机器被确定的移除,必须右记机器账户$10,000——记录这项确定资产价值的流逝,但是,这种数额为$9,000的减少被临时记录在一个特殊的抵减账户。相应地,左记的$9,000说明了临时分录回归到主要账户。它是资产减少的减少,因此被记录在左栏中。临时分录的减少被转移至主要账户,从而终结。

在实务中,备抵账户很少被用在与各个资产单位的联系中,但是,有一个备抵账户与每一种主要资产类型相联系是可取的做法,否则,情况可能会变得很模糊,因为不可能直接从账户中决定每一类重要资产的估计净值。同时明细分类记录可以被很好地保存以说明其成本、估计的寿命、可能的残值和折旧率等,并与每一个资产单位相联系,使得适用于每一特定单位的准备金或者备抵的数额能够在设备废弃的时候从估值账户中扣除。如果这种方案被仔细地加以核算,主账户中的数额就一直是仍在使用单位的成本,同时估值账户中的数额就是这些单位的估计折旧额。

与之相关联,应当强调的是,与固定资产相联系的废弃和重置形成了两种不同且独立的会计交易。一些会计师推荐的,将获得的新单位的成本记入备抵账户的做法是完全不合理的。除非这个新项目在价值上正好与它所要重置的单位相等(不可能共同发生),这种做法将会立刻导致资产价值的严重误述。进一步地,在任何情况下,废弃是一回事,获取是另一回事，一项废弃的资产不可能被准确无误地重置。然而，如果实质上它被一个新的单位所取代，仍然应该强调的是，这是一项可能发生在数周或数月以后的完全独立的交易，并且与此前资产的会计记录无关。仅有的安全规则是，处置一项废弃的资产与获得一项新资产是完全独立且分开的，从实体经营的角度不考虑它们之间的关系。

当一项资产被拆毁而其折旧没有足够计提时，这种亏损显然构成了一项损失，减少净收入或者盈余（与当期经营无关的程度）。类似地，如果价值的最终确定呈现了计提的超额折旧备抵，超出的数额构成了盈余的抵销项目，同时应该被转到那个账户中。正是在这种联系中，获得了估值准备金和真实盈余之间的关系。

估值账户的另一个重要例子出现在估计的无法收回的款项中。通常认为，试图通过在销售数据中减去无法收回的顾客账户的估计数来修正期间销售数据的做法是可取的。如果估计数是基于对过去经验的仔细研究，那么这项会计程序就值得大力推荐。不过，很显然，特定的顾客账户不能以"总括"估计为基础加以记录。相反，被归为"估计无法收回的备抵"的估值账户需要以一种暂估的总付形式来呈现对应收的抵减。

折旧备抵的解释基本上都适用于无法收回的备抵，然而，所提及的这两种情况之间又有一些不同之处。其一，无法收回的备抵其最准确构成是基于期间信用销售总额的估计损失，而不是仅基于期末结余。其二，当折旧备抵趋向于显示稳定的累积时，无法收回的备抵通常将显示一个相对较小的余额。当信用或收款部门对每个不确定账户的状况做出决定时，备抵在每种情形下所涉及的数额减少，同时这些账户被注销，在临时性分录后，紧接着，这些情形被最终确定下来。

维修费的备抵是另一个有趣的实例。当希望摊派维修费用时，就产生了这个账户。维修费所产生的价值耗费可以被假定为，其正如不能通过保养所能避免的剩余折旧一样稳定地增长。然而，修理的实际费用可能是很不规则的，如果发生的修理成本均匀计入所需的各个期间，那么要左记适当的成本账户,同时右记维修费备抵账户。当已消耗的价值被实际的修理费用所补偿时,这种交易可以记为:左记备抵账户——临时抵减的撤销表明,价值的暂时终结得到了补偿——同时右记现金账户(假定现金已付)。显然,这种会计程序仅在所使用的会计期间很短,或者维修支出高度不均衡的情况下才具有重要意义。这种实例的独特性就在于,从定义上看,修理费用补偿了与一些资产单位相关联的部分价值耗费,并因此直接从备抵中予以扣除。显然,本质上属于"改良"的任何事项都不应该通过此类账户处理。

估值账户可能被用在与任何资产账户的相关联中。比如,由于盗窃或者其他原因引起的现金短款可以被临时性地显示在"现金短款"账户的右栏。当然,此类账户的使用并非出于其他目的,只是关注现金短款的事实,并且将这个事实排除在典型的现金减少,即支出之外。应当强调的是,估值账户无论在哪里被使用,都可以在那里根据与通常的资产负债表账户相关的已作强调的原则编制分录。不需要再做新的分析,资产估值项目自然将会出现在右栏,这是因为正的资产余额被列示在左栏,为了确定任何使用这种抵减账户的资产的正确状况,两个账户必须放在一起解读。

如上所述,估值项目可能同样会出现在与权益相关的账户中。因为权益的余额在右栏,其中的任何抵减无论是否在一个特殊账户中,都必须被记录在左栏。有时所使用的赤字账户就是一个与股东权益相关的抵减账户的例子。特殊的损失账户基本上与此相同。股票和债券折价都是估值项目,因为将在之后的几章中讨论对折价的细节处理,本章就暂不详述。

估值项目还出现在与流动性更强的分类相关的账户中。购买和销售的返还和折扣就是这样的例子。短期贷款折扣是另外一类例子。这些项目常被误解,在第十六章将对它们的特征作仔细的探讨。正如已经解释的那样,即使费用账户被认为是从属于收入账户的抵减账户,然而,由于费用分类内在的重要性,所以最好还是将费用视为一类独特的情形。

在实务中,左方估值余额表明了各种权益类别的减少,通常在资产负债表的资产项目间列示。州际商业委员会为铁路部门所规定的资产负债表显示了这种混乱。在资产方,真实的资产如"预付租金和保险费的溢价"与"股本折价"这种明显的权益抵减账户被划分为同一组,这是一种极其不合适的做法。如果权益的抵减由于某些原因希望延迟最终的撤销,每一种权益的抵减应该与和它相关的权益类别联系在一起,并列示在资产负债表的右方,否则,所有者权益会被谎报,资产会被虚增。

图 式 总 结

在总结这一章时,将会很方便地以图表形式展现此前所提及的 X 公司的各种账户,以及其中相关的基本交易。这些展示说明了所有的重要账户,同时也说明了阐释潜在恒等式的每个实例(及其中所涉及的分录)之间的关系。根据数据的基本分类以及商业企业的潜在状况,我们对复式记账体系技术组织的解释是基本完整的。显然,企业合约中产生的每一笔可能的交易都能根据已经强调的原则合理地加以记录和分类,而不是使用盲人拇指规则或者是谈话中的不合理数据。

图示中所使用的费用和收入账户被列示在权益一方的下边。正如第六章中已经解释的,这些账户与两种基础分类相关,但是因为它们的主要目的是披露净收入数据,那么用这种方式列示它们将并不合适。每个应付账款和应收账款账户没有被显示出来,虽然这种账户在实务中是需要的。应当强调的是,这种展示是高度假设性的,并不试图引入一家现实企业的历史细节。第五章中的说明性交易,就目前看来,与 X 公司相关的被忽略了,但是第六章以及本章中所给出的摘要数据已被录入了适当的账户和栏目中。此外,已假定应付工资①已通过 $15,000 现金予以支付,清偿后的应付账款账户的余额是 $4,000,所有的应计利息已经支付,收回的顾客账户余额为 $200,000,折旧已列示在此前提及的备抵账户中。

---

① 第六章中所使用的应付账款账户,在这一点被分为应付工资和应付账款。

X 公 司 账 户

资　　产		权　　益	
增加	减少	减少	增加
土　　地		**股本——普通股**	
$100,000			$20,000
		已宣告普通股股利	
			$20,000
建　筑　物		**股本——优先股**	
$200,000	建筑物折旧备抵		$200,000
	$4,000	**已宣告优先股股利**	
			$16,000
设　　备		**抵　押　债　券**	
$100,000	设备折旧备抵		$100,000
	$10,000	**抵押债券应付利息**	
		$5,000	$5,000
专　　利		**公　司　债　券**	
$100,000	$6,000		$100,000
		公司债券应付利息	
		$6,000	$6,000
组　织　成　本		**应　付　票　据**	
$25,000			$100,000
		应付票据利息	
		$7,000	$7,000

（续）

资	产	权	益
增加	减少	减少	增加
原 材 料		应 付 账 款	
$100,000 100,000	$150,000	$40,000	$100,000
现 金		应 付 工 资	
$75,000 50,000 200,000	$27,000 150,000 40,000 18,000	$150,000	$200,000
劳 务		销 售 收 入	
$200,000	$200,000	$425,000	$425,000
		销售成本	
		$360,000	$603,000
燃 料		费用和收入	
$5,000	$4,500	$360,000 65,000	$425,000
保 险		净 收 入	
$2,000	$1,500	$54,000 11,000	$65,000

(续)

资　　产		权　　益	
增加	减少	减少	增加
混合的物料和服务		盈　　余	
$20,000	$19,000	$10,000	$11,000
应 收 账 款		可能的报废准备金	
$375,000	$200,000		$10,000
在　产　品			
$395,000	$375,000		
完 工 产 品			
$375,000	$360,000		

　　经过上面图中所记录的一年以来的经营,通过收集所有账户的余额,X公司的全新资产负债表被编制出来。如下所示：①

---

　　①在这个列示中,没有试图以被认可的资产负债表的形式来排列账户名称,遵循了上面账户体系的排列顺序。

资　产		权　益	
土地	$100,000	股本——普通股	$200,000
建筑物	$200,000	已宣告普通股股利	200,000
减：		股本——优先股	200,000
折旧备抵　4,000	196,000	已宣告优先股股利	16,000
设备——总额	$100,000	抵押债券	100,000
减：		公司债券	100,000
折旧备抵　10,000	90,000	应付票据	100,000
专利费	$94,000	应付账款	60,000
组织成本	25,000	应付工资	50,000
原材料	50,000	盈余	1,000
现金	90,000	可能的报废准备金	10,000
燃料	500		
保险费	500		
物料用品及服务杂费	1,000		
应收账款	175,000		
在产品	20,000		
完工产品	15,000		
总计	$857,000	总计	$857,000

因此，一张初步的资产负债表看起来已经延伸至平行栏目账户体系中（资产、权益、费用、收益、净收入、盈余和估值），根据此前所讨论的原则，这个体系之后可能又会被还原为基本的资产负债表要素。

事实上，如果复式记账体系已经有了一个最终结论，而且这些结论有时与实践一致，那么现在就可以开设被称为"资产负债表"或"X公司财务状况"的账户。通过实际分录处理，所有的其他账户都会被并入总账户中。最后，在下一个会计期初，有必要再将总账户拓展至明细分类体系。这样，本质上，复式记账体系的过程就可以被设想成资产负债表一连串的延伸和收缩。

第八章 账户的类别

在上一章中,依据资产负债表的基本类别或者这些类别或正或负的特殊阶段,对账户进行了分类。换言之,每个重要的会计分类都被认为与不同的账户组别相关联。于是,我们有了资产、权益、费用、收入、净收入和盈余账户,每个账户都反映了确定类型的会计数据。

以下的分析特别重要,因为它为阐述复式记账体系中账户的性质提供了一个理想的基础,而在现实中没有哪类账户能够精确地符合这套标准。通常,实际账户并不会代表持续而纯粹的单个会计要素。在任何情况下,特定账户在不同的基本类别中存在交叉,必须要处理一些模糊的情形。而且,在定期结账时需要特殊类别的账户,以呈现此前未能确认的特定类别的费用和收入,以及通过复式记账法所进行的汇总和重分类。此外,为了试图解决一些管理上的具体问题,会计师发现,基于一些功能性基础来组织一套会计体系是可取的做法,尤其是与资产、费用以及收入类别相关联时。更进一步,其他各种虽不是基本的但却是非常重要的分类原则将在与财务报表的编制相关联时出现。本章将对有关账户分类的这些内容作简要探讨。

账户类别的交叉

正如此前已经提到的,企业所需的很多商品和劳务的流动性很强,如燃料、物料、人工、广告和服务等,仅能在短期内维持。相应地,在任何一项基本类别下记录这些项目的账户也不会持续存在。就投入这些留存在企业内部的生产产品而言，无论是半成品还是产成品，它们的价值都以资产的形式存在。但是，所使用的科目不再合适了，随着价值在工序上的流转，形式上的变化应该在变化时予以确认。

在商业领域，生产的技术过程很短，因此，发生的成本可以看成是销售成本或费用，流动资产和费用混合在了一起。事实上，很多商品和服务都像这样，存在的时间很短，以至于在获得时直接进入了费用类账户。即任一有价值的要素在获得时严格说来虽然是一项资产，但将其登入账户后——或甚至在这之前——很快就变成了费用。零售企业X为获得一项在周六的交易，购买了一项担保服务，假设X获得了与其支出对等的价值，那么，支出的$10将记入资产账户，这笔交易可以看成是资产价值互换。很明显，这项成本同样也是周六交易的一项销售成本，它是一项费用。因此，如果从这个项目的最终点来考虑记录这项服务价值的账户，那应该记入费用类账户。显然，在这个极端的例子中，我们可以将整个交易看成是销售的一项直接成本。从记账员的角度来看，对发生的成本和收入产生过程中服务的利用分别加以确认是不合理的。

因此，在以前章节的会计实例中，流动资产账户经常被认为是费用账户。如果商业企业将该账户中的所有项目都明确地确认为所获得资产的真实价值而非损失，而只有在销售完成时才确认费用，那么这个错误就不算严重。这种观点在特殊情形下是否正确，取决于我们正在谈论的账户的正常情况。比如，某个企业的燃料账户显示其购买成本为$500，库存检查时还剩$50，很明显，在这个时点上，燃料账户主要是一个费用账户，$450是对账户左栏总购入量的花费量(或者不再代表燃料，除非从费用角度考虑)，余额$50构成一项资产。两个项目都应放在左栏，但一个标题是不够的。此时，关于燃料的费用和资产的数据混合在了一起，为了正确地显示公司的财务状况，这两种数据必须区分清楚。

显然，我们必须时常对经济业务中的单个项目的性质与记录该项目的账户的特征加以区分。为了方便,对某个账户往往根据其中占主导的要素,或依据账户在会计期末主要数据的最终去向来对其定义或分类。因此,所获得的资产可以被记在"费用"账户中,这样称呼它是因为在期末,这个账户中的大部分数据都形成了费用。

反映企业永久资产的账户有时也存在相同的分类困难。比如,在特定日期,一个设备账户的左边余额为$100,000。但评估或仔细判断后发现这项资产的现值为$99,000,很明显,这个账户不再仅反映资产,费用要素也被包括进来了(假设这种贬值和现实销售相联系)。因为假设贬值是持续发生的,所以同时在账户中连续记录它们并不方便。因此,在实践中,所有资产账户最终都不仅仅只反映一类数据,正如燃料账户,在某一时点上,可以同时反映煤的消费和库存情况,所以设备或其他永久性资产账户也可以用混合的数据来反映其贬值情况和资产价值。

在实务中,有些账户同时记录了几个要素,因而变成混合账户。零售商的"商品"账户就是这种情况,这个账户汇集了资产、费用和收入。左栏用于反映商品进货(企业重要的"原材料"),右栏反映"产成品"的销售(零售商品)。即一栏反映资产,另一栏反映收入。当产品被销售后,左栏数字转化为费用。① 这里非常有趣的是,收入记录可以被认为是所控制商品的部分直接减项,因为它被记录在商品账户的右栏。尽管如此,这两栏数字的含义存在很大区别,一边反映的是成本价格,另一边反映的是销售价格。这种账户并不令人满意,但只要每项记录的位置适当,并且能清楚地理解左右栏的含义,倒也不会引起太大的混淆。

我们对一个账户记录多个要素的实例可能很陌生。事实上,上文曾提到,资产负债表本身就可以看成是一个反映企业所有资产和权益的账户。在独立的标题下,一级和二级科目分类被打破的程度主要取决于企业的规模和复杂性。将复式记账法应用于混合账户的结转方法,我们将

---

①这种账户将在第九章介绍。

在下章阐述。

接下来,我们将讨论在实践中遵循严密的逻辑对账户进行分类时会产生的问题。这种分类很难被严格且一贯地坚持,但这并不破坏我们所讨论的基本分类的意义。除了纯粹的理想主义者,谁也不能准确地遵循这个分界线。总是会存在一些联结处、模糊的领域和两个分类的融汇点。但是这些障碍并不破坏分类的价值,分类主要是出于便利的目的,如果一个专门的分组能够令人满意地服务于眼前的目的,那么这个分组就是适当的。有些目的有很明显的区别,有些则相似。人们常常对各种分界线是否合理产生争执,因为各种合理的目的都包含在其中,这一事实并未被人们所意识到。上面的讨论最重要的目的是对复式记账制度的理性解释,为了反映信息,账户很明显必须依据会计师所关注数据的基本分类来构造。

功 能 性 分 类

对资产账户的初始分类最方便的是根据拥有的建筑、商品和服务的种类来划分,于是便出现了如"土地""建筑物""机器""工具""原材料""保险"等账户,或者,在更精细的体系中,出现了更详细的名称,如"厂址""仓库""车床""第6号铸件""办公楼保险"等。州际商业贸易委员会在其权限下,对铁路行业的路与设备的投资划分给出了相当详细的分类标准,于是我们发现关于路的一般账户名称主要有"等级""地下动力管""隧道和地铁""线""铁轨""镇流器"等。

经常强调的划分资产的另一类方法则是根据作用或功能,这种出于管理目的的分类方式经常受到推崇,它反映了应用于每个部门或经营阶段的资产数额,还反映了应用于每种类型产品或服务所生产的资产数额。出于确定特定的工厂、部门以及生产过程等相对效率的目的,这种安排将有助于保护所获取的用于比较的数据。与之相关联,费用和收入账户的功能性分类就更显重要,相应地资产账户组能够促进这种安排。

比如，在某制造企业中，试图在一个特定的账户组中收集所有的资产价值，这些资产被用于技术性生产活动，而非管理和销售活动，那么，厂房、设备和材料必须被单独列出来，或者更进一步，实施分类计划，被用于特定产品生产的建筑物和设备等的价值可能被分离出来。显然，在许多情形下，后一种将很难合理地完成。将与若干种产品相关联的特定建筑物或其他资产的价值分配至不同功能的资产账户中，可能会或多或少需要合理的额外报酬。然而，这种分配对于使用相同的方法分摊折旧成本却是一项必要的准备。

应当强调的是，尽管已根据种类和用途对资产进行了完全的划分，但是在记录涉及的所有交易时并未要求适用新的原则，复式记账体系在复杂和简单的系统中都能加以应用。

上文已经提及，对费用和收入账户的详细分类非常重要，这是账户体系得到极大发展的重要方面。在复杂的企业中，仅仅在账户中正确地反映总费用和总收入是不够的（虽然在多数情况下，能否精确反映还令人怀疑），通过合并这些数据，获得企业净收入，通过比较本期与前期的收入、费用总额可以粗略评价企业效率。但是，任何规模的企业其管理部门在经营结束时还应该掌握比这更多的信息。每类资产、每个部门、每种生产过程、每个经营时期或每种产品的制造费用都应单独而清晰地加以反映。对于资产的类型，适合设置诸如"燃料成本""厂房折旧""设备维修""材料成本"以及"人工成本"等账户。与经营期间相对应的账户，从广义上来讲，就是"购买成本""制造费用""销售费用"和"办公与管理费用"。这种"主要的"或"直接的"成本以及"一般的"或"间接的"费用被普遍使用。产品的制造成本和销售成本被归集到以上这些账户或其他类似账户的组合中。

很明显，试图在不同的部门和阶段之间分配费用时，会产生一些内在的困难。比如，一个动力车间给办公楼和工厂提供电力和热能，在这种情况下，对这个动力车间的生产所耗费的燃料、人工以及其他成本在两个阶段间任意进行分配就是一个很棘手的问题。而且,对特定类型的销售过程中所发生的费用如何进行确定也是一个问题。许多流动服务和商品与固定资产一样,通常不仅仅只在一条生产线上使用。比如,某种特定类型的人工——或甚至是某个特定的工人,可能是在与若干种产品相关联时的不同时点被雇佣。显然,在对此类人工成本进行追踪时需要做大量的记录工作。当然,一般性项目如监测、保管和折旧等的分配会更加困难。

对成本会计问题的考虑已完全超出了我们的讨论范围。此处仅试图强调,将费用账户的一项功能性分类叠加在此前章节已强调的基本类别基础上的可能性。

收入账户的数量比费用账户少。几乎所有商品或服务的生产都需要相当多的商品和服务的投入。但是,在某些情况下,如果掌握了一些明确的原则,对一些收入账户的使用可能会令人满意。事实上,费用的归集是以收入的细分为先决条件,并依据销售的不同种类进行的。收入的分类在很大程度上就是记录问题,虽然将费用分配至特定的销售类别中会非常困难,但很显然,如果有需要,总收入数据几乎可以无限地被细分。销售与购买一样,都是明确的交易,因此,这些交易很容易通过部门、主要的方法或明细类别进行分组。这种分类的唯一局限在于其记录成本。

报 表 分 类

某些更深入的分类在会计报表的编制过程中也特别重要,应该在会计理论的阐述中予以介绍。虽然会计师和工程师对无形资产和有形资产的本质认识没有达成共识,但都认同这两者在资产类别中的区分比较重要。最合理的观点是将无形资产看成是非实物资产,如专利、租赁权、企业形象商标、著作权、特许权等以及其他权利或索取权,如有价证券和客户往来账。应收账款本质上和专利权一样是完全非实物的,有价证券,如股票、债券和票据也很难表述为实物资产,它们仅仅只是法定权利的证明。当然,凭证本身是有形的，资产仅由凭证来代表，但并没有包含在其中。① 实际上，现金在很大程度上也是无形的。公司的现金大部分都构成了各种银行存款，不再是有形资产，仅仅是流动性很高的可收回账款。即使手中的现金也可能主要存在于未兑现的支票和其他没有实际价值的金融工具中。但是应该注意，通常会计师将现金归于有形资产，有些人还可能将有价证券、支票和往来账归于其中，而将无形资产限定为以上所提及的最一般的项目。

通常认为，非实物资产应该在资产负债表中予以仔细标明并单独反映。出现这种观点的部分原因在于无形资产的易夸大性。不确定的无形资产主要产生于筹备、组织和发展的初期，这个阶段所涉及无形资产的一些专门问题，我们将在第十章中处理，企业的商誉以及相关的无形资产将在第十三章中作专门的探讨。

前文已经指出，价值是资产的本质。严格来说，会计师的资产就是附在某个建筑物、商品、服务、权利或其他情形中的价值。没有实物载体的价值与附在实物载体中的价值一样是真实的存在。虽然如此，尽可能地区分账户还有着重要的原因。

另外一种资产负债表类别将所有资产划分成"固定"资产和"流动"资产。这种区分已经在之前的章节中进行了介绍，这在会计上有着重要意义，在此我们有必要对其予以强调。哪些构成了一项固定资产和一项流动资产呢？我们需要注意四点区别（并不适用于每种情况）：

首先，注意它们在企业中的正常寿命期。固定资产通常能够在两个会计期间或更多期间在企业保持其经济特性（假定一个分期为1年），如耐用设备、防火建筑、融资租赁物以及长期股权投资。相反，流动资产通常存在于企业的时间要少于1年，最多2年，如燃料、文具、邮资、原材料、在产品、完工产品、应收账款以及保险。

---

① 以见票即付的有息债券为例，价值与票据相联系，一旦遗失，最初的票据持有者将损失这笔资产。

其次,关于流动性。流动资产可以很快变现,相应地,固定资产的变现则存在困难,或者只能以迂回的方式予以清算。我们同样引用上例,需要注意的是长期投资,如管理者本欲长期持有的债券,在必要的情况下,也可以很容易地转化为现金。而在正常情况下,一项应收账款必然能够很快予以变现(以其他形式支付的情况很少时)。通常,一项设备转化为现金需要很长时间,而且是间接的方式,只能通过将其生产的产品交换法定货币来实现。

再次,流动资产会很快转化为费用,而固定资产则需要经过多个会计期间才能被转入费用账户。这个观点仅适用于产品生产中消耗的(至少从经济角度来考虑)资产。证券、应收项目和现金一般不会变成费用,这类资产的消失是源于用它们交换其他资产或用于(以现金为例)收回权益。而机器的价值(除用于抢救的机器)会逐渐转化为费用。某些交易中,流动的物料和服务在获得时就可能构成费用。

最后,一项典型的固定资产,如一台机器,其整体就是被用于提供一系列相似的服务。经营者在购买机器时,实质上就是获得了大量的服务。不过,流动资产则是分期消耗的,如煤。固定资产不会一点一点地用完,每个阶段它的意义都是一样的,它作为一个整体持续使用,直到其效率降低到修复和继续使用已不再经济时。当然,如果我们采用足够长远的观点来看待,可以将其视为一系列特定机器的获得、经营和处置过程。然而,一个会计期间并不是10年或20年,并且无论如何,厂房设备类资产和原材料类资产投入生产时的技术过程也存在真实的差异。最后一点也同样适用于在技术过程中实际使用的资产。

在编制详细资产负债表的过程中,需要对流动资产和固定资产进行细分。固定资产可以分成四大类,即自然资源、车间设备、投资和一般无形资产(专利和租赁权等)。流动资产则可按"流动的""运转的"和"递延的"进行划分。现金、应收账款、有价证券和到期股票可被划为流动类。原材料和在产品是营运资产中的重要类型。预付保险和租金等需用服务而非现金支付来清除的项目通常被称为"递延费用"。

类似地,权益类——特别是含契约的权益——通常被分为固定和流动两类。期限是一个关键性衡量标准。已被讨论过的分类的重要原则都产生于此项类别。将所有的盈余账户都归入一组将是一个值得充分关注的问题。"应付"款项通常用于反映契约性的利息以及未到期的租金。使用商品或劳务而非现金予以清偿的债务有时被称为"递延收益"项目。

上面提到的资产负债表的补充组别只是代表了账户余额的归集,在任何情况下,这些余额有助于形成企业财务状况的重要信息。显然,与此前所讨论的分类一样,这种分类与此前章节中所强调的会计结构原则并不矛盾。一定时期内发生的所有经济活动一旦记入了合适的账户栏目和科目下,大量的分类和再分类就可以实现,且不会破坏基本等式,也不用引入新的程序性原则或规定。

第九章　定性分析与特殊情形

此前已经讨论了会计师所关心的各种重要类型数据的性质、对应的账户组别的结构,以及复式记账原理在企业中出现的各种主要业务中的应用。不管怎样,如果要完善对现代会计理论的研究,我们还需要注意几种例外情况,其中更重要的情形会在会计期末的分析过程中出现。

要解释记账员在结算平行栏账户时所采用的方法有些困难。在会计期末编制的平衡及汇总分录常常会被误解。此时,会计人员会试图将整个体系再次分解至最基本要素,将该情形下的财务数据再次转换成资产负债表形式。对这些程序缺乏合理的解释,作为替代,应用中会更多地使用经验法则。

此处并不打算对结算账户的技巧做任何深入的探讨。有关记账程序的探讨——在记账、过账、结算或结账时所使用的方法和形式——全都不在本书的计划范围之内。不管怎样,本书尝试通过对一些情形的探讨,来揭示记账员的程序,希望对其每一步骤都能做出合理的解释,保证每条平衡及结算分录与此前已强调的记录商业交易的安排完全一致。此外,还将对一些杂项交易,包括可能遇到的特殊困难,做一些简要的说明。这些情形的解释,也针对此前已作描述的原则提供了额外的检验。

结算流动资产账户

我们首先考虑流动资产账户的情形,比如燃料。假设在年底时,B公司的燃料账户左栏金额合计为＄5,000,并假定没有煤耗的记录——右栏无进账。现在,一项存货记录表明现有燃料存货实际为＄1,000,如何处理这种情形呢? 在此期间,已经确认了对燃料状况有影响的几笔显性业务,没有任何煤耗记录(经营时的价值转换)一直保持着。因此,燃料账户正如其呈现的,简单地列示了购入——本期购入加上前期余额,如果有余额的话。此时,燃料账户的性质还不明确,余额显示为＄5,000,但其中仅有一部分仍然是作为一项资产的燃料。记账员现在面临的任务是将这一合计额分解至其基本要素中,显示现有燃料的正确价值,并对已消失燃料的金额做恰当处理。

在这种情况下,记账员所采取的步骤将会(或应当)取决于对燃料账户的理解。如果他从现有余额的角度来定义这个账户,也即认为这是一个资产账户,他将会在账户右栏记入＄4,000(已耗数),并同时在一些费用账户左栏以相同金额入账(假设此次耗用同本期销售有关)。① 在结算后,燃料账户如下所示:

	燃	料	
	＄5,000		＄4,000
		(存货)	1,000
	＄5,000		＄5,000
(存货)	＄1,000		

对这项结算程序需要做一些评论。记账员首先在右栏登记了存货数(两边的不同),由于已记录了煤耗总额,右栏的结存数显然不能作为资产的一项扣除,应对其作何解释呢? 这一步骤说明了记账员所采取的特殊的

---

① 如果这次耗用的一部分在交易中以在产品和完工产品的形式被视为静止的,这些数额当然应记入合适的资产账户。转化成费用的数额将首先在像燃料费用这样的特殊账户中登记,然后转到像制造费用这样更一般的账户,最后在收入费用类汇总账户中进行结算。每个企业的性质及管理的需要将决定下一个特殊的步骤。显而易见,所有这样的转换分录都是在没有引进任何新准则的情况下进行的。

扣减方法。他现在的任务是反映当前燃料账户的正确状况。如果所有的交易,显性的和隐性的,都已经做了记录,当前账户的状况就被两边的差异,即资产的增加总额与减少总额之间的差异所显示。记账员在对两栏合计时,没使用以大数减小数的惯用方式,而是增加较小一边的数值直到两边相等。在余额下画一条单线,将余额和增加数相加以核对所做的工作。在两边合计数下分别画双线表明计算完毕,余额记在左边双线下边(事实上它也本应在此反映),这就抵销了右边的余额分录,同时只用一个数字表明资产的状况,因而对两个存货分录账户的最终影响为零。以这种方式入账,用一个数字就可以反映账户的实际结存数。①

而如果将燃料账户看作一个费用账户,结算步骤将有些不同。在这种情况下,第一步将是把资产余额$1,000转入某个资产账户。如果有几个小额资产项目,出于资产负债表的目的,没有必要对每一项分别予以确认,这时可开设"杂项资产"账户来反映杂项资产的结余。在燃料账户右栏记入$1,000(资产减项),在杂项资产账户的左栏有必要对应入账。接下来,②需将费用余额转入(最终的)汇总的费用和收入账户,在燃料账户的右栏记入$4,000(某一账户的费用减项),在费用和收入账户的左栏记入相同数目(另一账户的费用增项)。这时燃料账户将没有余额,如下所示:

燃 料	
$5,000	$1,000
	4,000
$5,000	$5,000

这一简单的说明足以揭示出,在分析流动资产账户或是包含少量资产要素的费用账户时所采取会计程序的实质。

---

① 在这个简单的例子里,余额不需要计算就可以得出。不管怎样,在实务中,一个账户的每一栏经常要反映许多单个分录,因此计算实际的差额实际上是一项重要的记账工作。
② 这些步骤的顺序并不重要。

结算人工账户

正如本书已经多次强调的那样,一旦人工服务被接受,那么它就形成了一项有价值的事项,初次记录这种服务的账户相应被视为资产账户。然而,在实务中,特别是在贸易领域,通常还没有一个账户对这种流入企业的价值进行记录,除非款项已经支付。换言之,人工账户在会计期末很可能只简单地反映了应付给雇员的期间报酬总额。这一账户的性质与费用账户很接近,但是在确定这一账户在资产负债表中的重要性之前需要对其进行调整。

为了阐明这种情况,我们假设一个贸易企业 A 公司已经营了一段时间,工资单上记录的耗费为 \$5,000。为了方便,进一步假设购置的所有人工直接用作销售服务,从而在获得收入后,这些人工就直接构成了费用。期末,相应地,没有调整的人工账户左栏总额为 \$5,000。现在,我们假设在此期间 A 公司已经获得了价值 \$5,500 的人工服务,由于款项还没有支付,所以 \$500 没有入账。换言之,由于服务实际已经提供,A 公司欠雇员 \$500,那么该如何调整人工账户呢?

这一应计款项的重要性在于其两方面特征,它对账户有两个不同方向的影响。一方面,它反映了这一时期发生的人工成本已确认到期,人工服务已购置并使用了 \$500 的服务,而此项服务的报酬还没有支付,因而雇员拥有公司 \$500 的债权。换言之,公司以赊账方式购买了价值 \$500 的服务。就所关注的账簿而言,这种信用购买已经被暂时忽略了。① 公司接

---

① 像这样不精确的会计处理是很普遍的。然而,在试图采用相当完全的成本会计的制造企业中,并不考虑应付款的期限,人工服务很快就能够获得。当然赊购一般的服务是很平常的经济业务,正如基于信用基础而忽略商品获取一样,忽视这样的业务也是很不合理的。除了类型差别外,从记账员的角度看,这两种业务的本质区别在于,人工服务是从数以千计的雇员所组成的小单位里获得的,而商品的购买则是从更小的债权人清单所组成的数量相对更少的特殊发货单中获得的。

受了价值,相应地发生了负债,从而影响了等式两边。

如果 A 公司的记账员为了方便,采用单一人工账户来反映应付款项、应计工资、人工费用,在结算后,账户将显示如下:

	人	工	
	$5,000		$5,500
(存货)	500		
	$5,500		$5,500
		存货	$500

怎样解释这一步骤呢？第一步是确认发生的额外成本。通过在人工账户的左栏记入 $500 即可完成,对应的右栏呈现的是被暂时递延的负债。下一步是将人工总成本 $5,500 从人工账户转入费用和收入账户(或其他合适的账户)。两边合计,画上双线,最后,右栏结余的 $500 反映了尚未确认的当前权益,这就完成了这笔应计业务的记录。人工账户现在代表一项负债,类似于商品债权人的余额,这一账户还可以分别代表已付工资、人工成本和应付工资。

在这个例子中,应计账目 $500 不仅仅是结余数据,它还表示一项实际的经济业务——赊购价值 $500 的人工服务。账户左栏增加人工成本直到合适的数值,右栏反映了实际的负债。如果开设一个实际的负债账户,这笔交易的性质将会得到更为清晰的呈现。比如,假设使用一个专门的工资账户来反映负债余额,在这种情况下,和前述人工账户一样,在工资账户左栏记入 $500,使左栏和右栏的合计数相等,最后,依照上面所说的那样,对人工账户做进一步的结算。

如果能发现这些程序对下一会计期间产生的影响,我们就能看清这些程序的本质。在接下来的会计期间,发生的人工支出还要记入人工账户。假设首先接触的是应计工资,从下一营业周期来看,相应地,右栏的 $500 实质上冲减了夸大的成本,注销了现时人工支出的一部分,而这部分人工支出是在前期取得的赊购人工,且已经包含在人工成本中。这一余额还暂时代表了一项负债,其后它形成了一项成本调整项目。如果在接下来的会计期间没有出现应计项目,这个余额将再次形成一项应计余额,正确的人工成本将依然会呈现出来。如果我们使用应记工资账户,显然有必要调整人工账户,将这部分负债转回到人工账户中。

对于这种情况当然还有更详尽的处理方法。其中一种是使用三个(或四个)不同的账户,已付工资、已发生的人工成本(如果有区别,销售账户的人工成本同样可以)以及应计工资。这种情形将涉及更多的分录,但它们实质上也是遵循刚才讨论的相同程序。正如上面所阐述的,最恰当的方法莫过于记录已获取的所有服务的价值,并反映对应的负债,工资支付则代表这些权益的清偿。

总之,确认与财务报表相关的应计工资(或其他类似地应计项目)有着实际意义,我们应该重视这一点。显然,除非在期末考虑这些项目,否则成本将难以得到正确反映,相应地净收入也会或多或少地发生误报。即使在特殊情形下,支出恰好等于人工成本(由于期初和期末应计项目的巧合),从而应计项目被忽略不会对净收入产生影响,但从资产负债表的角度来看,反映这些应计数目仍然是很重要的,否则将会低估流动负债和流动资产。

混合商品账户

前面两节讨论的账户在很多时候并不只反映一个要素,显然,从这个意义上来说可以将其称之为"混合账户"。然而,在每种情况中,都有一个主要要素支配所涉及的商品或服务的成本。用来同时记录多于一种数据的其他账户具有更特别的混合性,充分讨论的一个例子是所谓的商品账户,它用来登记购买、销售以及——时不时的——商品存货,斯普拉格已经详细讨论过这样的账户,但是仍有一两点需要我们稍加关注。

假设 B 公司使用单一账户反映刚才提到的三类业务。在公司的第一个会计期间,购买总额为$50,000,将这一数目登记到左栏,销售额达到$60,000,记入右栏。期末库存表明库存有价值①$5,000 的商品。在这种情况下,在商品账户的左栏记入$15,000,在汇总的费用和收入账户(或其他合适的中间账户)右栏对应入账。在商品账户右栏双线上结余$5,000,和左栏双线下的余额相对应。在结清后,账户如下所示:

商　品

$50,000			$60,000
15,000		(存货)	5,000
$65,000			$65,000
存货 $5,000			

　　如何恰当地解释这一程序呢? 首先必须清晰理解的是,当买价和销售额在单一账户的左右栏反映时,从账户角度看,两种不同类别的数据,也即成本和收入能够得到确认。我们在某一边记录了原材料的购置,在另一边,我们能够找到产品的销售额(总收入)。在交易发生时,从物理角度看,货架上的货物和家庭主妇在门阶上的货物,本质上是相同的,这似乎有一定的道理。但是这里会计师必须采用经济学家的观点,中间商发挥了明显的促进作用,和制造业一样,零售业也有"生产程序"。对会计师来说,原材料和"完工产品"无论在何种情况下都是有区别的。因此,和其他领域一样,在贸易领域,我们最好使用分类账户记录成本和收入。

　　然而,如果将购买和销售的数据放在一个账户,这就意味着,随着商品在销售过程中被消耗(也即当商品被销售时),价值变为一项费用,②

---

　　①我们将不会考虑这一价值的确定问题。通过对商品定价的充分研究,读者将会自己得出结论。

　　②制造商趋向于将他的"费用"定义为所有销售的生产成本而不是商品成本。这一观点与混合商品账户的使用是相一致的,而商品费用容易被这样的实务所模糊。一般说来,将费用作为销售的总成本更容易被会计师接受。

如果要确定净收入数据,销售收入的成本,必须从总收入中扣除(与其他费用一起)。显然,从这个角度看,销售商品的生产成本作为总收入的一项费用更为合适。因此,在上面的账户中,在会计期末,像外购商品这样代表费用的项目已经抵减了收入,不需要再转入其他账户。忽略了库存商品的成本,账户则成为部分收入和费用的汇总账户。从这个角度看,其结算或结余数据显然是总收入减去作为一项中间收入项目的商品的生产成本,当然,在最终的净收入数据被确定以前,所有的其他费用都必须被扣除。①

这一期间的商品费用显然等于期初余额加上购买商品成本,再减去库存商品的价值。对于上面的例子,也即$50,000减$5,000即$45,000,从总收入中再扣除这一数据就得到$15,000,这$15,000为中间收入数据,必须转入最终的费用和收入账户。显然,不借助会计技术也能够很容易做这个计算。但是,记账员仍然面临这样一个问题,如何在一个包含资产余额的账户中记录对收入和费用的适当影响?购买和销售之间的差额正如所给出的为$10,000,如果所有的货物都处置掉,这将是正确的中间收入。相应地,记账员在商品账户的右栏入账$5,000来抵销将要夸大的费用,这一进账将抵减左栏包含在总额中的资产数。既然资产减项必须记在右栏,结存记录整体上也是合理的。现在商品账户反映在右栏的余额为$15,000这一正确数据,上面注明的报账单将把这一余额转到一些特殊的或汇总的收入账户。必须强调的是:左栏$15,000的进账不是左栏已经出现的总额增加,而是作为中间收入抵减右栏出现的数据。

在账户汇总完毕并画线后,记账员在左栏记入存货结余,将商品账户

---

① 运费、处置成本、收益印花等都包含在买价中,从这方面看,商品费用不仅仅是发票价格。逻辑上,除了那些与销售密切相关的费用外,所有商品的价值和交易方所使用的人工服务将计入商品(交易者交易过程中的货物)。不管怎样,在实务中,试图包括每一项是不现实的。在这里销售活动占了主要部分,因此,将多数"制造"费用直接计入销售额是合理的。

恢复到作为资产账户的状态。换言之，暂时作为减项的资产余额，现在回到了它合适的位置。

对购买、销售及期间存货使用单独的账户进行记录，比刚才讨论的方法使用得更为普遍。不管怎样，根据复式记账原则，我们可以合理地利用这样的混合账户。只要正确理解各个项目，保持左、右两栏的恰当关系，还是能够得出正确的结论。

结算租金账户

作为对结算过程中复式记账应用的最后说明，我们将讨论复杂的租金账户。假设 B 公司在一栋租来的建筑物中营业，每月付 $300 租金，一楼转租给 C 公司，每月收取租金 $100。租赁的整体情况由 B 公司的记账员在一个单一账户中记录。在期初，这个账户的左栏余额为 $300，右栏余额为 $100。假设这些数据分别代表 B 公司预付给 A 公司(楼主)的租金和 C 公司预付给 B 公司的租金。第一个数据代表一项资产，它是 B 公司对出租人提供服务(非现金)的一项要求权；第二个数据代表一项负债，它是 C 公司对 B 公司提供服务的一项要求权。当 B 公司拥有其所付租金的建筑物的使用权时，对资产的要求权终止。当 B 公司将这项资产的一部分提供给第二个承租人使用时，负债消除。在这期间，B 公司依据租赁合同付款 $3,000，同时收到 C 公司款项 $1,000。在期末经转账时发现 B 公司欠 A 公司 1 个月租金 $300，而同时 C 公司欠 B 公司 1 个月的租金 $100。这再次给出了和这个账户相关的应计资产和应计负债，尽管在这种情况下，应收款项(对 C 公司的一项债权)要求用现金偿还，而应付款项(欠 A 公司款项)构成一项负债，要求用现金支付。①

这种情况在结算后，B 公司的租金账户将反映如下：

---

① 显而易见，两种资产和两种负债有可能与这一安排相关。

	租	金	
资产	$50,000	负债	$60,000
	3,000		1,000
	300		100
			2,400
	————		————
	$3,600		$3,600
	════		════
资产	$100	负债	$300

如何解释这样一个步骤呢？最初的资产项目＄300代表了预付给A公司的1个月租金，显然，这将会变成实际发生的在月末时的租金成本——也即所获取服务的价值。从接下来会计期间的角度来看(付款后的期间)，相应地，我们仍然可以将这一项目保留在租金账户的左栏，如果我们现在考虑到它在这一栏能起到反映租金费用这一主要功能。类似地，最初的负债项目(预付给B公司的款项)，在B公司提供对应这笔款项的服务时，将会变成真实的收入，如果它在右栏的主要目的是反映租金收入，我们有理由将这一余额保留在右栏。假定涵盖了在此期间所获取的建筑物服务，应付给A公司的款项在左栏入账；假定代表了大部分的房屋服务销售额，现金收讫额在右栏入账(当然需要同时在现金账户入账)。

但是现在，记账员发现已经接受了1个月的服务(尽管没有支付服务款项)，而没有做任何记录，同时已经销售了1个月的服务(尽管没有收到服务款项)，也没有做任何会计确认。显然，为了及时转账以同时反映所有应获得的价值和应赚得的收入，必须在左栏记入＄300来表示已获取的价值但不记账，同时在右栏记入＄100来表示已销售的服务但同样不确认。现在，左栏显示总额为＄3,600——一年所接受的房屋服务价值，右栏显示为＄1,200——同期销售的房屋服务价值。假设在此期间所接受的房屋服务价值终止，这一年的销售生产也终止，①加总两边反映B公司的净租金

---

① 对制造企业而言，这一假设不可能是绝对正确的。

成本为＄2,400。在租金账户右栏记入这一数字(作为这个账户反映的净费用的减项)，然后将这一余额结转到费用和收入账户的左栏(或其他合适账户)。最后，由于已接受服务而没有支付费用，因而有必要反映这一已发生的负债，相应地，在右栏合计数下记入这一数据。账户的右边现在明确反映了一项确切的负债，一项特殊的应付账款。同样，在左栏记入从C公司应收回的租金数额，账户的左栏现在登记了一项资产。

观察这些辅助分录对接下来的会计期间结果的影响是有趣的。可假定，收到的第一笔租金将构成对C公司应付款的收回而不是一项收入，相应地，这一资金余额将抵减夸大了的收入，换言之，从下一会计期间租金账户的贷方来看，这一资产余额将仅仅是一项资产的递减款，而不是一项收入。同样地，负债——A公司应收的租金——也将假定随着下一期第一笔款项的支付而清偿，换言之，下一期间租金账户左栏借方的这一负债余额将构成一项负债的抵减项，而不是另外接受服务的成本，因此，这一负债余额恰好抵减了夸大了的成本。

这并不表示这样一个复杂的账户是一种理想的模式，我们应避免使用冗繁的账户。为了将数据表达清楚，我们需要使用几个不同的账户，在这种情况下，更恰当的方法是，在诸如"接受房屋服务"账户中记入每月(或其他期间)接受服务的价值。类似地，在另一账户登记每隔一定时期的房屋服务销售额。同时，我们应该设立既反映对A公司的负债又反映对C公司负债的账户，当款项支付或收到时，流动负债和流动资产各自消除。如果我们在期末采用这一方法，账户将显示如下：①

已获取的建筑物服务		A公司——应付租金	
＄3,600		＄3,600	＄3,600

---

①严格来说，正如为会计期初假设的一样，还需要两个其他的账户来记录结余数，如"A公司——预收租金"和"C公司——预付租金"。

C公司——应收租金		A公司——应付租金
$1,200	$1,100	$1,200

通过上述方式所进行的结算,仅在于将费用和收入项目进行结算和转账至一个汇总账户。

不管怎样,正如前面所强调的,如果能正确理解各个项目且注意栏目的合理分配,根据前一章强调的原则是可以处理这些混合账户的。小公司经常使用"利息和折旧"账户,这是与我们一直讨论的混合型账户非常相似的一个例子。

一些杂项情形

本书并不试图阐明本项研究中所强调的原则在公司实践中的每一种情形下的应用,这些原则的可靠性已经在所有基础类账户和经济业务中得到了充分的检验。不管怎样,在总结本章时,还将对一些杂项业务作简单的说明。

债券溢价和递延收入

溢价发行债券或其他契约性证券将引起一种有趣的情形,而会计师对此并未有充分的理解。在这一点上,应强调一两个基本概念。在这种情形下,发行公司收到的真正的账面价值总额,是以现金或其他资产的形式构成的有效初始资本金。这个总额与整个证券期限内付给投资者的所有款项合计数之间的差额构成总的利息或收益。因此,当溢价发行债券时,公司实际收到的总额只是本金和初始时会计师应当确认的负债。在这种情形下,到期支付的总额与初始投资额是有差异的。会计师的责任是以下面的方式来处理这种情形,即保持债券期限内每一净收入数据和每一资产负债表的完整性。

假设 X 公司发行期限为 20 年的债券,每半年支付价款 $4,000,到期要求支付 $100,000。假设公司收到 $123,114.77,以利率 6% 为基准。为了方便,假设债券发行日为会计期初,每 6 个月结算一次账簿并编制财务报表,这样,第一笔付给债权人的款项将在净收入账户(或合适的辅助账户)的左栏入账 $3,693.44(本金为 $123,114.77,期限为 6 个月,年利率为 6%),在债券负债账户左栏入账 $306.56,①同时在现金账户右栏也入账 $306.56。也就是说,由于投入的本金要大于到期支付的款项之和,显然,其中的差额将以每半年付款的形式退还给投资者,同时假设在整个期间,退还的款项与初始账面价值保持一致是完全合理的。因此,在债券负债账户左栏入账的 $306.56 是一项权益扣除,而与净收入账户没有任何关系。

不管怎样,通常或至少按一般理解,我们将溢价视作一项"递延收入",它将逐步转化为收益。而将整个应付款项都视作一项收益的扣除。当这种处理方法对最后的净收入数据没有影响时,虚报收益账户两边的数据也是无用的。需要强调的是,反映辅助账户数据诸如收益和其扣除项的完整性是非常重要的。以上阐述了正确处理债券溢价的方法。

真正的"递延收入"产生于顾客在没有收到商品和服务时就提前存入现金,这类经济业务多发生在一些零售业、娱乐业、交通业、保险业及其他领域。比如,Y 公司经营煤炭零售,收到 Z 客户为 3 个月后运送的煤炭所支付的 $200。显然,记账员将记录这一经济业务,在现金账户左栏入账 $500(增加资产),同时在 Z 账户的右栏入账相同的数额(增加负债)。当发出煤炭时,在负债账户的左栏入账 $500,同时在收入账户的右栏以等额

---

① 如果面值和溢价需要单独反映,将在一个特殊的债券溢价账户记录这一分录,分开面值和溢价的唯一原因是溢价代表一项负债,这一负债将会逐渐消失,而面值将作为一项单一应付款在到期时终止。参见第十七章,假使真实本金和面值或票面价值在开始时存在差异,从会计的角度讨论什么才构成有效负债。

入账,这意味着当产品取代现金时,负债消失,因此,实际上必须将负债数值转入账户。不管怎样,这种情况完全不同于债券溢价的处理。

年金分析

当一笔明确的付款或收款必须被分成一边为纯资产负债表业务,而另一边为收益业务时(当然是间接影响资产负债表),会出现其他几类情况,年金支付就是其中重要的一类。比如,我们假设 X 公司获得一项价值 $73,600.87 的专利,作为对应付总额的替代,分 10 年每年支付给投资者 $10,000,利率为 6%。假设款项均在期末支付,并在 X 公司的账簿上入账以反映返还本金和支付净收入之间的合理分摊。

如果专利在期初就被担保,那么将在专利账户左栏入账 $73,600.87,同时在投资者账户以等额入账来记录这笔原始业务,①最后将在"应付年金"账户进行反映。年底支付第一笔款项时,在净收入账户左栏入账 $4,416.05(本金为 $73,600.87,利率为 6%)来反映流动资金中实际支付的款项,同时在应付年金账户左栏入账 $5,583.95(初始负债的部分终止),另外在现金账户右栏以等额入账。随着时间的推移,显然,由于本金的减少,固定付款中越来越大的部分将是资本的返还。

股票认购

当公司收到股本认购款时,一项难以解释的交易发生了。我们习惯将认股款作为正当应收款,一项与期票同等重要的资产,相应地,将款项记在"认股款"账户的左栏,但同时右栏应该怎么登记呢?通常在"已认购股本"账户的右栏记入同样数额的款项,该账户被视为记录公司的"负债"或发行

---

① 有效的流动负债不多也不少,正好是实际的投资额。投资者给公司投入价值 $73,600.87 的专利,因此获得与这一数目等值的一项权益(至少从公司账簿的角度来看)。事实上,公司许诺支付 $100,000 的交易额,但认为这就是正确的流动负债却是荒谬的。有人也许会得出这样一个结论,即发行债券时,流动负债就是债券面值加上整个合同期间每半年应付款项的总和。

股票的义务。显然这是一个非常特别的负债或权益账户,它不像平常的账户那样记录为货物、服务或资金所支付的款项。对这种账户最合理的解释是,它是认购者通过公司以自己的认购款来呈现他们所享有的权利。

当认购款转化为现金,且流通在外的股份取代临时性"负债"余额时,显然资产和权益已明确。在这种情形下,当会计师试图用常规的复式记账形式来反映某一特定的中间步骤时,而该步骤并不具有明确的资产负债表意义,困难就出现了。毫无疑问,股票认购会合理地被记录在财务账户中,在反映商业企业财务状况时会出现许多情形,这些企业正如第二章中所提到的那样,它们缺乏明确的资产或权益意义。

广告准备金

我们将进一步考虑另一种情形,在这种情形下,采用较短的会计期间,以"准备金方式"分摊某一特定的费用。这种方法整体上与诸如维修费、广告费这样的成本相关。比如,假设一家制造业公司花费大量资金在杂志上登广告,每个月都结算一次账簿并编制财务报表。显然,定期的广告成本(广告在很大程度上通过影响零售额来体现)不是一项与特定销售相关的费用,而纯粹是一笔任意款项。在这种情况下,假设1年的广告费以月来计是非常合理的,换言之,每月的销售额是1年广告支出总额的1/12。①如果坚持这一假设,为广告费开设调整或准备账户,在实际广告费不固定时将会是非常便利的。

在这种方案下,每月将1年广告项目结算成本的1/12转化为费用,并将其记入"广告准备金"账户的右栏。其后,当广告费用实际发生,也即提供广告服务时,将其发生额记入"广告准备金"账户的左栏,同时需要在合适的负债账户(如果现付,在现金账户)的右栏记入对应的金额。

---

① 当然,有人也许会认为,1921年的所有广告成本与1922年的销售额有很大的关系。在某些情况下,这无疑是正确的,但是作为一个规则,对于会计师而言,从这一观点出发开始他的分析是不明智的。

如何解释在广告准备金账户所做的初始分录呢？既然一开始就没有放弃任何资产,这个账户就不表示资产的扣除,同时由于没有负债发生,因而它也不代表任何负债。严格来讲,它表示部分剩余权益,一项真正的盈余。从长期视角来看,这个账户的任何余额也不表示收益,因为在其他期间发生的超额广告成本并不在此账户中反映。因此,如果在第一个月发生的实际广告成本比1年所结算成本总额的1/12少了＄1,000,那么这个月的净收入在某种程度上将会被低估。如果在第二个月发生的实际广告成本比固定的备抵额多了＄500,这一余额将冲减在广告准备金账户中由上月分离出的收入。广告准备金账户的右栏余额度量的是,被最后的收益账户所扣除的收入,该项收入用于抵销以后期间可能发生的超额成本。

需要再次强调的是,这类核算的大量延期是不合理的,每一期间应尽可能地表示它自己的合计数,利润不应该靠虚报费用来平衡。不管怎样,从实务角度看,这种分摊分录的核算方式在处理特定种类的成本时有其合理性。

其他的许多有趣实例也会进行探讨,无论如何,就目前而言,本章此前的讨论以及以前的章节都将会被认为是这本书之前所提出的复式记账体系原则的恰当应用。

第十章 借 与 贷

在实务中,我们称账户的左栏为"借"方,右栏为"贷"方。类似地,借方栏分录称为"借项",贷方栏分录称为"贷项"。将某一项目记入借方栏,即借记该账户,将某一项目记入贷方栏,即贷记该账户。这对于分类商品目录表有何潜在意义呢?在现代会计中引入"借"和"贷"有何意义?在借方栏列示资产余额,在贷方栏列示权益余额有内在原因吗?

斯普拉格和哈特菲尔德认为,实务中使用这些表述实质上只是为了表示左、右栏,并无其他含义。换言之,借和贷是用来表示两栏空间关系的习惯标识,其实用"左"和"右"会更好,本书也将坚持用"左"和"右"的表述来解释给出的会计结构。不借助这一技术性表述,也可以合理解释所有主要类别的数据、所有主要账户以及所有重要业务,可根据登记在平行栏账户的数额变化来描述整个系统。

然而,许多会计学著作的作者在解释复式记账时,试图强调"借"和"贷"术语的本质意义,为了努力解释记账员的各种步骤,人们设计出了许多巧妙的借贷规则。笔者认为这些努力全都白费了,得出的规则也是误导且并不恰当的,这种研究方式已经阻碍而不是推进了会计理论的理性发展。不过,借贷规则却得到了广泛的认可和使用,在结束第一部分以前,有必要了解一下这些规则重要的应用。

债务人—债权人的解释

在试图解释账户的复式记账关系时,人们总是努力强调"债务人"和

"债权人"这一组词汇分别对现代账户中所使用的"借"和"贷"这一组术语的重要性。从词源学角度来看,无需质疑它们之间的关系。早期在财务报表中对它们的使用(在票据构建中仍然普遍使用),极有可能用借和贷的缩写(Dr. 和 Cr.)来分别表示债务人和债权人。在所有的人名账户中,也即代表商业企业和企业外部个体或其他商业实体之间关系的账户中,这些表述的部分方面被加以运用。比如,下面呈现的是假设的某客户 Y 与 X 公司有关业务的账户:

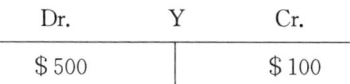

记入在借方栏的金额 $500 代表的是该期间 X 公司对 Y 所拥有的累积总债权,它度量了 Y 对 X 公司的债务,Y 负债,是 X 公司的一名债务人,其数额借记在他的账户上。而记在贷方栏的余额表示 Y 支付的金额,相应地,必须贷记他的账户,从这些数额来说,他又是债权人。

不管怎样,结果并不是很准确。对于出现在他的账户借方栏的余额数来说,Y 是 X 公司的债务人。但是严格来说,只要贷方余额少于借方余额,他就不是债权人。更准确地说,在这种情况下,贷方余额只代表债务总额的部分抵减。

类似地,对于 X 公司的商品债权人 Z 的账户,假设贷方栏金额代表 Z 已获得的对 X 公司赊购货物的债权,在这一栏的任何余额都代表一项现实权益,一项负债,Z 作为债权人对应的金额。但与这些债权金额相对的债务不会使 Z 成为债务人,直到这些债务超过原始的贷款,将这样的借方余额视为因购买货物而推迟付款所发生的流动负债的抵减项更为准确。

对于代表一家特殊企业、其他个人和工商企业的所有账户,我们可以作相同的分析。在某种意义上,所有的公司权益、公司业主权益的所有阶段都代表了债权人,所有赊欠企业任何有价值事物的个人和企业均是债务人。不管怎样,正如刚才说明的,这些情形实质上就形成了借方余额和贷方余额。资产要求权的扣除项是贷方金额,同时也是债权人账户的增加项,但这两者并不是同一回事。

对于为什么债务人的余额在左栏反映而债权人的余额在右栏反映,这有任何理由吗?表面上好像没有,相反的顺序本质上也是同样适用的,像前面提到过的,英国的资产负债表实务确实遵循的就是相反的顺序。

因为债务人—债权人的分析应用不广,它在阐明复式记账的复杂性上有很小或几乎没有作用。依靠我们丰富的想象力,假设可将它应用到代表对其他公司实体债权或权益的所有资产负债表权益账户和所有资产账户中。但是不管我们多么巧妙地采用术语,并不断变换我们的视角,我们都不能说债务人—债权人的分析对所有其他资产账户、收入和费用账户、净收入账户及盈余账户都适用。稍后将会指出,借贷规则有时是很先进的,也就是说它有一些应用,但显而易见的是,这种规则只是纯数字性的。现金、发电厂、商品等并不代表企业的债务人,它们是企业拥有的完完全全的资产,不表示对个人或企业关于金钱或其他价值合法的债权。

责 任 规 则

借助一套账户人格化和商业企业观念荣誉化的体系,人们有时会试图对债务人—债权人分析加以修正,以应用到有形资产账户中。通常在大企业中,一些管理者和雇员掌管着每一项重要的资产,这一事实使得上述方案看似有些道理。收银员负责现金、商店店员负责商品、工程师可能负责发电厂等,因此,每当借记资产账户时,即表明人格化的账户或与此项资产紧密相关的雇员就成了企业的债务人——或者说是负债的——对分录中的金额而言。借记现金意味着责任已经由现金账户、取款机或收银员所承担。某一价值已经委托给了某个设想的或者是真实的个人,这个需要视具体情况而定,因此,就产生了债务人关系和借记分录。

类似地,贷记现金账户意味着放弃了责任。当贷记现金账户时,这表明人格化的现金账户或者是收银员(如果有这样的一个人)就脱卸了其自身责任,并返还了此前委托给他的价值。

资产账户的其中一项功能或许就是登记管理者和其他雇员的责任,这项功能不应与借贷方的重要性相混淆。借和贷用来表示所有账户的左、右栏,如果企图将其用在权益账户或辅助的费用和收入分类中,上面的解释将彻底失效。在一个负债账户或其他权益账户的借方分录表示所涉及的特定利益数额的减少,显然,这与将责任委托给真实的或假想的人毫无关系。这样一个账户的贷方分录则表明所涉及权益的增加,但是在这里,实际的或假想的人也没有放弃任何责任。因此,著作者们采用"责任"方案为基础来解释借和贷的使用时,永远都不会超出资产账户的范围,对于借和贷在其他账户的使用,他们通常不提供任何规则。

熟知的规则——"借记收到的价值同时贷记放弃的价值",代表了仍然被许多著作者们所强调的对这种解释的一种修正。这个规则是相当肤浅的,它最多只是不合理的形象化比喻,它仅能用于解释对那些构成资产交易的经济业务的记录,而在现实中,很难观察到学生或从业者能够合理使用这个规则。

借贷和所有者权益

人们尝试着解释借贷在现代的使用对所有者权益的影响,这一类型事项需要做简要阐述。

前面的几章已经揭示了,在公司形式的组织中,强调所有者权益概念的使用并非经常可行的。即使承认了传统的所有者权益在会计中的基础重要性,但也没有从这个角度设计一项与之相一致的借贷规则。鉴于对所有者地位的影响,认为借和贷有一致的重要性是不可能的。在资产和负债账户中,借方(表明资产的增加和负债的减少)代表了有利于所有者的经济事实,而贷方(表明资产的减少和负债的增加)在某种程度上代表了不利于所有者权益的数据。但在所有权账户和诸如费用和收入这类辅助分类账户中,借方表示不利变化而贷方表示有利变化。事实上,绝大多数的这些业务对所有者权益没有真实的或直接的影响。资产的交换、负债的发生、负债的终止以及负债的交换,所有这些情形对所有者利益都没有任何影响。正如现金账户的分录只是显示了现金余额的变化,因此,所有权账户的分录——不是在其他账户中——特别地反映了这项权益的过程。

根据债务人和债权人的关系、人格化和责任以及借贷对所有者权益的影响及其之间的关系这几个方面,范·克里夫①精心编写了一本有关借贷语言的书。这本书作为极端的例证是有趣的,它尝试用极端的方法围绕上述几个方面制定出复式记账理论。在一个采用资产和权益报表来反映其财务状况的特殊实体中,其"经营"处于一种需要用一个账户同时面对两种方式的非逻辑状况。作者对上述这种观点进行了批评,并阐述了他自己的观点,简述如下:首先他将所有的账户人格化,然后将每一实体看作是与所有者相关的账户,以这个为基准来解释不同的业务。因此,在销售情况下,"所有者从商品中借出＄800,并把它借给现金,因此现金欠业主而业主欠商品",在发生费用时,"我们从现金中借出,而将其借给费用,费用欠我们而我们欠现金,我们借费用而贷现金。费用欠我们的债务是坏的,它表示损失;我们欠现金的债务是好的,它是一项负债",产生利息收入时,"我们从利息借出,而将其借给现金,现金欠我们而我们欠利息,我们借现金而贷利息。现金欠我们的债务是好的,它是一项资产,我们欠利息的债务是坏的,它代表利息"。

这样的解释显然很怪诞,即便其使用的各种数据被认为是合适的,这些解释也是非常不准确的。比如,销售肯定不仅指以商品进行的交换。进一步地,为了实施这个方案,有必要将与所有权账户有关的报表次序颠倒。因此,我们可将"现金"想象成"所有者账户",而将"所有者"作为"外界团体的账户",这无疑是一种"面对两种方式"的情形。

---

① 参见笔者 1913 年出版的《复式簿记原则》一书。

结　　论

　　任何想完全掌握上述方案并用其在平行栏账户中记录所有可能业务的人,肯定会忽略实际中的大拇指规则。尽管记账员会放弃他的许多"规则",取而代之的是他对依据基础分类数据作记录的账户结构的真正理解。正如此前几页中所阐述的,至少有两个基本类别——资产和权益以及这些类别的若干辅助和临时账户必须由会计师进行处理。显然,一项特殊分录的意义取决于它对所涉及类别的影响。因此,一个左栏或借方分录也许表示几种不同类型的事件,认为这一术语有专一的意义是毫无可能的。所有的账户都有左栏和借方,但并不是所有的账户都反映同一种数据。在资产负债表中,借方表明一项资产的增加,在权益账户中则表明一项权益的减少,这两种发生额在本质上是有区别的,它们不可能代表相同的含义,那么如何认为借在诸如"授予责任"中有专一的意义呢?

　　事实上,会计师必须认识到"借"有多于两种的意义。当在左栏入账时,"借"的含义包括:

　　(1) 资产的增加。

　　(2) 收入的减少(或费用的增加)。

　　(3) 净收入或盈余的扣除(作为特殊损失、经营赤字或收益分配)。

　　(4) 初始权益数额的减少。

　　而且,当有几组重要资产时,显然要将第一种情况稍微做些细分。更进一步地,现在因为将狭义的所有者权益和负债之间的区别看得特别重要,显而易见,第(4)点包含两种重要情况。必须强调的是,借方分录揭示了两种基本类别以及若干种次要或辅助类别的经济事实,相应地,最好将借简单地看作左栏的标识,该栏与多种类别的账户相联系,因而涵盖了多种类型的信息。

　　类似地,贷方分录——表示在所有账户右栏的分录——揭示了至少两种完全不同的事实,也就是:① 资产减项;② 权益的增加。相应地,也不能认为"贷"在"放弃价值"中有专一的意义。贷方的含义取决于交易的性质并随之而改变。资产账户的贷方分录表示一种意义,而权益账户的贷方分录则表示另一种意义。"贷"不仅包含上面所给的两层基本含义,而且也包含几层辅助含义。总收入的增加、由新投资所带来的剩余权益和其他权益的增加、净收入或盈余的增加——所有这些情况都需要编制贷方分录。

重申一遍,设立账户是为了记录代表企业财务状况的基本等式,及其发生的任何变化。复式记账系统本质上包含于由两个平行栏以及由这两栏所划分出的恰当类别所构成的设置。左栏被描述为"借"栏,而右栏作为"贷"栏。因此,一个借方分录表示任何登记在左栏的分录,而一个贷方分录则表示任何登记在右栏的分录。由于至少存在两种基本类型的账户,这些术语的含义也随着账户的类型而改变。因此,"借"和"贷"仅仅是左栏和右栏的惯用标识而已。

第二部分　特殊问题

第十一章 净 收 入

在前面几章中关于净收入的本质和处理已经做了简要的介绍,也强调了净收入在会计方案中的重要性,不过,现在有必要对净收入做更为详细的解释。

净收入是由会计师在会计期末得出的第一个重要结论,这个数值是通过定期的估算、判断以及计算得来的。从会计的角度来看,它是财务增强的最主要标准,它是衡量企业作为一个经营经济单位是否成功的标尺或标准。而且,在第一部分中所发展的会计理论对净收入的概念和处理的影响也有着特殊的重要性。在实务中,会计结构中的这一要素没有明确的定义,且未作充分强调,这主要是由于会计理论的不健全。此外,一些特殊的会计难题,诸如利息的处理、商誉的重要性等,这些问题将会在接下来的章节中讨论,而这些问题的解决部分也是由对净收入概念的考虑和解释所决定的。这些方面的考虑提供了对这部分会计体系做进一步调查的依据。

经 营 净 收 入

从技术上说,经营净收入是个贷方余额,即总收入或销售超过费用或销售成本的部分,这个余额表述了由于成功的经营所引起的权益增加。当然,基本等式中的两个基本要素都是收益性交易的扩展。关于作为一个整体的资产负债表,相应地,从业主权益的视角来看,净收入可以被定义为:

在考虑所有的投资和清偿后,总资产的净变化。这就是净收入最广泛的概念,从管理的角度来看,这种定义只有在不包含实际损失和特殊利得时,资产负债表总额的变化才等于经营净收入。目前,我们认为经营是不包含偶然的发生。

影响净收入最直接的因素就是费用,[1]经营余额的定义与控制扣减项目的观念紧密相连。因此,一开始我们便会对费用做更为深入的核查,也即会计师眼中的成本。

正如前面几章所强调的,在本研究中,资产类别被认为包含了所有的建筑物、商品和劳务,它具有一项被视为对成功经营所必不可少的经济特性。[2] 从私营企业的角度讲,完工产品的成本包含了生产这些产品所用到的资产价值,这项成本形成了费用,并从收入中扣减。但是,正如已经强调的,业主自身提供的劳务并不被认为是成本,因为会计结构是基于私有利益相关者的需要而组织的。因此,企业的"成本"仅由生产有价值商品的消耗和企业购买的劳务所构成,并不包含对企业投入资本的不同个体和利益相关者所提供的劳务价值。换言之,费用是企业的成本,而不是购买者或消费者的成本。

关于这一点,应当对会计师的费用和经济学者的生产成本进行强烈的对比。正如此前已强调的,不可避免地,经济学者和会计师的观点一定是迥然不同的。经济学者是从制造业行业或整个市场的角度来考虑经济现象,比如,他们试图发现决定市场价格的规律,这个价格包含了反映大量买者和卖者意向的一系列复杂的环境和条件。他们将工会的全体人员划分为几大主要功能要素——劳动者、管理者、投资者和房东等,却在很大程度上忽视了商业世界中的特定个体。简言之,经济学者试图分析整体经济结构的基本过程。

会计师则是基于一个完全不同的标准来处理商业情形。正如在第一章

---

[1]关于"总收入"的含义相对争议较少,可参见第十九章。
[2]"经营"在这里是广义,任何商品或劳务的生产都需要经营,甚至包括控股公司的"运转"。

和别的地方中所强调的,会计中的组织单位——就所关注的竞争性行业领域而言,在任何情况下——都是私有的商业企业。只有作为一个特殊的商业实体来考虑时,会计程序才有意义;一定是与特定企业相关的每笔交易,对会计师而言才是有意义的。从资产负债表的角度看,具体来说,会计的功能是登记单个或多个业主在特殊商业情形下的投资,同时在这些投资转化为各种建筑、商品、劳务、权利和条件时进行追踪。从投资表的角度看,会计师的任务是编制定期报表,来反映特定企业的产品总收入以及每笔收入中生产成本的分配,这样,这种情形下的净收入及其分配在整个特定期间都能够得到呈现。

换言之,经济学者进行的是调控市场价格驱动的公平研究,而会计则是设法呈现它所服务的特定企业特定净收入的变化。于是,经济学者将所有事物都视为在长期内构成必要产品价格的费用,包括生产中所有因素的报酬。而会计师将生产因素区分为企业内部有关成员提供的以及由外界提供的,后者得到的报酬是企业的成本,而前者得到的报酬就是会计师报告的收益。

本书以及其他地方都已多次指出了这种对比,不过,还需要额外强调的是,当前的许多关于会计程序的争议似乎是由于在经济和会计的概念和观点方面的混淆所导致的。会计师经常利用经济原则来阐述特定的会计理论,尽管在许多情况下,经济学者所谈论的是一种与之不同的情形,但这至少也是从另一个不同角度所作的考虑。

在特定情形下,不论会计师试图披露的收益或净收入相比所涉及的服务在长期的必要供给价格是多还是少,这都不是由会计师所决定的。毋庸置疑,包含于许多情形中的净收入与业主权益的服务所获得的报酬一样,是一项纯粹的经济盈余或租金。然而,将净收入的余额视为对投资者的回报或权益的增加并非是不适当的,这些大部分是由所有者提供的条件和服务所形成的,而那些正是企业资本的来源。

诚然,从买者的角度看——如第五章中所提到的——销售交易简单构成了资产价值的交换。比如,买者花 $10 购买了一件他认为值这个价格的产品,但是从卖方企业的角度看,完工产品的价值是生产这产品所利用的商品和劳务的成本,这个成本和价格之差便是净收入,而所有者对所提供的劳务和条件的付款却从来没有以成本记账。换言之,从管理者和投资者的观点来组织,会计方案将被塑造成披露作为一项剩余权益的企业净收入,是费用和销售价格之间的差别,而不是企业所提供服务的付款,它们具有明确的经济意义。

以下面的图来说明:

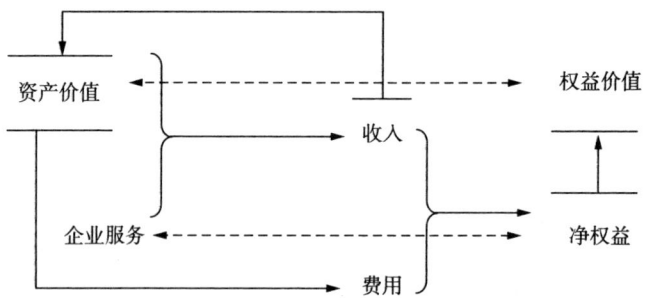

企业自身提供的独特服务,如上图中所显示的,在账户中未加以正式确认。不管怎样,产品价值超过被耗费的资产价值就构成了这些服务的回报。这个差价作为现金或从顾客收取的部分其他资产首先登记在资产账户,在权益账户中以净收入余额列示。

如果行业是由社会主义单位所组织的,那么消费者的成本和企业的费用之间的对照就不那么明显了。如果行业中没有私有者,资本不可避免地需要通过购买获得,这与私有企业取得必要的商品和劳务的方式相似。对于社会主义商业单位来说,这些资本成本就被视为必要的经营费用,成本和销售价格无疑几乎是相等的。①

对于收入,经济和会计观念有不同的理解,而对两者进一步的比较是有必要的,从经济的观点来看,行业"净产品"就是生产中的所有代理人,在

---

① 除非售价涵盖了非生产经营的成本或者允许累积资本。

给定的市场、团体、行业或政治领域中可用于分配的产品(或价值),是对所消耗的所有资本产品和自然资源的正当补助。这个净产品分为四个主要部分:工资、利息、利润和租金。显然,会计师的净收入与其中的任一要素或所有要素并不是密切相关的。重申一次,会计师主要从事核算某一特定商业企业的净收入。会计师的方案并不是从所有代理人的角度,而是从拥有重要资产权利的个人和利益相关者的角度来组织的。因此,尽管其他所有要素或许能代表净收入,①但工资并不构成净收入的特征要素。而且,如果所有的企业和个人定期记账并计算净收入,从整个社会的角度来看,所有这些收益余额将会包含大量的重复。比如,某个特定的公司或个人,以收到另一家企业所支付股利的形式来获得净收入,因此,从工业社会的角度来看,作为净收入的某一特殊项目或许会在两个或更多的账户中出现。

这里提出的净收入概念是出于管理的目的,而且尤其适用于大公司。净收入的概念表明了所有权益的增加,而不是一项特殊利益,它主要与被雇佣的管理者的立场相一致,这个立场在行政和强调有效管理专业化的今天正变得越来越重要。对管理者来说,公司资本化的特殊方式完全在经营净收入的确定之外,他将他的企业视为由不同投资者投入资金而形成的一个确定的实体或状态,然而,稳固性和混合性使得他难以区分可供其支配的所有资源,他通过获取不同的建筑物、商品和服务来维持企业的经营。经营净收入即是收到的价值超过与产品销售相关联的外购资产耗费的部分,它代表了资本的增加,这个增加的部分是在所有的投入了资金和其他资产的个人和利益相关者之间按比例进行分配。

流动负债和净收入

但是我们能够理所当然地坚持认为,净收入一定是根据资产负债表右

---

① 当业主也提供一种或另一种的劳务,这样就失真了。这个问题将在以后作进一步讨论。

边的所有权益从字面上来定义的吗？是雇员、债权人和其他人所拥有的流动性要求权被视为投入企业的资本，抑或是由他们提供而由企业购买的商品和劳务才是投入企业的资本呢？根据这里所采纳的观点来看，费用包含了购买的商品和劳务所耗费的价值，而净收入是对提供必要资金的权益回报。购买的服务和权益的服务之间的分界线在哪呢？这也是需要关注的问题。

典型的商业企业需要相当稳定的个人服务流动来运营。"劳务"一词经常用来概括所有这样的服务，工资和薪水是对劳务的补偿。事实上，对这些劳务的付款一般都是延期支付的，也就是说，在给劳务提供者实际支出之前，他们所提供的劳务经常被利用，它们的价值体现在原材料和不同完工程度的产品之中，甚至包含在卖出的商品中。因此，正如前面章节所指出的，雇员对资产拥有真实权益，因此，可以认为雇员的工资总体而言或部分而言是权益的回报，而不是一项费用，它不是所购买服务的价值耗费。

然而，明显的困难却并非最严重的困难。即使雇员在等待其报酬时，在一些情形下，也需要负担相当部分的生产资本，因此，雇员的工资包括了真实的利息或资本收益要素，但从会计角度来看，需要着重强调的是，与雇员相关的交易——个人服务的购买——并不会形成净收入的费用。全部劳务光流入特定的资产类别中，其后再转入费用，即销售成本中，因此并不认为它是一项权益的回报。雇员无疑会获得一项权益，在资产负债表中需要对此予以明确确认，但是这项权益却并非收益延迟的利息。

通过一些具体商品和劳务的出售，但付款没有立即收到而形成的权益，与个人或企业使用长期带息资本而形成的分期付款，这两者必须要区分开。雇员将自己的服务出售给企业，他不是投入资本，也不会分享净收入。正如上面所说，在等待报酬的过程中，雇员无疑承担了生产资本负担，支付价格会受到这种等待的影响，但是整个过程中劳动的价值是不变的，不管是盈利还是亏损，它都是固定的。

在这种情形下，一些轻微的逻辑方面的顾虑必须被忽略以做出最终的决定,但是会计师的净收入与雇员的权益并不相关,得出这样的结论显然是合理的。如第一章所述,将来对业主和雇员的划分可能会变得不像现在这样明确,只有那些重大的资本投资才可以分享净收入,但是这种可能性并不影响对现行状况的分析。

如果预先支付私人服务——如同保险服务所采用的方法——或者在收到服务时立即支付,这样,雇员就没有这种明确的会计权益了。在任何一天的应付工资和薪水相对来说数额较小,雇员一直保持有循环的权益,但是金额并不大。雇员提供了服务,于是短期流动的负债发生了,依此类推。

这个道理也同样适用于商品债权人的例子。由于赊购商品而形成的应付账款金额在连续的资产负债表中都是相当大的,正如前面章节中所指出的,这意味着,尽管欠款在短期支付,但是企业实质上保证了——连续地——相当一部分的资本来自于所购买的商品。不可否认,这些未偿付的金额就形成了真实的权益,它们代表资产价值的来源,构成必须支付的负债,所有这些权益在账户和报表中都要仔细确认。然而,商品债权人不从企业获得收入,他们并不分享净收入,他们无疑会承担部分生产资本负担,而商品的价格也必然包含真实的经济利息,他们并不需要为资金的占用索取确定的应计收益权利,他们并没有剩余利润的分享权。

上述说明也存在一些例外情形。有时,商品的应付账款从装载当天或以后某一天开始以固定利率计息。在某些情况下,商品债权人实质上成为对净收入有控制权的利益相关者以及分享者。在这一点上可能更为重要的是现金折扣。在买卖商品的交易中,提供了可选择的结算期。比如,如果在 10 天内付款,则允许按全价享受 2% 的折扣,这样的处理不仅仅被视为资产的购置,还可被视为一项收入的调整。有一种观点认为,当款项支付不在折扣期内时,那么未获得的折扣金额就作为净收入的扣减项,而不能作为商品的销售成本,形成一项费用这对商品债权人是有利的。然而,事实上,折扣率普遍要远远高于普通的合同收益率,实际交易中的双方也不是以折扣率为收益率,在现行实务中,并不能对将支付给债权人的额外付款作为商品成本而非收入分配的做法进行严厉的批评。

在这一点上,租赁费①和信贷需要作进一步分析。租金借项代表所使用资产的成本,科目中标明提供资产的个人或企业。这些费用代表了所获得的对生产不可或缺的一项特定服务,因而,首先形成一项资产价值,其后再形成一项费用。这与任何资产的购置和耗竭是相类似地。此外,必须承认的是,收入要素以基本的形式呈现在这些交易中,尤其是当租金并未预付,并且出租人被迫等待相当长的时间以获取其回报时。但是净收入不是随权益的发生而产生,而且会计师试图将总的租赁费划分为已获取服务的价值或成本,以及使用资本资金的估计净收入的做法,根本就是不切实际的。我们还有另一个权益不能分享会计净收入的例子。

类似地,信用租赁也不是净收入项目,如果企业将它的部分建筑物租给外部利益者使用,在这项交易中产生的收入不是净收入,与净收入要素一样,租赁通常包含维修、折旧、保险和税金,租赁收入因此是总收入而非净收入。

由于购买商品和劳务而产生的所有其他流动负债同净收入均无显著联系,它们代表权益,但却都不是能够分享净收入的利益。

显然,应从相对长期的、提供资本的以及不能分享净收入的权益角度来对净收入予以实质性定义。净收入衡量了这些权益的增加,其数额用于在不同类别的投资者之间按比例进行分配。

在这一点上,应计税金和应交税金的处理也应再次予以说明。正如已经解释的那样,税金是会计结构中一项不规则的要素,政府拥有一项强制性的权益,无需提供资本资金以及对企业销售任何商品或服务。因此,征缴的税金是充公的一项损失。联邦所得税明显不是投资权益的回报,虽然按定义它们构成净收入的一部分,在任何情形下,这些评估的税款金额在

---

①租金是"租用",而不是经济人的"出租"。

支付前就构成了优先的流动负债。显然,在任何情形下,我们都被迫将这些税金视为净收入费用,尽管政府在净收入中所享有的份额与投资者的权益存在截然不同的基础。

净收入和所有者利润

这本书中介绍的净收入与所有者利润或剩余"净利润"的概念完全不同。根据我们的观点,费用或销售成本分类应该被限定为购买的建筑物、商品和劳务的耗费,不应包含有利于契约权益或剩余权益的任何利息或其他拨付。因此,在权益的净收入分配和总收入的成本或费用之间形成了明显的区别。正是由于这一点,会计实务就显得非常不合理。在典型的损益表中,总收入的费用与净收入的拨付之间的界限呈现得并不完全。实际的费用、损失、税金和利息费用等统统归入一张单一且混杂的损益表内,得出一项最终数据,即业主利润。

损益表在实务中不尽人意的状况可直接归咎于对所有权学说的过分强调。如果整个会计结构以所有者为中心且所有账户、会计程序和分类都从所有权的角度来建立和定义,那么损益表自然就没有分类了。从最终剩余权益的观点来看,除了对所有者分配以外,净收入的费用和总收入的费用之间是没有区别的。对于普通股股东而言,联邦税、债券利息、损失等与人工和原材料成本一样,都属于同一类别——必须在利润披露以前作为扣减项予以确认。然而,从经营和管理的角度来看,这些费用是完全不一致的,且应当被细分为至少两种主要类别。

这个问题对公司尤为重要,需要对这类企业的这个问题作进一步考虑。正如第三章中所指出的,证券专业化使得公司能从不同类型的投资者中获得资本。在公司财务中存在多种股票、债券和票据,的确,每家公司也会或多或少地披露资本化方案。在这个杂乱的权益中,正如此前所述,股东利益代表了所有者权益。相应地,从股东的立场来看,对优先权益的所有分配,就所关注的所有者利润的确定而言,本质上与经营费用属于同一类别。

但是,公司的会计师能接受诸如原材料成本与对债权人的利息支付相一致的此类观点吗?他应当仅从剩余利益的角度来组织收益分类吗?又或者他应当基于作为经营单位的公司来组织收益分类吗?损益表应该仅仅依据缓冲权益来编制吗?又或者应基于作为一个整体的所有长期的收益型证券和公司投资者来编制呢?

为了得到决定性的答案,我们首先考虑不同种类的证券发行时所需要的分类。以 X 公司为例,追加发行股本获取现金 \$25,000,账户是如何受到影响的呢?显然,总体而言,这笔交易会导致借记现金账户,贷记股本账户,公司的资金增加了,权益也相应扩大了。如果公司追加发行债券获取现金 \$25,000,同样地,此项交易借记现金账户 \$25,000,以相等金额贷记债券账户,再一次,资产增加了,权益也增加了相等的金额。

当然,这两项交易存在一点基本的相似之处。在每种情形下,作为一个实体的公司都与个人投资者产生了关联。在其中一种情形下,带有投机偏好的投资者被吸引,通过发行股票的方式来筹集资本;在另一种情形下,保守的投资者被引诱通过购买发行的债券来供应资本。在这两种情形下,正如向雇员购买劳务以及向商品债权人购买商品一样,公司都没有购买任何人的劳务,相反,任一交易都涉及收益型资本的筹集,公司承担每种类别投资的资本保全以及收益返还。在其中一种情形下,利率是固定的,风险也相对小,而在另一种情形下(如果是普通股),报酬是弹性的,损失的风险也更大。正如早先提到的那样,这只是一定程度上的差别,并非根本性差异。

相应地,对股东的付款(股利)以及债权人的回报(利息)之间并不存在根本的对立。两者都代表了对收益的分配,支付给债权人的利息归入经营费用,而将股东的报酬作为净收入的分配,这是不合理的。费用是核算购买项目的耗费,而公司并没有像股东一样也向债权人购买任何东西,股东也不购入债权人的劳务,公司实体完全介入两者之中。①

在一定程度上,债券利息和类似地费用都被视为公司的费用,很明显,费用和经营净收入都是取决于所采用的特殊融资方案。但显而易见的是,资本化的方法不能合理地改变产品成本。在不同类型证券之间的投资分配是与生产和费用完全无关的。经营管理并不关注资本化,其通常亦不以任何方式对其负责,资本化的改变也不影响人工成本和材料成本等。如果账户作为管理的标准或向导,很明显,对权益的所有分配,无论是契约性的还是其他类型的,都必须从总收入的费用中扣除。

比较不同期间的结果,并核查不同工厂和企业的经营指标,如果想要避免完全不合理的结论,资本化的不同方法就必须被忽视。举一个例子来加以说明,假如有 A 和 B 两家公司在同一时间建立且经营相同的业务。每家公司的初始资本均为 \$5,000,000,且获利机会均等。A 公司通过发行股票取得所有资金,而 B 公司的部分资本则通过发行总额为 \$2,000,000,利率为 6% 的债券所取得。如果在这种情形下,利息费用作为经营费用,那么得到荒谬的结论就是,B 公司每年的费用就会超过 A 公司 \$120,000。与之类似地另一个例子就是在特定期间契约性资本的减少,这同样也会导致费用发生变化——如果利息作为一项费用——正如第六章中所指出的。

这种观点虽早已被公司财务所认可,但是在会计实务中的运用却存在很大的缺陷,也很少能够穿透会计理论这层罩幕。根据州际商务贸易委员会的分类,或许在这方面做了进一步的发展,将利息费用作为"收益"而非"收入"的扣减项,而租金和一些其他的真实费用也被归入相同的类别。换言之,该委员会似乎主要是从技术的角度区分"经营"和"非经营"费用,而

---

① 在某种程度上说公司购买了所有投资者资金的使用权,这也是无可置疑的。从这个观点来看,正如前面章节所述,公司的资产负债表由三类构成:(1)资产;(2)公司业主;(3)资金或权益的来源。为方便起见,会计将企业实体在资产负债表的表头表述为:"X 公司 1921 年 12 月 31 日的财务状况表",包括资产和权益,这些都清晰地表明了对财务状况十分合理的解释。投资者的劳务不是购买的,但是所有的资金都是用来购买必要的资产。

非依据真实费用和对权益收益分配的分界线来加以区分。

下面的损益表能够帮助我们加深理解。它首先以经营净收入余额开始,费用和收入账户被省略了。并不是说这一安排对每种情形都是完全适用的,显然,每种情形的特点需要不同的程序。除了所得税,优先股股利最好在利息费用后立即扣减。进一步,依据优先权,税金应该放置在任何利息费用之前,但是由于应计利息是一项"准予扣除数",上述安排是更为方便的。有关这份表格还存在被质疑和不完美的地方,但对于当前实务中所遵循的典型方式而言,却是有着显著的改善。

X公司损益表——净收入类别	19××年12月31日
经营净收入 ·················	$ _____
已获利息 ················	$ _____
火灾损失 ················	_____
与所有权益相关的税前净收入 ······	$ _____
抵押债券利息 ·············	$ _____
债券利息 ················	_____
票据利息 ················	_____
	_____
	$ _____
联邦所得税	_____
	_____
	$ _____
优先股股利 ················	_____
	_____
普通股净额 ·················	$ _____
普通股股利 ················	_____
	_____
未分配利润 ·················	$ _____
盈余余额,19××年1月1日 ·······	_____
	_____
或有准备 ·················	_____
	_____
合计未分配盈余,19××年12月31日 ···	$ _____

当然,以上关于利息费用的处理并不适用于独资企业和合伙企业。在这样的情况下,正如已经证实的,所有权学说具有相当大的作用。"所有者"的净回报在非公司制企业中通常是唯一重要的收益性指标。利息费用的金额通常较小,而且主要与现时负债有关,显然,在某些情况下,将利息费用包含在经营费用中,作为一种实务性的做法并非完全不合理。而在特定情形下,如果存在的是任何重要的长期收益型权益而非所有权,那么以上所探讨的净收入类别就应当被确认。

否认应计利息是特定企业的一项费用,与从最基本的意义上说,作为资本使用价格的利息在制造行业中是一项生产的经济成本的观点并非不一致的。正如本章此前所强调的,与弥补企业所有的费用一样,价格作为一项规则,必须要足够高才能够弥补必要的竞争性资本回报。毫无疑问,利息是价格的决定因素,并且是构成"正常价格"的一项要素,从长期来看,生产者必须能够获得这项价格。再重申一次,在特定企业里,会计师努力披露所有的收益要素,它们作为一项剩余权益,是收入与费用的差异。资本利息在这里不是一项费用,而仅仅是代表了对所有权益回报的一项边际要素。会计试图将这项边际要素作为一项差异或余额,而非一项成本,不仅在利息中,而且在利润和其他功能性收益要素中都能够发现这项边际要素。

在这一点上,关于生产成本中包含或排除"投资利息"的争议应该予以提及。这些年来,教师和职业会计师积极主张肯定的意见,其他人则强烈支持否定意见。此处并不试图讨论这个长期以来都颇受争议问题的细节,不过,还是有必要揭示出问题内部之间的关系。首先,无论是否实际按合同计提,所有投资的利息都应当作为一项成本记录在账户中。这无疑获得了这项理论的鼎力支持,即认为所有的应计利息都构成了一项费用,而净收入的分析在此处并未支持这种观点。其次,必须承认的是,一项估计的利息费用可能包含在工厂的账户中,而不影响经营净收入最终的完整性,在所提供的一些收入账户中贷记相同的金额。不过,此类程序中的适当性会被其他理由所批评,正如以下部分所阐述的。

毫无疑问,无论是应计利息还是估计利息,都必须考虑到特定管理问题的解决。管理者被要求有效利用企业购买的所有资产,这意味着资本本身的管理由管理者所掌控。为了确保生产的有效性,雇员、机器设备、厂房、工序、产品和期间之间的比较是必要的。而且,如果没有确认利息要素,那么就难以对涉及不同数额资本的替代方法进行比较。但是,这并不意味着,这种计算要求由成本账户中包含了估计利息的特定费用来完成。资本无论在哪里运用都必须带来回报,由管理者确认的这项事实,无需虚假费用的引入。

估计利息是一项费用这种理论的拥护者,最后可能会注意到,这一观点在实务中的运用几乎没有取得进展。美国会计学会不认可这种理论,职业会计界总体上也不拥护这种观点,而且,国内税收署在为征税所制定的有关存货计价的法规中,专门排除了投资利息作为一项成本要素的规定。估计利息中所涉及的实际困难(比如,任何情形下的资本金额的确定以及利率的选择)无疑加大了这种观点的支持成本,但是从理论上对这种观点的反对是清晰且有说服力的。

所有者薪资

正如此前已指出的,在一家典型企业中所有者和投资者承担的作用包括了一些重要因素。在所有的情形中,都包含了资本的供应,其中含有伴随性风险;在所有的情形中,都包含了一定的责任和关于融资政策和生产方向的最终控制;在许多情况下,还包括管理服务和普通劳务。这些业主功能的不同方面与经济理论的观点是不同的,但在实务中它们或多或少地联系在一起,甚至资本服务和人工服务之间的区别在许多情况下也是有些难以区分的。比如,一家大企业的主要所有者,在直接管理中他可能不分担任何部分,可能不提供普通人工劳务,他的作用比简单地供应资金要复杂得多,他可能决定微小但是却很重要的政策问题,他的个人声誉可能是引进业务的一个重大因素,他的个人"信用"可能对风险投资的资金筹集和运用十分重要。所有这些都是与企业成功紧密相关联的条件,而且在这样的情况下,正如同投资本身的回报,支付给业主的收益可以说包含了对这些劳务的补偿。

依据业主功能的本质,净收入的基本经济意义在企业中也是存在差异的。在某种极端情况下,提供资金但不提供个人服务的小股东只需要填写一张参加每年股东大会的委托书。而在另一种极端情况下,一家小型零售店的所有者每天工作10~12个小时,因此不仅负担一般性的管理,而且提供大部分必要的人工服务。第一个例子中的净收入主要是投入资本的利息和利润,而第二个例子中的净收入则还包含了一项重要的元素,即工资。

在这种情况下问题就产生了,所有者个人服务的合理补贴不应该被视为费用吗?如果账户包含所有最重要的服务,收益数据不应该被限定为资本服务的回报吗?个人服务的回报应该被排除吗?在非公司制企业中,这个问题尤为重要,在独资和合伙企业中首先关注的就是所有者薪水补贴的重要性和处理方式。

会计师如何设想非公司制企业的经营呢?显然,在这类情况下,由于合伙人和所有者普遍拥有收益型权益的最大份额,因而在很大程度上,会计师必须从主要所有者的视角来看待问题。站在所有者的立场上,所有者将他们的资金投入到各种各样的建筑、商品和劳务中,这些和他们自身的努力相结合换来了畅销的产品。生产这些产品的成本,对业主来说,是购买项目的耗费,这是他们的费用,从总收入中扣除这部分金额就得到经营净收入。如果这里没有重大的优先权益,这就如同给所有者的净回报。

根据这种观点,对业主服务的补贴不应由经营费用负担。业主所购买的个人努力不会比他所投入的资本服务多,他在企业资本、管理技术以及人工等方面做出了努力。因此,他的回报是许多经济要素的混合物,但是其中没有一部分是他的成本,该成本是他用于购买物品以维持经营的付款。业主个人服务的价值可能是额定的,当然,是作为经济学者的"生产成本"的一部分。利息和利润要素也是如此,至少在边际例子中。正如以上所强调的,价格决定的成本和特定的企业费用是完全不同的。

换言之,在独资和合伙企业中,会计师的观点必须与主要业主的观点相一致,业主个人服务的估计补贴费用等同于将净收入中的某个项目转入费用类别中。如果一个同时发生的贷方被登记在某个名义上的收入账户中,正如已经多次强调的,这对净收入的金额没有影响,而整个过程是完全虚构的。如果业主个人或资本账户贷记薪水金额,这意味着一项收益已经整体从总收入转化成了资本,而没有在任何地方以收益显示——这是一项充满疑问的会计程序。

但是,这是否与会计必须根据管理和企业实体的观点来构建其分类的主张不一致呢?笔者认为并非如此,对企业作为会计单位概念的强调,不能导致对此项观点的盲目赞成。正如第三章中所指出的,从合伙人或独资人的观点来看,在非公司制企业中,账户和会计程序的组织在本质上是与管理相一致的。在这些情形中,由于没有法律实体,一个商业企业的假设在很大程度上会很便利。假设琼斯的杂货铺购买了作为所有者的琼斯的服务,这是很奇异的事情。什么都没有发生,记录实际商业进程的事实是会计师的事务,而非大量纯想象的交易。

未对业主阐明商业形势,而是将一项估计的薪资补贴计入费用中,这很可能会误导业主。业主希望首先知道企业经营活动的结果,即业主自身的努力和资本的净回报。他十分在意其个人服务的范围。如果他在店里从早工作到晚,他不需要虚构的会计费用来告知事实。如果店铺的净收入在业主的投资及其工作所得的薪资上没有产出一个合理的比率,那么即使没有特种分类账,事实也会十分清楚。的确,正如以上所示,如果业主个人劳务的"合理补贴"被列入费用(无论如何),那么他很容易就会完全误解情形,而且会设想企业相比起真实情况并非那么成功。

这并不意味着企业家不需要分析净收入,事实则正好相反。但是这些分析开始时所依据的数据应当是真实的净收入。然而，这项净额可能会被分成不同方式，如果这看起来更加方便。比如，一名业主拥有$10,000的净收入，可能会对其作以下说明："看来，如果我把资本存入储蓄银行，而且任银行职员，我将获得$7,000，显然，如果我保持独立就能多赚$3,000。而如果我把资金优先投入美国钢铁业，而且在那里任职将获得$8,000，也不用太担心以及太辛苦。"等等。很显然，业主希望将一些假设情况与事实情形相比较，来做出进一步努力方向的决定，但是会计的工作是报告事实而非纯粹的假设。因此，他不应当基于业主是为了某一估计的薪资而工作的假设来核算费用。

　　对净收入进行会计分配，将其分解为重要经济要素的做法是不合理的，当然，除非因此能获得一些东西。这可以通过对真实净收入连续记账来实现，而且以薪资、利息和纯利润的金额贷记主要的权益账户（如果没有撤销）。这将会将注意力集中在诸如企业仅仅支付薪资是否足够等问题上。因此，所有者经常说他"没有做任何事"，当他认为企业没有产出他所认为的合理报酬时，而且会计师对净收入的分配也会强调这个事实。

　　在某些情形下，业主决定从公司取得定额收入作为"薪资"，但是这个程序得出的结论，相比起认为薪资是一项真实费用，所更加强调的是认为它是一项估计的补贴。显然，如果薪资相当可观，那么所有的真实收益和其他的更多收益可能就从薪资中提取。在特殊情况下，如果没有净收入，"薪资"显然应从资本中提取。提取的所有者薪资并不是一项费用，一项费用只能从购买的建筑、商品和劳务的消耗中产生，当所有者从抽屉中提取资金时，那里并没有这样的消耗。

　　提取薪资正确的方法是——如果关注金额——那就首先记入所有者薪资账户，并贷记现金。其后，应贷记所有者薪资账户，取得的金额记入一项流动权益或资本权益账户。这个薪资账户不能以营业收入结清账户。如果引入一个纯假设的薪资补贴账户的话，相似的程序就有可能，但是，在这种情况下,第一个例子中同时发生的贷方分录将存放在业主提取或资本账户中。

应当承认的是,合伙企业会计中会产生具体的可疑情形。比如,如果一个合伙人,比另一个要"积极",或者提供特别有价值的服务,那么就有必要在两者中对权益保留做些调整。一种理想的方案是,给积极的合伙人引入"薪资"。或者,如果两者都是有规律提取,那么根据服务的估计价值比例来提取。这些薪资或超额薪资适合作为经营费用吗?这很难做决定。事实证明,会计的每一项原理,不论实质,总会与实务应用中不太清晰的情形相冲突。笔者认为,就整体而言,将所有合伙人的薪资作为在合伙人间净收入的调整要比作为经营费用的处理更为合理,这样就可避免合伙企业购买合伙人服务的结论。而在某种程度上,合伙制实际上展示了一种或多或少独立于单个合伙人的商业企业环境,尤其是在由几个成员组成的大的合伙企业中更是如此。这将在第十五章中作进一步阐明。

在公司的情形下,我们对这个问题的结论必须有所改变。公司是一个法律主体,作为外部人的投资者也可以被视为公司的雇员。再者,在大公司中,大部分重要的私人服务不是由投资者提供的,除了一些小的情况,甚至大公司管理层的大部分人员也不是仅由小股东组成的。换言之,公司中投资者提供资本,却很少提供私人服务,这些由投资者提供的服务确实是由公司从未提供资金的人处所购买来的。因此,公司给投资人私人服务的付款就应当被计入费用,净收入对私人服务并没有包含补贴形式。

再一次,我们在股份不公开的公司中发现了可疑的情形。必须掌握的是,"股份公开"公司——控制权被授予成百上千的分散股东,公司高管和其他管理者被董事通过公平谈判所雇佣——并非最普遍的情形。大量公司都是由合伙人组成的,许多是家族企业,即由三到四位亲戚拥有所有的或至少在股本中有控制权的利益份额。我们也经常碰见独资公司,就是由单一个体拥有50%～100%发行在外的股份,而且在大公司中实际控制权有时也由小部分股东所掌握,他们通常是那些很可能被选为总经理或者其他重要职位的雇员。

显然,在这种情况下,所谓的薪资可能是净收入的实际分配。无论公司管理者或其他雇员在哪个职位上,他通过对公司的控制来影响其"薪资"数额,如果其内在本质被揭露出来,那么交易就需要进行仔细地调查。这个问题将在第十五章中作进一步讨论。

这里需要注意联邦所得税与这个问题的关系。毫无疑问,所得税促使企业家在"允许扣除"中尽可能地包含自由薪水。然而,需要强调的是,因为目前还没有对合伙企业或者独资企业征收这样的税,非公司企业的费用中包含估计的所有者薪资并无正当的理由,只有在公司制的情形下,才存在通过增加所有者薪资来抵减税收的可能。

所有者利息和租金

准确地说,以上争论可能是针对包含在费用中投资的估计利息和所拥有资产的租金而提出的。的确,这个问题放在这里就更加清楚了。将资本回报的一项要素包含在费用中仍然比将个人服务的估计补偿包含在费用中要更为不合理。的确很难辨认一些针对利息和租金所提出建议的任何正当理由。企业家经常被建议将"拥有的资本利息"和"拥有的建筑物租金"的补贴作为费用,这正是会计上的疑难问题。首先,这样的程序包含了真实交易和虚构交易的障碍,而且要面对关于所有者薪资确认的所有反对。其次,很容易导致纯粹的重复。显然,建筑物或其他资产的价值构成了"拥有资本"的一部分,而且,维修、折旧和保险等这些应计的真实成本,伴随着建筑物的使用注定会在账户中出现,将被虚构的租金所复制。① 结

---

① 这个重复当然可以避免,只要通过从计息投资中扣减房产的价值,然后计入维护、折旧等。这是建筑的真实成本,虚构的收入账户用于抵减虚构的费用。

果就形成了完全不合理的费用,因为其中包含了不存在的项目。尽管这些费用被等额虚构的收入补贴所抵销,但这项程序却没有其真实合理性。破坏重要内部类别如总收入或费用的完整性的一项会计程序是完全错误的,尽管其并没有扭曲最后的净指标或资产负债表。

但是,虚构租金费用的引入——复制了另一项特定的实际费用——是无根据的,为了让管理者了解什么是真实成本,以便能制定出合适的价格并提升管理效率,对所使用的资本设置公允利率是不重要的吗?这就追溯到一个老问题,就是是否将投资利息作为成本处理。这个问题在之前关于薪资的讨论中已经在逻辑上给出了回答。关于固定价格,笔者采取相似的观点,即价格的制定从长期来看是市场过程问题,这个过程很少关注具体企业的费用,特定的企业对其投资利率并无保证。证据来源于实践。如果经营情况良好,销售收入会超过费用,如果情形不乐观,那么损益表将会显示一个借方余额。将一项任意的资本回报包含在成本中对商人无任何裨益。在任何情形下,他将取得所有他能取得的,并且如果账户显示的是好的回报,他们自然会为此感到高兴。

尽管固定价格是特定企业的费用问题以及企业家关于回报应该是什么样的想法——一项大胆的假设——很难被发现,但大部分的这种回报能够合理地被包含在费用或成本中。通过增加合适的差价,而无需引入虚构的借方和贷方账户,价格能够完美地被固定,而且将使用的估计利息作为成本,将会导致通货膨胀以及其他技术困难,而这些都是可以被避免的。

不过,此处并不试图对这个问题作一番透彻的探讨。尽管此前已经揭示了,这个问题遭到了多数人的反对,将估计的利息费用引入制造成本或经营成本中,这并非通行做法,且未来也不太可能受欢迎。在合约工作中,成本无疑对必须被测算的特定价格、利息和其他收益要素的固定起到了部分作用。可能存在这样的情形,会计师能够有效地利用在分类账中编制明显分录的方式来涵盖假设的利息调整。但是总的来说,这种情形与实务的对立还是很明显的。

总之,需要重申的是,净收入的特性会随着业主或投资者功能的履行而变化。事实上,所有情形都包含了对私人服务的补偿和资本回报。不过,总的来说,会计师的工作并非试图将问题归结于净收入中的每项功能要素,而且,业主或投资者回报中的任意部分,尽管已实现,都绝不能作为费用。将费用与所有者薪资、利息等假设的补贴相关的做法在会计上是完全不合逻辑的,并且从整体上看,在实务中的应用也很少。会计师应当将其自身的任务限定为:对源于特定期间的交易和过程的真实净收入进行报告。即使没有引入不必要的以及不合理的复杂性,这项任务也足够困难。

第十二章　开始经营前的收益[1]

我们现在需要将前面章节论证的线索应用到一个特殊的问题中,实际获得的"收益"对会计师意味着什么?或者说在筹备期和建设期,我们能够获得什么?我们在何种程度上以及通过何种方式对经营前的投资收益加以确认?

对于一个大型企业来说,获取必要的资金、建造厂房、获得原材料和物料以及组织人力资源等步骤都在不断发生且需要大量的时间,当然,这是一个为人所熟知的事实。在大型的公共部门或铁路公司中,从工程的发起到经营的实际开始,中间要间隔数年时间。这样,问题就出现了,在经营初期的这段间隔时间里,使用资产产生的收益何在?实际的支出是否以某种方式被记入资产账户?在公共部门中,对这一主张持支持态度的一方得到强有力的支持,一般而言,一些权力部门会倾向于维护行业的这种地位。同时,也普遍存在着越来越多的保守观点,他们认为,只有通过合约所实际收到的收益或是支付的费用才能被包含在资产的成本中。

这是会计学分析领域最困难的问题之一,对于会计师应当如何看待这一事实,我们很难得出一个明确的结论。会计师至少应当充分意识到,其决定所产生的结果以及其中的含义。其实这个问题没有必要通过一种武断的方式来解决,应当将其与一些基本观点联系起来并使它与那些已被采纳的观点相一致,最终使其得以解决。在本章中,笔者期望基于前面章节

---

[1] 部分改编自《建设中的利息》,《政治经济学》,第28期,第680-695页。

所提出的原理仔细地验证这个问题。

在非公司制的竞争性企业中

在回答这一问题之前,我们应当首先注意到一个典型的非公司的竞争性企业例子。比如,假设 X 决定从事制造业,他将 \$100,000 的资本存在一个商业性的无息账户中,当组织、建筑和其他经营过程需要资金时,他就从这个账户中支取。假设在年底时,厂房已建好、机器已安装完毕、原材料已入库、工人也已雇佣、所有的经营组织都很好地运作,X 准备开始生产产品了。不过,在这一年中,机器并未开动,也没有销售产品,企业没有获得收入,将上述情况结合起来用文字表述出来就是,X 在这一年内投入了 \$100,000,并开始准备生产。

我们应当注意到建设期和经营期之间的巨大差别,这种差别非常明显,但在实务中并不经常有效。比如,在建设一条铁路的过程中,某些特定路段在整个工程完工之前可能就被交付,更进一步地,一些收益可能会被归于主要参与建设工作的列车。同样地,如果是一个制造业或商业企业,建设期和经营期之间可能会存在部分交叉。在一家非常大的公司中,建设——从增加以及扩展等意义上来说——在不确定的期间内,可能取得或多或少的进展。甚至是在一家单独的工厂中,也不可能存在一条硬性的、快速的分界线将初期的建设从经营中划分出来,因此,在一家新企业中,经常在建设还没有完工以前,经营就已经开始了。

不过,我们可能要回到这个例子中——已经完工的厂房,包括所有配套设施,在目前的价值实际上已经超过了当时所投入的 \$100,000。X 已经将这笔资金花费在这个项目上一年了,[①]如果他去处置这笔财富的话,他应当期待更多的回报,也将可能会收回比投入的 \$100,000 更多的收

[①] 这些资金在实务中可能是逐步投入的,但为了方便起见,我们忽略这种情况。

益。他已经承担了管理上的负担、各种风险,以及1年的等待时间,同时,现在他也不会放弃这个公司,如果那样,他的投资将会血本无归。换言之,投资已经产生了获利,公司及其所有连同设施的价值也随着这种获利得到了增加。

然而,即使这一观点的正确性得到承认,那么随之而来的是,这种假设下的获利应当在X的账簿中得到确认吗?我们先暂时假定肯定的回答是正确的,并且记录下我们所要求的分录。假设完工资产的价值由于运用了这笔资金增加了\$6,000,那么\$100,000在这一年中的收益率就是6%。要记录这一增长,我们有必要在公司资产账户(或某个特殊的资产账户)中记入\$6,000的金额,同时,以相等的金额贷记X的资本账户(或某个特殊的辅助权益账户)。

这一过程在X的资产负债表上会产生什么影响呢?显然,他的资产增加了\$6,000,他的权益或资本也增加了相同的数量,资产有了明显的增加且没有伴随任何的减少,同时,他的业主权益也相应增加。这与由成功的经营所产生的效果极为相似,资产的价值增加,没有发生负债,业主没有进一步投入资金,因此,收益就产生了。

但是我们应当回想一下前面章节中所谈到的有关会计师对这一问题的处理。这里我们没有考虑宏观经济情况,而只是考虑了X的实际投资和经营。一般而言,运用资本无疑就是要获取收益,收益作为资本的成本,是一项由价格决定的要素,但这可以使会计师得出以下的结论吗,即在上述例子中,X账户中明显的资产增加是由于在建设期中大量使用资金而产生了真实而直接的收益吗?如果确定是,那么商业领域中的任何一项特定投资都会随着时间的流逝而不可避免地增加吗?当然,这种主张是站不住脚的。当一项投资由于成功的经营或某个确定的合同而可能获得增加时,没有人可以保证任何特定的投资都能够保持增长。投资中发生的实际损失是令人讨厌的,但的确是十分普遍的,成功或失败取决于每一项投资的具体环境。投资到商业中的资金与存在银行中的资金是不一样的。当然,如果 X 年复一年地继续经营,同时如果他的经营并不成功,那么他将完全没有理由再沾沾自喜地认为,由于承担了风险以及等待的时间,他投入的资本所产生的收益会稳定增长。这种情形在建设期和经营期都是一样的。有时我们假设由于赤字而无法开始经营,换句话说,所有经营前的费用都记入资产账户中。这种观点是不可靠的,在初期投入的特定类型的资产和特定数量的资金都是未受损失的,但不合理的支出、无效率以及在建设过程中的事故都可能造成经营前的大量损失。

我们即使假设在建设期中没有发生损失,同时经营也是成功的——这种假设并不符合现状——那么我们能够以一个估计的收益增加量来确定地记录资产吗?答案是否定的,且有很好的理由来说明它。对这种收益的确认将会明显增加投资额,进而降低以后年度由成功经营所带来的回报率。从业主的角度来看这合理吗?经营初期从字面上看不就是一个没有收益的年份,而 X 希望在未来的期间以一种相对较高的回报率来进行补偿的吗?当然,从买方的立场来看,所发生的真实经济成本可能也会包括进来,但这一单独的事实并不能证明会计师将业主在初期所提供的服务进行资本化时,将其作为资本供应记入业主账户的做法是正确的。X 并没有将资本供自己使用,相反,他投入了一定数量的资金来购买商品和服务,作为一名资本家,他的服务仅限于此,而且这些也只是其投资的一部分。他当然希望他的账簿中记录的是在购买项目时所形成的投资,而非这项数据再加上他在以后期间的经营中所获得的估计补贴。

到目前为止,在这个例子中,此前是假设业主 X 在建设期中没有收回款项,现在我们将例子修改一下,假设 X 在第一年年末收回了 $6,000(假设在当时,这是他的资金在一年中所获取的公允回报),那么这将对他的资产负债表产生何种影响?根据这里所采取的观点,从 X 的账户角度来看,这纯粹是资本的收回而不是在建设期内资金的回报。因此,这笔交易可以以 $6,000 的费用记入 X 的资本账户,同时以相等的金额贷记现金账户。

然而,如果我们承认在建设期内运用资金所产生的收益应当作为资产价值的增加予以确认,那么我们将不得不得出这样的结论,即如果业主所支取的收益没有超过合理的比率,那么就不会减少初始的投资数额。这种观点在这个假定的例子中意味着尽管取出了＄6,000,但 X 的商业投资仍保持在＄100,000,因此这笔交易应当贷记现金账户,而在资产账户中记录一项同时发生的费用。

但是,上面的论述与例子中超过＄100,000 的资产价值的确认相冲突,在例子中,业主在经营初期没有从原始资金中支取金额,这种冲突同样对下面这个观点是有利的,这种观点认为,X 收回＄6,000,将会使实际投资总额降低到＄94,000。无论如何,这种净投资最终应当体现在资产账户中,数额应当是实际投入劳力和原材料等方面的数额。

实际成本与变现价值

如果建设期中估计的收益作为一项具体的会计事实将会发生,那么我们需要运用何种比率呢?在上述例子中,X 可能已经将钱存入银行,利率大概在 3％;可能已经将钱投入相当可观的证券中,获得 7％的收益;或者他可能已经"孤注一掷",将钱投入某只股票以获得(或失去)50％甚至更多的收益,人们处理资金的方式数不胜数。从他决定经营制造业的角度来看,这种有效的比率与什么相关呢?显然,唯一现实的或有意义的比率就是包含在这一行业类型中的完全确立的"市场"价格,它只可能被完工工厂真实可靠的收入所决定。在正常情况下,这些数据无疑可以通过揭示资产的"真实"价值而获得,如果这一价值高于成本,我们可以获得增加的数量和比率。在例子中,这一价值低于成本,这个具体的证据表明了从任何一个角度来看,经营都没有产生收益。

这给我们带来了另外一个方面的问题,正如上文所揭示的,假设 X 的完工工厂和它所有的配套设施(假定这些都可以被转移)以超过＄100,000 的价格正常变现——这一价格是 X 的初始现金投入——给另一个想直接跳过筹备期和建设期的制造商。但这种变现的价值可能将是＄115,000或更多,而不是＄106,000。换言之,通过最初的组织者和建设者 X 完成的所有服务、功能和所负担的责任等,变现价值超过了成本,这个过程中也会涉及纯粹的收益、利润、工资和其他要素。如果这是一个正常的由价格决定的例子,那么可以认为,变现价值只包含了投资数额加上市场的收益率,以及其他资本和管理活动的有效价值。如果这是一个非常规的例子——也就是说,由于特殊的效率或其他的经营环境,导致建设成本特别低——那么售价将包含一个很高的增长率,同样地,无效率的建设者将收到较低的回报。

诚然,应当强调的是,我们不能保证在特定的情况下,一项新的资产或公司的变现价值与实际的投资额相等。除了低效率或可能发生的事故以外,伴随着高成本的产生,也将出现其他无数可能的情况,这些情况使得在获利的基础上对资产进行处置变得不可能。简而言之,一项新资产的售价可能高于或低于其实际成本,这取决于每一种情形所处的特定情况。

无论如何,任何有效的价值增强都是一个可能的销售价格,同时,正如已经说明的,实际投资和变现价值的差异不仅仅在于正常收益的增加数额,如果是那样的话,任何费用在建设期所有者提供服务的账户中都应当被记为资产,这样的话,这项增加数额应当基于可能的变现价值,但这与现代会计体系的本质特点不一致。在整体上,会计结构是通过揭示作为一项余额或剩余权益的业主或投资者回报来实现的,这与成本和变现价值的差额不一样。这意味着,在一般意义上,买方市场而非卖方市场是会计费用的有效基础。相应地,相似的产品在不同公司之间的账面上呈现的是不同的价值。这里给出的一些例子明显违反了单一价格法,但从会计师的立场看却是合理的情况。例如,B 购买原材料、劳动力等等来制造一台莱诺铸排机,他在账簿上登记的价值不是售价而是成本,但作为一名出版商的 C,从 B 手中购买了机器,他将起初的售价作为价值,而这种售价是 C 的成本。

换句话说,生产者资产负债表中的完工产品普遍以成本作为其价值(对原始成本数据进行可能的调整,调整为可替代的或有效的成本,这种情况并没有被排除),同时,在购买者的账簿中,如果有这样的收益、增加的运输费、安装费和操作费的话,同样地商品记录在其账户中的数额就包括了这种成本加上给销售者的收入(这包括了收益和所有其他的净收入)。当然,产品的经济特征可能由于所有权或位置的转移而发生变化,但产品的实体特征在这种转移中几乎不会被改变。

关于企业间的会计价值多样性还有更加明显的例子。当我们比较不同生产者在同一时期的账户时就用到这个例子。假设,D是B的竞争者,也正在参与制造莱诺铸排机,很可能这两家公司的成本不一样,有不同的人工和原材料消耗,整体效率也存在差异——这些和其他因素一起必然会产生多种产品单位成本。然而,在缺乏十分有力的证据来证明其不合理性的情况下,会计师强烈地倾向于抛开特定的成本而赞成使用其他的价值基础。

在特殊的例子中,应当注意到,会计师赞成使用销售价格来度量存货价值,他们有时也考虑产品生产的预定地点、合同中包含的交易、生产过程是否包含了多于一个期间或季度以及会计价值是否超过成本。① 然而,大体上来说,在会计中,以销售价格作为评估原材料、施工过程、完工产品或其他资产的可靠基础的有效性,得到了强有力的支持。

现在,能否采用上述观点对建设期的收益处理问题加以合理解决呢?生产复杂的机器设备,以及商业组织和厂房建设这两者间只是在规模和复杂程度上有所不同。如果例子中的资产费用不以销售价格为基础,那么将同样地原理应用在其他例子中是否就是不合理的呢? 当然,这将会导致实体环境中的企业价值产生差异,正如此前已揭示的,从会计的角度来看,这种差异是完全合理的。X建好工厂花费了＄100,000,于是,这＄100,000就是资产的费用,Y从一个建筑公司手中购买了一座印刷厂及其配套设施花了

---

① 这种情况会在第十四章中作进一步探讨。

$120,000,实际成本对于其最终所有者而言又是进入这个行业的基础。从宏观市场情况的角度看,上述两种设立公司的情况无疑具有相同的经济意义,但从会计角度看,X 拥有资产价值 $100,000 而 Y 是 $120,000,X 投入了原材料、劳动力等,Y 则是间接地购买这些要素以及建筑公司的劳务。

如果这两家公司的经营一样成功,当然 X 的回报率将比 Y 的回报率高些,但这仅仅是账面上表现出来的,在 X 的例子中,如果有大量的资本投入使得两个公司的收益率持平,那么真实的情况就并不那么明确了。我们不能过于强调,任何倾向于消除同一企业不同年份的净收入差异或者消除同一时期不同企业净收入率差异的会计政策都应当受到谴责。各个账户应当体现每家公司的特定情况。如果 X 在他的投资中赚到了 30% 而 Y 是 25%,那么这种情况应当从账户中反映出来。这种资本化的过程虽然从投资者购买证券的角度看是十分合理的,但一般来说,这种过程不被用在资产负债表的资产价值中。① 这种情况在下一章讨论商誉的过程中还会作深入探讨。

我们应当承认,即使是实际成本,也只是一个试探性的数据。在会计中处理的大多是判定和估计,而不是确定的东西。价值通常或多或少是推测的和不稳定的,但是对成本的列示从其本身来看是一项很重要的统计数据,它至少提供了一个公平合理的起始点。在特定的例子中经常存在一种可能性,即大量资产的价值在很短时间内都消失了,但是并不能据此判断在当前的资产负债表中就存在破产的可能性。如果离开了这样一个基本假设——成本在初期记录中提供了价值,会计师将很难取得进展。会计师假设,出于某种目的所耗费的人工和原材料的价值汇入最终的商品、结构或情形中,这并不是一种最终的结果,而是为了前面所提到的目的,并且直到相反的结论性的证据被给出时才将其作为最终结果。无疑,要对这种假

---

① 与特定的租赁一样,如果资产存在于对一系列已知收入的明确权利中,那么出于购买和记录目的的资产价值以及出于阶段性注销目的的资产价值在账簿中都可能通过资本化的手段获得。

设的绝对真实性进行解释是不可能的,然而,绝大多数人赞同这一观点,认为它是会计程序合理的基础。①

为了对业主所投入的劳务和各种生产条件进行资本化处理,我们在账户中需要引入一项更为试探性和临时性的事实,但仅仅只有这个事实并不足以提供背景。我们必须认识到,这些服务的价值在某种意义上的确发生了,且至少在经营期发生了。就像购买物资一样,一家商业企业的经济史类似于蜿蜒不断的小溪,当会计师试图对一年、半年、一个季度、一个月或其他期间的交易流程或过程进行分类,在每个期间结束时以一份资产负债表作为分隔,并对每个期间分配属于它的数据时,他们以或多或少有些随意的方式进行,同时切断许多实际的内在联系。这样,如果某单位的原材料从出库,再经过许多加工步骤并最终作为完工产品进入仓库准备装运,在这个过程中,该单位原材料将所有生产过程中购入的必要的商品和劳务吸收成为自身的价值。那么我们可能认为,业主自己投入的多种劳务和生产条件,它们的经济意义也是与之相同的,同样也都附着在完工产品上。或者,换言之,准备装运的完工产品的价值实际上就是售价,不论实际的销售行为是否已经完成。

这种观点可能会被承认,但我们仍然要回到这样一种基本观点上,即会计师的观点本质上一定是某个特定公司及其业主的观点,而不是整个市场的情况。在前文中我们已经反复强调过,会计体系的组织,是基于购入的产品和劳务与所有者提供的劳务和生产条件之间巨大的差距而做出的,前者从外部获得并计入成本,后者则只有在被报告为结余或收入时才会被明确确认。根据这一观点,我们可以总结为:业主权的功能,无论何时或以何种方式提供,都不可能产生资产价值或费用。

这一分析能够被用于解决一个次要的问题,即为了记录费用,该如何衡量经营公司自建的属于自用的设备或其他资产的价值?哪一项才是正

---

① 参见第十五章。

确的数额？是公司实际发生的成本，还是必须购买的数量或从其他地方购买这些资产的市场价格？根据上文的结论，将实际成本作为费用是适当的。然而，在实践中，常常会犯这样的错误，即我们只将人工和原材料的直接耗费包括在内。所有间接的——但实际发生的——成本都应当被加上，因使用能源而发生的普通成本也应当被计入。举个例子，如果在建设过程中用电，那么用电的成本应当被计入。事实上，普通成本中任何一个可合理归属于特定工程的部分，都应当从现有的经营账户转移到可代表新个体成本的账户中。当然，在许多例子中，这样的分配是一项很难的技术工作。

在非公司制企业中

在公司中，要确立上文所支持的观点会更加困难。这里我们接触的是法律上的商业实体，并且将所有者的"提款"改为对公司成员的"支付"，但我们应当强调的是，公司的引入，并不会改变交易的本质以及已经提到的对资产负债表的影响。公司与其成员之间的交易跟它与外界的交易是不一样的，公司向其股东发放"股利"，这并不是在购买股东的劳务，而是代表了将收入或资本在投资者之间进行的分配。同时，对任何在经营前发生的这种支付，最好的解释就是使资本得到减少——因为在这一阶段没有发生收入——而不将其解释为可记入资本账户的，用于支付服务的费用。

作为接下来我们讨论的基础，我们像前面一样先做一个假设，假设 X 公司成立，发行金额为 $100,000 的股票，并将这些资金用于建设工厂以及购置设备，时间为 1 年。那么在前面部分我们所得出的结论还仍然可以适用并保持下来吗？这种置疑看来可以得到确实肯定的回答。如果只是仅仅介绍公司的构成而将其他条件保持相同，那么很难证明对资产价值所做的基本修正是正确的。不能说 X 公司购买了股东的资本服务，投资者与公司之间在相互关联上不会存在这种对立，投资者提供资金，公司在经营建设中扮演了资金的代理人。很明显，因此发生的资产费用将仍然是

$100,000，不会多也不会少，不管 X 公司的股东有很多或是只有一个，这种情况都是正确的。

然而，两个例子中的不同之处体现在对支付个人劳务的处理上。在个体公司中，X 可能在经营管理等方面提供劳务，同时根据上文提出的观点，从会计师的观点得出的结论是较少的成本；而在公司中，任何被允许的对特定投资者的支付都被视为对其在组织、建设以及管理过程中所提供劳务的一种补偿，这种补偿应当被视为一种资产成本而非对资本的分配。在前面章节中我们已经谈到，公司的确经常购买大部分他们需要的、必需的个人服务，在公司的组织结构下，投资者则倾向于提供资本并进行最终的管理，其他必要的劳务将从那些并非主要股东的人身上取得。

进一步地，如果特定的投资者们被所在的公司以一个合理的补偿比率所雇佣，那么这种交易可以合理地被视为购买。也就是说，单个的公司雇员同时也可能是公司的股东。这个事实并没有阻碍这样的结论，即他的报酬是建设和经营的适当成本。公司整体、投资者主体以及商业企业，在这里与特定的持有股票的雇员形成了对比。然而，如果由于投资者对管理层的控制而使他自己获得完全不合理的补偿，那么我们就不能做出这样的结论，即将所有的金额都借记资产。理想的情况是，超过某一公允价值的劳务支付应当被视为资金的浪费。

假设 X 公司在初期向股东支付了总额为 $10,000 的股利，①因为是对必要服务的支付，即使用了一年股东提供的资本，这笔数额可以借记一些资产账户吗？在这个例子中所提出的观点需要再次被强调。最终结果与投资者在期初仅存入 $90,000 是完全相同的。另外的 $10,000 在其后按比例存入到投资者资金指定的适当地方。这一交易，不能被当作是资产的获得，在一个理论的支持下我们可以否定它，即返还给投资者的资金，无论数额多少都不会导致资产的减少。事实上，初始资金的返还是一笔与收

---

① 当然，这种分配大体上来说是非法的。

到投资者的投资完全相反的交易,同时编制相应地分录。当股东投入资金时,最终的会计结果是借记现金,并贷记股本。同样,当返还初始投资时,交易应当被记录为:贷记现金,并借记股本(或其他与资本权益减少相关的账户)。

到目前为止,我们考虑了同类的所有者和投资者,现在出现一类更加复杂的情况,建设中的资金来自多种不同的来源,尤其对于一些大公司更有可能发生,在此类情况下就出现了多种观点,这样我们要判断谁是业主本身就有一定的困难,购买的商品与服务和投资者提供的服务难以区分。

让我们修改下这个假设,假设 X 公司从两类投资者手中筹集到 \$100,000,包括优先股股东和普通股股东,假设从每一方都筹集了 \$50,000,所筹集的资金被存入同一个账户中,并用公司的资产支付给发起人、经纪人、承包商和经销商等。为了方便,我们可以再假设组织和建设的期间为 1 年,\$100,000 的资金在年初全部筹集到。

现在我们假设每年按 6% 的股利支付率分配给所有股东,在这其中,优先股一定有所关联,显然在这个例子中,\$3,000 必须支付给优先股股东,其他的则支付给另外的股东,那么这笔交易的意义是什么呢?\$3,000 的现金以法定比率支付给一种类型的投资者,但这代表另一半的资本没有获得任何回报吗?显然,因为没有其他的资金来源,这项分配是从总体资金中拨付的。我们在账户中应当如何记录这笔交易呢?

在经营初期所有(或者合同中明确增加的)对投资者的支付,都是必要服务的成本——使用资本——这个例子中的支付(\$3,000)应当借记合适的账户,并贷记现金。这一结论也被一个学说所支持,这一学说将普通股股东看作是围绕在所有应予以组织和解释的会计原则和程序的核心部分。根据这一理论,在建设期间使用的所有资金的"公允回报"应当借记资产成本,即 \$6,000 应当借记资产账户,\$3,000 贷记现金,且在某个附属于普通股股东收益的收入或盈余账户中贷记 \$3,000。这种做法的适当性取决于商业企业作为一个实体完全与投资主体分离这一观念的有效性。这一观念在这部分的前面段落中已经提及。

而如果坚持本章到目前为止所采纳的观点,那么＄3,000的支出仅仅只是导致资本或投资的减少,不能被认为是对资产的支付。显然,如果公司只从同一类型的股东手中筹集所有资本,同时不分配股利(就像在这部分的第一个例子所说的),那么另外的＄3,000将可以被投资到厂房或原材料中,最终形成更多且更有价值的资产。那样的话,建设期中的估计收益就不像第一个例子中是一项资产,而在第二个例子中,经营前被优先股股东提取的那部分金额也就成了收回的资本。

但如果是这样的话,谁的权益被削弱了,是普通股股东还是优先股股东?这是个很难回答的问题,可能难以被完全解决。如果优先股股东对资产享有优先权,至少从可能分散的观点来看,这种支付会导致普通股股东的损失,但是这种交易是完全自愿的,并且很可能剩下的投资者会认为整个交易是非常明智的。他可能很愿意为了促使优先股股东接受一个固定的回报率而做出明显的让步,而他期待的是其后的投资有一个更高的回报率,这的确是一个棘手的问题。

公司会计师应当以什么作为他们报告资产成本的基础呢?是将所有投资者视为一个整体,还是将公司视为一个整体,是普通股股东的经营管理,还是普通股股东的剩余权益?从将投资者作为一个整体的观点出发,依据我们试图建立的观点,例子中资产的实际成本是＄100,000减去＄3,000,即＄97,000。从普通股股东的观点来看,有某些理由可以说明出于会计目的的真实投资额是＄100,000,由于此前同意优先股股东取走＄3,000,因而剩余投资者就获得了一项权利,一个投机机会,他们无疑会认为这值得此前的付出。这个问题可归纳为另外一个问题,即会计师能否将优先股股东视为单纯的外部人——像雇员——而非将他们视为资本的贡献者和业主,并认为他所服务的商业单位在建设期内实际上是从这些股东手中购买特定的价值?又或者他是否应将所有投资者视为一个整体,并相应地将完工资产的成本作为所有类型股东的实际投资净额?

如果这个例子的逻辑没有被忽略,那么我们有必要做出总结,倘若认为在经营期支付给优先股股东的股利应当被视为对收入的分配而非经营费用,那么在收益前期所支付给优先股股东的股利必须作为资本的减少,而不是对资产价值的偿付。

如果这些优先股股利的支付造成了资本的减少,应当编制什么分录来确认它们呢？如果采纳传统的观点,即除非实际股份被注销,否则不能登记在股本账户中,那么我们有必要借记一个特殊的辅助账户。"优先股股东预付款"是可能的选择,这个账户可能在其后转入累积盈余账户,或者可能被保留下来以说明一个志愿组织的"赤字",这将形成了一种特殊类型的估值账户,从某个角度来看,这个账户代表了对名义资本权益的抵减,以及一部分投资者的投机利益。

还会出现更难的例子,部分资本是通过发行债券或其他契约性证券所取得,并在经营期以前的期间被支付或获取。比如,假设 X 公司筹集了 $100,000,从股票上筹集了 $50,000,从债券上筹集了相等的金额,$3,000 在建设期支付给债权人,那么从会计目的角度如何解释这笔交易呢？

如果将所有的长期投资者视为一个整体的观点被采纳,那么这种支付就形成了初始资本金的减少,从任何可能的分散角度来说,这种减少首先对股东造成压力,这也就是说企业在经营中没有购买债权人的服务。股票和债券的发行仅仅意味着公司正在从这两类投资者手中筹集资金,正如此前章节中所说明的,债权人的权益和股东的权益都只是公司资本化的一部分。如果在经营期以前就将资金支付给这些投资者,那么资金就会用光,除非我们假设企业在组织期和建设期可以获得收入,否则就没有其他资金来源。问题再次出现了,会计师应当采纳何种观点呢？从股东的角度看,剩余权益对他们来说并非完全不合理,他们认为这些收益支付不会减少投资,或者换句话说,剩余权益衡量了完工资产成本的一部分,而更广泛的观点则认为,这种支付会减少最终的净投资。

为与之一致,我们有必要下这样的结论,即如果在经营期支付给债权人的收益是对净收入的分配,那么在收益开始产生之前给债权人支付的这种"收益"就形成了资本的一项收回。

在公用事业或铁路公司中

在我们对经营前"收益"的重要性和处理的讨论进行总结时,我们应当特别注意一种"准竞争"的和公共管制的企业。比如铁路领域,很明显,资产成本的确定在这里就是一个很困难的问题。尤其是在这个领域中,建设期通常会相当的长,这一事实直接造成了确定合理资产成本数额的困难。进一步地,这里对真实的初始投资或贡献的衡量是一种特殊后果的事项,因为投资来自价格的决定,这很重要。

在竞争性行业中,初始资产的成本在特定例子中与产品价格很少或几乎没有联系,因此,对投资作仔细的会计处理——就所关注的对总收入的影响而言——看起来并不重要。而在铁路领域中,突出的是,投资者被授权对其资产"以一项公允的价值获得公允的回报",基于价格制定的目的,初始投资与公允价值密切相关,伴随着对这一理论的强调,自然就导致了对建设过程中会计核算的重视。也就是说,在那些由国家制定价格的企业中,在某种程度上,资产价值作为定价基础时有更多的意义。

州际商业贸易委员会提出的分类中包含了名为"建设期收益"的资产账户,这个账户与建设期间债券以及其他契约性证券所获取的收益相关,"该账户应该也包括了合理的收益费用,即在建设期资产尚未使用以前,运输公司自身用于建设目的的资金支出"。① 显然,铁路公司可以允许增加实际收益,同时以一项估计收益对资产成本进行补贴,这是合理的吗?如果是,我们如何证明前面部分中的相反情形也是合理的?

---

① 铁路的路段和设备的投资分类,第 76 号会计账户。

至少有一些东西可以用来支持贸易委员会的观点,我们必须清楚的是,铁路是一种准公共设施,它们的建设和定价绝大多数由政府制定,因此,铁路证券的投资者在相当大的程度上被限制为仅能获取非投机性的回报率。相应地,在权益中,投资者只能从他首次投入的资金中挣得这种比较低的回报率,也就是说,如果排除了投机机会,负担和风险就可能减少或消失了。如果那样的话,在铁路公司中通过揭示投资者被允许赚取的价值的方式来构建账户是明智的,等待初期的收益应当被计入资产的成本中。

我们应当注意到,州际商业贸易委员会对"建设期收益"给出了一个结论,这里的收益包括已支付的收益以及非收益型资本特定的应计和估计"收益"。换言之,不仅投资没有因为经营前给债权人的收益偿付而减少,而且,股东由于投入资金所获得的一项公允收益补贴被计入了道路和设施的成本中。这是符合逻辑的,如果任何一部分投入资本的应计收益被作为一项资产费用,那么整个投资的收益,不管其来源,都应当作为资产费用。这部分的应计项目没有——或短暂地伴随着——实际的分配,当然,正像我们前面所说的一样,它应当被贷记一些收入、盈余或资本账户。在州际商业贸易委员会的分类中,没有对贷记的账户作绝对的规定,可能它在一些利润和损失的账户中被吸收了。

或许,对竞争行业中的普通私有企业来说是极其不合理的特定做法,但在受管制企业中却又是合理的。此前已经提到,对于完全社会化的企业,有理由认为政府实际上购买了资本的服务以及其他必要的商品和服务。换句话说,无论在什么情况下,投资者实际上都是局外人,而非经营最终掌控的关键要素,会计师可能会改变其自身关于成本决策的观点。如果铁路公司的会计师完全从私人投资者的角度出发来组织自己的体系,那么显然,将投资者的个人服务记入资产账户是不合理的,因为也可以假设为业主购买的是自己的服务。但在公用事业领域这一特殊情况下——国家拥有所有权并进行管制——这里,会计师持稍有不同的意见也是正常的。

然而,许多观点认为,在受管制企业中运用的会计原则和步骤一样适用于竞争性企业。公用事业的净收入仍然被报告为私人投资者的净收入，股利和利息被视为对收益的分配而不是费用，企业的管理必须进入开放的市场以购买各种商品和劳务，成功管理的标准在这里与非管制领域是一样的。这种价格决定的事实能够影响会计结构及其基础观点吗？有没有好的理由来说明账户的作用就是为了呈现对定价非常重要的初始贡献呢？难道会计师的工作不应被限制于对形成多样的结构、商品和服务的私人业主的实际净投资，以及由流经企业的具体资产项目特定价值的变化所导致的实际净投资的增加或减少进行报告吗？换言之，账户应当为了价格目的而呈现价值吗？

  鉴于管制型公司在定价的价值上持不一致的观点，整个情况就陷入困惑中，看起来会计师或许能够很好地避免试图揭示此类价值，或根据特定的定价决策修正其余额的行为。当然，从直接管理的角度来看，外购项目的成本应当在一开始就被记入资产账户中，那些没有反映特定经济变化的业务则不允许这样修正。出于定价目的的价值是由法院和委员会根据多方面公共政策的考虑所决定的，而这些都可能合理地被会计师所完全忽略。这个问题的产生与早期损失的资本化以及类似地程序存在联系，这将在下一章中继续讨论。

第十三章　商誉与持续经营价值

此前章节中所强调的一些观点对于特定无形资产的解释以及相应地会计处理都有重要意义,本章将对这些话题展开探讨。还没有人尝试对不同的无形资产作一番透彻的讨论,而只是趋向于强调与这一主题相关的术语。这一主题与此前会计结构的解释中广泛运用并采纳的理论观点存在一定关系。本章将重点关注商誉和持续经营价值。在开始之前,考虑到对这一事项还存在普遍的困惑,我们将首先讨论无形资产的一些本质特征。

无形资产的定义

在会计师大量运用的分类中,资产被分为有形资产和无形资产,这一划分依据一条基础的分界线。同时,在资产负债表中很少或几乎没有予以明确的确认。正如第八章中所指出的,与特定的辅助分类相关联的固定类别和流动类别在编制财务报表的过程中被予以了重点强调,有形资产与无形资产的区别在会计文献中显得十分重要,同时在实务中也有着重要意义。

从会计角度看,是什么形成了一项无形资产?对此有多种观点,根据普遍接受的观点,"无形"这个词语与"不可感触"是同一个意思,即"无法接触或通过接触感知到",是非物质的。如果这个定义没有经过限定就被沿用到会计中,那么一项无形资产,就是归属于商业企业的有着显著持久性的任何有价值的部分或要素,但并不以特定的物质形式存在。同时,人们用了无形资产账户来揭示这一要素的金额。根据这项定义,只有实物性的物质资产,如自然资源、建筑、设备、工具、材料以及商品等才可以被定义为有形资产;同时,只有反映这些项目的账户才能被视为有形资产账户。应收账款、票据、证券、预付保险、租赁以及其他所有有价值的权利、优先购买权以及条件等,则都形成无形资产。

在上面定义中提到的"显著持久性"应当解释一下。在第四章中,我们谈到了所购买的流动服务都是资产,所有的这些要素都形成了无形资产,因为它们明显是非物质的。然而,从成本角度看,服务无疑转化为资产的价值,同时从借贷分析的角度考虑,可以被作为"资产的增加"。应当强调的是,绝大多数的流动服务很难被认为是无形的或者独立于实物的存在。正如我们在前文中所强调的,比如,会计师通常会假设人工服务的价值通过传递并附加到工人制造的商品上。而我们必须承认,像保险、广告、管理以及监督等通过普遍方式进入生产过程,很难专门地、直接地附加到在产品或其他有形要素中,以上资产可能在一个特定的时期内被视为形成了无形资产。

正如第八章中所指出的,存在一定影响的观点认为,任何有价值的权利、债权或优先购买权是通过一些确定的工具,如票据、抵押、债券或其他文件来体现的,这些资产实际上是有形的,因为它们通过一些实物加以证实或呈现。同时,毫无疑问,这一观点寻求了大量支持,如银行票据以及可转让债券,如息票债券等。经营者很自然地认为这些证券有其内在价值;同时,从私人的角度看,只要它们可以支付给持票人,它们就确有其内在价值;如果丢失、被偷窃或者毁损,那么它们是不可替代的(只有当原始的持有人参与进来时,相关的权利才能被取消)。而在应收账款、银行存款、股票证券和记名债券等情形中,仅仅是文件证据的损失不会对权利有效性造成影响,这些文件只是资产的证明而并不构成资产本身。

正如前文所提到的,无形资产账户显示了财富的双重代表,这起源于一个事实,即会计是基于特定公司而非一个团体。权利、优先权和要求权,从会计师的角度看,构成受益企业的资产。当然,从根本上说,企业整体结构必须基于有形资产。社会的财富从任何角度看,都是由土地、建筑物、设施以及商品——有形资产所构成的,而特定企业的资本,可能是由大量有价值的权利、证券、要求权和条件所组成的。

在公司组织和获取主要原始资产的初期,估值问题的本质为从整体上解释无形资产提供了一种可能的方式。在大型复杂企业的组织期和建设期,需要大量的资金投入,这些资金很难说会形成确定的有形资产,或者是导致这些资产价值的增加。相应地,从这个角度看,无形资产作为一个整体可能被定义为形成企业整体的超额总成本,除此以外,部分此类成本能够被合理地分配到特定的有形资产账户。这是一项从反面定义的概念,但对会计师而言,具有深远的意义(在下一章中,将进一步讨论决定初期投入资产价值的问题)。

这一定义的修正,为从整体上分析无形资产提供了有效的出发点。无形资产是剩余物,是附属于公司整体法定价值的余额,是超过多种单独的有形资产法定价值总和的金额。也就是说,无形资产衡量了作为整体的、以物质形态存在的公司总资产的一部分,但是不能认为——除非是基于一些高度专断的基础——它是存在于特定的单位设施、设备等之中。否则,要使之不同,公司内部多种按单位存储的实物资产的全部价值总和,达不到企业法定的总资产,差额就表现为无形资产价值。

显然,在某种程度上,有形与无形的区别类似于特殊与普遍、直接与间接以及可归属与不可归属,从整个企业的角度来看,在特定的例子中,我们或许可以认为所有资产都是有形的,也就是说,如果企业将其资产负债表视作一个单独的账户,那么"所有资产"就不能排除任何一个要素,同时,也没有任何理由将这一账户作为一个无形资产账户。我们试图尽快将某些特定的有形资产分离出来,这样,无形资产类别就会自然地显现出来。

下面这个图所显示的内容就是对这一观点的强调:

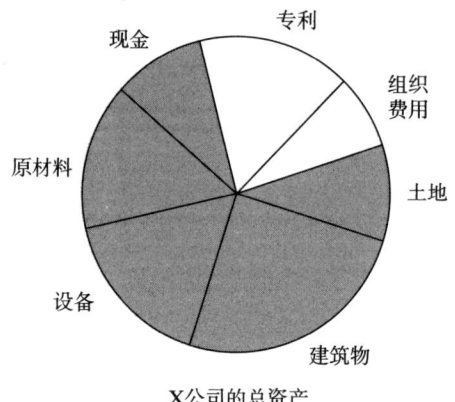

X公司的总资产

正如第二章中所给出的,假设图中整个圆代表 X 公司的全部资产,阴影部分代表公司所有特定的有形资产,非阴影部分则代表无形资产。在这里,现金被视为一种有形资产,正如此前所提到的,这一资产通常——在很大程度上——是一种特殊类型的应收款。

普遍接受的观点与此前的意见并非是紧密相连或一致的。从无形资产即非物质资产这个概念出发,当会计师不认同对资产的分类时,经常会或多或少地放弃这一观点。在实务中,应收账款、应收票据、股票、债券和其他证券很少被列示在无形资产中,而商誉、专利权、商标、版权、特许权和经营价值则被列入无形资产中,租赁、预付款等价值有时也被视为无形资产。显然,这意味着,作为有形性的一项测试,物质性并不是一直都成立的,因为应收项目是一项高度的非物质性资产,这种观点将所有确定的、可靠的、容易评估的权利和债券包括在有形资产内,并将"无形资产"限定为那些有些含糊的、令人怀疑的以及不确定的权利、条件和优先权。

特别是在公用事业领域,一些工程师和会计师所提出的无形资产定义,是将企业的评估价值超过所有资产成本的超额部分计入无形资产中。也就是说,一项无形资产的价值并非源于直接成本,不同种类的特权和经营价值也经常计入无形资产中。很明显,成本一般不能作为无形化的一项令人满意的证据。商誉、专利和其他无形资产或许是基于现金或现金等价物的基础所购买的。

作为一项支出,如果会计师希望将无形资产仅仅视作上文所提到的一些可疑的和特殊的资产,那么也没有什么有力的反驳来说明。然而,我们可能要强调的是,这一分类并没有被用于指明那些作为整体的非实物性的或非物质性的资产。

对商誉的分析

商誉,从广义上说,代表了一种对未来超额收益的价值估计。商誉的这种定义给了我们一个很方便的起点,对商誉的处理首先涉及对"超额收益"这一措辞的思考。

投入资金的回报率在不同企业间存在很大差异,这是一个人所共知的事实,甚至在一条特定的界线上,收益率可能从一个负值到100%或者更多。一个公司可能经营亏损,另一个可能获得中等收益,还有一个可能收到非常好的回报率。净收入率在不同时期、不同公司以及不同行业中具有很宽泛的多样性,这是一个令人感到惊讶的事实。通向成功的条件十分复杂,资本的投入量仅是决定期间净收入的因素之一,管理能力、方法、步骤、地理位置、产品名称,这些和其他许多因素都可能导致财务上的成功。进一步地,至少在目前,特定管理无法控制的、纯粹的外部和偶然环境,或许是决定利润和损失的主导因素。对于这些次要的因素和条件,一些公司比他们的竞争者要更为适应,这种类型的经营,就将其称之为拥有商誉。

更准确地说,从这个角度来看,商誉可能被定义为超额收益的资本化价值,这种超额收益是一家特定企业拥有相同的投入资本能够比它的竞争对手赚取的更多收益——一项"正常"经营,其所使用的资本化的比率就是典型企业已实现的回报率。"典型企业"——或多或少地是一个虚构的实体——为了这个目的,被定义为:赚取某一典型或合理回报率的一家企业,这个回报率被认为是适当的,其数值之高,足以实现全行业的资本保全,这个回报率随着产品需求的增强而合理的增加。

比如,假设X公司是一家典型的商业企业,拥有$100,000的资本,并每年获利$10,000,Y公司是与其匹配的竞争对手,同样也有$100,000的资本(根据相同的评价标准),但每年获利$20,000。我们假设在这两家公司中,收益率与风险条件的持久性是相同的。现在,在这样的环境下,Y公司的资产,包括所有的附属设施和条件,从盈利能力来看,显然要比X公司多$10,000。换言之,预期的投资者很自然地愿意向Y公司支付双倍于X公司的每股价格来购买其股票(假设两个公司股票数量相同)。根据上面的定义,Y公司超额收益的资本化金额超过X公司的部分就形成了商誉。

将商誉解释为差额盈利能力的资本化,意味着这项价值仅存在于那些经营状况良好的盈利平均线之上的公司中。也就是说,根据这一观点,这家典型的企业中没有商誉,这一观点看上去似乎很不合理。专业的会计师可能认为,即使是适度成功的企业都可能存在少量的商誉。然而,我们应当记住的是,上文所定义的典型的公司完全是虚构的实体。如果这种例子可以实际被发现,那么是否会有人愿意通过全部或部分的商业购买追加对商誉的投资,这令人怀疑。当然,进一步说,我们有必要假设,典型的企业和所有与之进行比较的企业都没有被出售、重组或以将商誉包含在内的方式进行价值重估。

根据这个定义,商誉与生产者的经济"租金"或者经济"盈余"密切相关,那些拥有垄断优势的生产者通常出于一些其他原因,经常认为是为了实现一项特殊的盈余或租金,表现出特别的效率或者不同寻常的适应力。"典型企业"在本质上被视为:与边际的价格决定的生产者极为相似的企业,这种观点导致了这样的结论,即从特定公司的角度看,商誉表述的是公司所获得的经济租金的资本化价值。

持续的异常收益率对于上面所说的商誉的形成并不重要,如果不寻常的收入被确认了数年或者仅仅只有1年,那么从资本化收益的角度考虑,作为整体的企业将会获得额外的价值。

在开始对商誉进行会计处理之前,我们有必要更仔细地检验形成商誉的要素和条件,同时对在实务中所采用的更为狭义的意义予以说明。

可以说,商誉由以下三个主要方面的因素、条件和环境构成:① 主要业主本身直接投入的服务和条件;② 就所关注的业主个人而言,企业所获取的、完全外在的、确定的权利或其他要素;③ 对成功经营起决定作用的、不确定的、普遍的、间接的权利和条件。在第一类中,我们可以以特殊的技能和知识作为商誉,这些技能和知识是就生产技术过程、高级管理技能、特殊的销售能力、个人信用、社会关系与商业关系、名望、有吸引力的个性等而言的。在第二类中,可以列出专利、商标权、版权、品名以及类似地特殊权利和条件。在第三类中,可能会提到客户、地理位置以及确定的雇员,还包括可能会给公司带来暂时优势的、有利的贸易发展,以及其他高度外部的和普遍的因素。

应当强调的是,在这些权利、条件或有利的商业环境中,没有一项会对商誉或其他价值有所贡献,除非它们给特定企业带来了超过基准的典型企业的优势。显然,如果经营以任何方式开展下去的话,上面提到的许多事物——与特定的资产一样——必须从一定程度上被反映出来。绝大多数的这些因素被视为理所当然的,它们形成了配件和环境,这对于每家企业的经营都是需要的。只有当部分因素具有这样的特点,即能够给它们所在的某个特定企业带来财务上的特殊意义时,它们才可能产生无形资产。

在会计文献以及专业工作中,对商誉的应用应当被严格限制为仅归属于企业的价值,这一观点看上去很普遍,因为公司附加价值的超额收益与上面提到的第一类和第三类的条件相关,那些得到政府承认的特殊权利和优先权在合适的条件下被予以独立考虑和确认。从整体上看,这一观点是合理的,因为专利权和其他类型权利与那些暗含的个人要素完全不一样,它们可能需要一种不同的会计处理。然而,我们更多地强调商誉作为所有收益产生因素的价值,除了普通的购入资产以外,这些因素都是相互独立的,同时,这一解释很可能为无形资产原理的分析提供了令人满意的起点。

非购进商誉的处理

根据前面部分形成的基本概念,商誉可能以一项经济事实而存在,而无需像典型资产那样通过购买所获得。然而,并不是说在这种环境中就应当对商誉进行明确的会计确认。长期以来,在传统会计学中有一种已被接受的观点——这种观点经常被违背——即商誉或相关无形资产无论如何都不能在账户中予以明确确认,除非是基于现金或现金等价物的真实购买,同时,它们应当仅以实际支付额计入资产。

这一规定初看起来有些不合理,而且与前面的论述,特别是第五章所提出的观点相冲突。同时,其他形成某个企业财富的、有价值的观点或目标,虽然不需要成本,但应当被确认为资产。然而,我们相信这一实务原则完全合理,并且与本书研究中所强调的理论并未发生冲突;反之,在前文我们所强调的观点,特别是上两章中的为会计师维护其观点提供了逻辑基础,至少就所关注的、狭义的商誉定义而言。

正如此前已揭示的,商誉体现了超额盈利能力的价值,它代表了对其享有的特定权利和优势的资本化。显然,如果商誉在指定行业的所有企业的账户中完全被确认为资产,那么所有不寻常的回报率都将会消失,就算是最成功的公司也只能赚取与一般竞争力下相同的比率,这一比率是由一些典型的公司所决定的。就净收入率而言,所有特定的成功企业实际上都会降到一个正常的或典型的比率水平。

很明显,这将使真实的情况变得模糊。这些账户应当揭示企业拥有客观经济资源的实际净收入率,如果在某个特定阶段这个比率是50%,那么就不应当通过这一方式来操纵资产价值以掩盖这一事实;如果真实的比率是5%,在账户中也应当表述真实的情况。在特定交易中,任何导致消除收益阶段性波动或者使不同竞争性企业收益平衡的会计程序都是不合理的。

通过采用会计政策迫使资产价值进行调整,使得没有一家公司在特定领域获取的回报率能够超过10%,这种做法会破坏进行比较的重要基础,它会导致一个很含糊的事实,即计划被认为是应当予以强调的。总资产的净收入率是最重要的一个事实,所涉及的业主、积极的投资者或其他个人很自然地希望知道他们感兴趣的特定企业的盈利能力,以及这种盈利能力与其他竞争者相比的结果。显然,商誉要素的任何普遍认定以及在会计步骤中对资本化的总体介绍将会使这些事实变得模糊不清。

如果商誉被认为仅仅代表了所有者提供的服务和特殊条件的重要性,那么这种观点可能会被强调。对这类服务和条件产生的额外收益进行资本化这一行为与在经营前确认收入是相似的。上一章提到的经营前确认收入这一做法的目标也能够被运用在这里。在这个意义上,将商誉确认为一项特定资产,再次说明了应将业主所提供的服务和条件视为一项资产价值,并记入企业自身账簿中。但是,正如在前面章节中反复提到的,业主没有购买其自身的作用和服务,因为他们做了其他有价值的考虑,因此,将这种因素的估计价值包含在资产中将会使观点发生不合理的转变。

资产账户的功能是持续地揭示业主的实际投资,这些投资通过其所购买的多种商品和劳务表现出来,但其功能并不包括对资本或个人要素估计金额的揭示——不管这些由业主本身所提供的要素有多重要。如果业主自身具备一定功能的观点被作为控制原则所接受,那么其所提供要素的价值首先应被会计人员明确地报告为一项收益,当然其后也就不能作为一项资产的成本来出现。投入已购进资产的实际资本价值的回报率对业主来说是一项重要的比率,如果通过以业主超过其典型竞争者的技术、整体能力、名望的价值为基础来确认一项无形资产,当这项比率降低到某种名义水平时,那么其真实情况就被掩盖了,而非变得更为清晰了。

在经济中,我们通常强调技术、健康、教育以及不能被视为个人或集体的部分资本或财务的其他个人特质,而不论这些要素对财务上的成功有多么大的重要性。类似地,企业业主不同的特殊能力与资质在企业的账户中也不能在整体或部分上被视为形成了确定的资产价值。

在某种程度上,商誉取决于个人的服务和特质,这的确是难以转换的。不寻常的成功是跟能力以及与特定个人或一部分人的关系紧密联系在一起的,就像经常在独资企业和合伙企业的例子中,将商誉从一个企业转到另一个企业是不可能的,除非说服那个取得成就的人到新的具有相同生产能力的企业中。因此,不管怎么说,由实际购买予以确认的、特定类型的商誉非常少见。

这并非要试图否定资本化的过程作为一项经济事实的重要性,只不过是将企业的资产账户确认为企业一部分可能的未来收益的资本化价值,这看上去不合理也不可行。商业领域中特定资产的收入在很大程度上是不确定的,如果未来的收益是已知的,那么确实将很难设定资本化率。成本(或调整的成本)是会计师入账的本质基础,如果离开了这个基础,那么会计系统将会陷入臆断的和不确定的迷茫中。但是,即使是将资本化或折现估算运用到获取购入资产的账面价值中——同时运用在一个限定的范围中——也不能获取公司部分净收入资本化的凭证。

然而,就所关注的业主而言,这个结论是否可加以延伸并涵盖专利权、版权、租赁以及其他确定的和客观的权利,这值得怀疑。国家赋予特定公司的特权通常会形成额外的盈利能力,进而形成一项重要的价值。在许多例子中,公司专利权的价值远远超过了所有有形资产的重要性,对专利权价值所做的真实测试很少会等于其成本。在传统实务中,只将试验、模型等成本以及法律方面的费用和支出的数额作为专利成本,记入专利持有人的账户中,这种做法是明智的。一旦特定的设备证明了其价值,那么这一数额与合理价值之间将不存在任何关系。

在这些例子中,至少有一些东西是对这种观点有利的,即变现价值,真实的市场价值是会计分录最有效的基础。对于一家拥有专利权的公司来说,以某个已显示的价格(如基于可靠的报价)$25,000,000 在专利权账户中列示其价值,而不是以试验成本$50,000 来列示,这样是很荒谬的吗?可以合理地认为,这类真实的无形资产可能以没有成本或价值超过成本的形式出现,就像有形资产那样。当然,没有人会认为铁路公司如果收到了一块免费的价值$100,000 的土地,会由于这块土地没有成本而忘记记录这一资产,或者一个勘探者发现了一个价值$1,000,000 的矿藏,他会以食物、设备、费用等的成本作为其所发现矿藏的价值记入账户。同样地,我们认为专利权、版权以及相似的、确定的、客观的权利与特权应当有一项合理的且大大超过其成本的会计价值。

购进商誉的处理

如果某特定公司以现金或现金等价物的形式购买了另一家公司的资产,同时为土地、房屋、设备、产品、应收项目以及证券总额的超额部分支付资金,目的是为了保护企业的地理位置、客户、商标等,这意味着,这笔投资实际上形成了商誉,且在购买者的账簿中相应地成为一项合理的无形资产。

这与上文的结论是一致的,正如第十二章中所解释的,比如,一家企业投资$100,000 建设厂房,那么它所拥有的一项资产就应当以这项数据记入账户,但是,如果是在建设期结束后,完工资产以$115,000 的价格出售给另一家公司,新公司就以$115,000 将这笔资产登记入账,因为它实际上已经购买了建设公司的劳务。同样地,一家公司无偿获得了土地或名望,由于这些额外的优势赚取了非常高的回报率,尽管公司由于这些因素可能在销售时占据有利位置,但该公司不会对这一收入的资本化进行确认。但是,一家公司出资购买了另一家公司,同时自愿支付超过普通资产价值的价格,这家公司就进行了一次明确的对商誉的投资——购进了商誉——因此,在它的账户中可以适当确认这一资产。这项规定导致了资产价值在相似公司间的多样性，但正如我们前面所说的，这一多样性从会计的角度看是合理的。

尽管会计师有这样的规定，作为假想的数据，商誉在实务中还是经常被确认。在公司或重组公司中，商誉被自由地运用以保证使面值超过所获得资产的合理价值。通常，当合伙企业或公司要被其他公司接收时，用于商誉支付的证券，其价值比合同中声明的数额要低很多，结果，将商誉确认为资产时，在数额上只是一部分，甚至在很大程度上来说，仅仅是一项折扣。进一步，就所关注的业主权益变化而言，整个交易经常是名义上的。举个例子，如果一家合伙企业转制成一家公司，该企业最初的合伙人是独立的投资者，那么所确认的商誉就是一项值得怀疑的资产，在这个例子中，没有发生真实的购买和销售，也没有出现商誉价值的可靠标准。而如果有大量资本来自于个人而与合伙人无关，那么即使合伙人成为重要股东，也应当将商誉的合理数额确认为一项购进的资产。购买方和出售方的业主权益完全不同的例子是可以找到的。在这里，直接的、真实的商誉交易发生了。在第十五章中，我们将讨论由于部分所有权的改变而引起的商誉重估问题。

很明显，只有影响商誉的这些因素是确定可转移的，没有发生明显的损失，商誉才能作为一项合理的资产出现。进一步，除非业主权益发生积极的改变，否则对商誉交易的确认是令人怀疑的。相应地，业主个人的特质和服务很少被予以合理的资本化。当然，会出现特殊的例子，尽管业主权益在整体上看实际上是新的，但初始业主也加入了新企业中。例如，小企业的业主将企业卖给大公司，他们可能订立了合同，业主仍然在公司担任一段时间的经理，并且根据合同获取收购公司的一定数量股票作为报酬，这部分股票的合理价值应当记入买方账簿中的商誉，如果这种报酬是现金，当然就不存在商誉数额方面的问题，甚至在这个例子中，之前的业主收益很可能减少到一定程度，以至于他与企业之间联系的特殊价值在短期内大量蒸发了。

显然,准确确定一个特定例子中商誉的有效数额可能是一件非常困难的事情。根据一开始所给出的商誉的定义,我们有必要确定所考虑的行业正常的竞争性收益率、所考虑的企业超额收益以及这一超额收益发生的年数。显然我们不可能有精确的折现计算,作为买方和卖方讨价还价的结果,所获得的这一数据是综合了双方的意见,并且涉及了判断和猜想而非精确的数学计算。当然,有种普遍的假设认为当前有利的情况会保持 2～5 年。客户、商标等对于企业来说是或多或少有些短暂性的,只能完全通过持续的努力和支出来加以维持。

假设这种资产在起初的操作是适当的,这产生了后来对商誉进行账户确认的问题。如果购进的这种特殊优势是永久的,那么显然商誉项目没有必要摊销。然而,我们可能会假设商誉都有这种特点,但这种假设是很危险的。正如刚才所说,更加合理的观点是将购进的商誉视为有期限的资产,这种资产今后会被一种新的——但不可确认的——通过新业主的努力而创造的要素所代替,这一观点也被经验明确支持。我们经常看到新的医生或商人用"继任者"这个词作为标志或抬头,用 2～3 年一直到放弃旧的名称以后。当然,当这种产生额外收入的特殊因素消失或者失去效能以后,商誉就应当被注销。对于商誉的生命期,我们需要做出一个或多或少有些武断的假设,如果商誉价值是基于确定的权利,比如说专利权,或是基于有期限的合同,那么显然它应当以一种要求的方式在这些权利或合同期之间摊销,除非因为环境原因造成更快的价值消失。

有一种观点认为,当收入下降时,商誉不应当被注销,因为这样会进一步削弱净收入,相反,应当加速对商誉的摊销,并记入景气年份的收入账户中。这种观点很难得到推荐。账户的表述应当尽可能地接近实际情况,如果知道资产不再存在,那么商誉就不应当再留在账簿中,除非发生了实际的价值到期,否则商誉不需要被注销。

如果除去购进的商誉,其他商誉都不是合理的资产,那么我们可能会认为商誉不可能增值了。任何附加的盈利能力,除了通过购买原始商誉得到的回报以外，都应当被归结为新业主的努力和关系，同时应当以一个更高的回报率来反映，而不是另外通过记入资产账户来反映。

在评价一个公司的商誉时，出于购买的目的，一些线索是从公司证券的现行市场价格中获取的，当然，股价在一定程度上是基于收益资本化原则。个人投资者非常关注过去收入的体现以及可能的未来盈利趋势。市场价值超过账面价值是对商誉的一种衡量，但是应当强调的是，影响证券价格的因素有很多，同时这些因素对特定领域而言经常是外部因素，以至于基于这个基础测定出的商誉价值总体上是不安全的。

持续经营价值

为了讨论持续经营价值的意义和处理方法，我们将一个企业的历史分为三个时期：第一个是组织期和建设期，指从发起人组织筹划到企业开始正常经营。第二个是发展期指从企业开始经营到首次达到一般投资报酬率。第三个是指企业成功经营，至少达到了行业中典型企业标准的时期。第一个时期几乎所有企业都会经历，即使在某些行业体现得不是很明显，但同样会经历这个时期；第二个时期，发展期，或称为试验期，并不是所有企业都会经历，尤其是在发展很成熟的行业；第三个时期只有经营得较为成功的企业才会经历。

当然，这种划分是人为的。一个企业的历史在某种程度上就像一条奔流不息的溪流，在各个时期之间并没有明显的分界线，但是，这种划分却几乎与实际情况是一致的，而且也是分析持续经营价值的必要前提。①

根据某种解释，持续经营价值是与上面提到的第一个时期相关的，募股费、注册费以及承销商的手续费等都是组织建设期的必要支出，这点会在下一章中讨论。这些支出可以被认为是构成企业资产合理的成本支出，

---

① "发展"价值、"开创"价值和"持续经营"价值都是或多或少有些同义的表述。

正如人工费用和原材料成本直接形成有形资产的价值一样,这些支出形成企业的一种无形资产,与传统的有形资产可以把价值细分到每一个单独实体不同的是,它们只能从整体上形成一种资产。因此,将"持续经营价值"定义为,为使企业达到正常经营状态所发生的一切合理的成本支出的总和。

然而,对"持续经营价值"更为普遍的一种解释是指早期损失和未实现收益的资本化价值,它常常发生在某个新企业从正常经营到首次实现行业一般投资报酬率的情形下。当一个企业建立以后,在实现一般投资报酬率之前往往会经历几年的收益贫乏期,这种情况在某些有较长试验期的行业更为明显。比如,许多电力企业在开始经营的几年都没有较好的收益率,而且某些情况下还会发生严重的资本损失,导致这种情况的原因在于,新建立的电力企业引进许多新的技术方法需要高额成本支出,缺乏经验的管理也会导致高额管理费用,而相对于这些高额支出,电力的需求却并不足够强烈以弥补这些支出。

投资者有权为其投资获得公允的回报,在这个理论基础上,持续经营价值就是指早期损失和未实现收益的资本化价值。从这个立场出发,更确切地说,在某种特定情形下,持续经营价值就是对发展期内的实际收入低于为产出典型投资回报率所必需收入的这一部分的资本化价值,资本化率就是公允的、正常的或典型企业的资本化率。

让我们来测试一下这种资本化价值的合理性。来看典型的竞争性企业,假设某个企业没有经历任何灾难,平稳度过发展期,最后走上成功经营之道,其附加的无形价值是否就刚好等于早期损失和未实现收益的资本化价值呢?基于这一点所做的所有测试中是否都存在这种资本化价值呢?在任何情况下这种价值是否都应当在会计上明确地确认为资产呢?答案是否定的。

首先,竞争性企业的投资者早期的收益亏损是否能通过后期的高价格来弥补是很值得怀疑的。如果不能,我们假定的持续经营价值当然就不存在了。假设同一行业的所有投资者(厂商)都同时开始营业——这一假设与现实有一定偏差——并且同时遭受损失或未实现一般投资报酬率,我们就可以合理推论,厂商之间的竞争会呈现这样一种特征,即制定足够高的价格来弥补早期的亏损。但即使在这种极端的情况下,这个结论也是令人怀疑的。它忽视了需求的影响和厂商之间为了避免进一步的损失而存在的价格竞争。而且,一旦这些企业已经建立起来,由于此前的艰难,他们也不会制定过高的价格,那么他们还得面临新加入行业中厂商的竞争,资金将会流向后来建立的企业,并且会使价格回落到一个一般投资者实现的正常回报率的点上。

所以,在市场经济情况下,并不能确切地保证特定企业的投资者将能通过后面几年的繁荣来弥补早期的损失。如果坚持认为早期的损失一定能通过后期的繁荣得到弥补,那实质上是否认企业的损失这个明显的事实。某些企业可能最终会成功,而某些企业也可能永远无法实现公允的投资回报。在很多情况下,在某种投机活动中,某些企业投机失败而流失的资金要超过另一些企业投机成功所赚取的资金,在这种情况下,该行业作为一个整体是以持续的净损失在经营着。

其次,即使是在完全垄断的情况下,如果肯定地说企业就存在这样一种能弥补早期亏损的无形资产,这种说法也是令人怀疑的。垄断者会就市场需求可能的情况而理所当然地制定出最有利于自己的价格,甚至无视公众的意见和法律的禁止,这个价格不一定是最高的价格,但却一定是能为垄断者带来最大净收入的价格。很明显,在这种情况下,如果厂商尽可能阻止的话,就不会有早期损失和未实现的收益,而且此类损失也不会迫使业主就一定要竭尽全力地去制定更高的价格。

不管是由于试验、低运营效率、市场需求不足或其他原因所致,几乎所有企业都会遭受早期损失,而这种损失并不会由某个特定企业来弥补。如果某个企业以预期收益来吸引资本,那么业主权益就会存在早期损失这种风险。事实上,一般而言,企业为保证业主权益的服务以及相似的功能,就要承担净收入这个经济负担。早期损失或最终经营失败的可能性，一般来说就是净收入要素存在的原因之一，但是净收入绝不会在特定情形下得到保证，并且如果这些的确就是剩余权益存在的原因之一，那么也将会被消除。

但是，即使典型的竞争性企业能够在后面的年份中赚取收益，且这些收益足够涵盖上面提到的持续经营价值的公允回报，这种持续经营价值依然不能作为一种无形资产记入会计账户。为了对其进行确认，则又将涉及收益要素的会计资本化，这项程序正是此前极力反对的，对建设期的非购进商誉和收益进行的确认。毫无疑问，投资者都期望最终能得到足够的报酬来弥补早期的亏损，但是，即使能确切地保证未来会获得高额收益，提前入账的这种收益是否能实现仍是不明确的。这种会计处理方法，即之前提到的将持续经营价值作为无形资产，是没有根据的，因为它将混淆真实的收益记录，而且，在正常的竞争性收益率下，私营企业的资金也并不能保证每年都会增长。

当我们把视线转向公共的受管制企业时，情况就不那么明确了。持续经营价值、特许权价值和相关的无形资产，在这一领域中都有它们主要的实际运用。与这些行业的价格管制相关联，铁路和其他受管制企业的资产估值即成为广受关注的问题。人们总是反复强调公用事业的投资者有权为其投资获得"合理的公允价值回报"，关于这一点，法庭和各委员会几乎一致认为，公用事业的价格应当要保守，不应具有投机性，而且应该制定一些条款以保证投入资本的完整性。这种态度尽管并不完全依赖于政府管制方，但一定程度上却得到管制方的支持。看起来，"行业受保证"原则在铁路领域的完整采用是势在必行的。

如果公用事业是非"保证"的，和承担业主权益风险及其他压力的竞争性行业的投资者相比，公用事业的价格应该被调整为既非歧视性的，又不应该比其他竞争性行业有优势的。如果其他竞争性行业的投资者能够收回早期的损失，那么公用事业的投资者也应该有权收回早期损失。公用事业的投资者在经历了早期损失和几年的收益贫乏期后,在任何情况下都不应该再在后面的繁荣期内被迫实行非投机的收益价格。如果官方制定的价格使投资者获得的净收入低于正常回报,而且没有任何调节措施以避免风险,很显然,投资者的正当权益已被侵犯。

正如上面提到的,现在的趋势即是通过使公用事业的回报低于其他行业的正常回报来限制其收益率,同时又以另一种迂回的方式来弥补其损失,即在允许其赚取受限制的收益率的基础上,再赚取其他附加价值,即早期损失和未实现收益的资本化价值。如果这个原则能够使用的话,逻辑上,我们可以得出这样的结论,即公用事业的价值将接近于伴随有复杂利息计算的初始投资价值(理论上,现金价值的改变也应该入账)。

我们并不是要讨论持续经营价值作为价格基础的适当性,也不是为了讨论政府价格管制机构完全采取"行业受保证"原则的好处,这已经远远超出了我们所要研究的范围。然而,可能还存在一个问题,即以法庭或委员会计算的价格为基础作为会计入账的基础是否可行?看起来,这些价值在会计上不予明确确认似乎更好,它们只是政府的决定,与商业上的估值原则大相径庭,对企业的经营管理也没有任何意义。也许,不存在什么根本性的反对以阻止它们出现在会计账户中,但是,我们仍然坚持认为,将这些价值包含在资产中在某种程度上是与会计的基本理念不相一致的,而且也不能服务于任何一种目的。

第十四章　初始计价问题

在第十二章中,我们已经充分讨论了企业经营前期的收益和其他阶段收益问题的处理方法。然而,在初始期间又出现了其他难题,这些问题尤其与资产的初始计价相关。资产账户的开设和第一张资产负债表的编制都涉及特殊且复杂的分析,这一点在大企业中体现得尤其明显。在大企业的创立中,需要有精心制定的财务计划和大规模且复杂的资产结构,组织建设期会相当长,在这种情况下产生的资产计价问题,明显地与我们前两章所强调的需要考虑的因素相关,因此在本章中我们将深入地探讨求证。由于初始计价问题长期被学者和职业会计师所忽视,因此在这里更有深入讨论其处理方法的必要。

一般性初始成本

在第十三章中已经表明,建设期的所有成本支出可以分为直接费用和间接费用,其中直接费用可以具体地分配到某一特殊的物理实体,而间接费用只能分配到作为整体的企业,所以,在这里我们有必要对这种分类作更深入的思考。

作为间接费用或一般成本最重要的例子,是组织初创期的开办费。支付给发起人的工资、工商登记注册费、律师费、募股费用、营业执照费用、支付给承销商的佣金、初始广告支出——这些支出都是我们上面所说的间接费用。很明显,任何一个复杂的企业在开办期都会发生这些费用支出,但显然,它们都不是房屋建筑物、机器设备、存货或其他物理资产的直接成本。然而,这并不意味着,这些费用不能形成合理的资产价值,它们对企业的整体资产和整体投资的贡献丝毫不比砖瓦及木材的贡献差,它们是企业广义资产的合理组成部分。因此,需要在会计上对其予以明确的确认。

鉴于当前的误解,需要对其予以强调。首先,应该重申的是,由于考虑到这些间接费用的基本会计特征,所以某一项特殊的费用是否会导致具体有形资产价值的增加其实是没有多大意义的。证券和应收账款都是高度有效的资产,但是它们却明显不与特定的物理性资产紧密关联。其次,即使是有形资产如建筑物的直接成本价值,也可能被分解为一些其他要素,而不是全部都附着在实体上。任何建筑物或设备的建造都是同时需要原材料和人工成本的,原材料成本又能够依次再被分解为人工和原材料成本,依此类推。事实上,成本所形成的价值主要是一系列服务成本、所涉及的很微小甚至可忽略的原始状态的物理性要素价值的总括。正如在前面几页中反复强调的,资产类要素的划分主要是基于经济概念而非物理概念。

承担这些一般性组织成本的必要性是很明显的。财务融资与工程施工一样必不可少,比如,一条铁路的修建,仅仅只有工程施工是肯定完不成的,还必须引入投资者所注入的资金,而且吸引大量的个体投资者也是很必要的。因此,和勘探以及减缓坡度等成本一样,开办费用与其他初始成本也都被认为是合理的。

另外值得一提的是,有些技术性施工的对象很笼统,除了纯粹的臆断,与之相关的成本几乎不可能确切地被分配到特定的有形资产中。比如,在一个拥有大规模且复杂的初始资产的企业中,主管建筑师、勘测人员、经理的工资以及一些必要的行政人员成本就不可能很容易地以合理的方式分配。这里又涉及成本会计问题,与经营期所产生的许多成本分配问题非常相似。将资产的总成本分配到具体的资产账户中,就如同将日常费用分配到具体的工作和工序中一样,涉及多方面的判断和估计。贯穿整个会计领域,制造工人账簿中所记录的成本价值几乎很少有任何完全独立的有效性。一项具体的固定资产成本或一个复杂的工厂成本,和经营成本一样,只不过是基于最可能的判断,对从大量混合的数据中提取的价值数据所做的简单加总。

还应该强调的是,组织开办和承销等服务不像建筑师和工匠的劳务一样有明确的价格,因而这些服务对通货膨胀还特别敏感。然而,我们并不接受这个结论,即这些成本不应如资产一样被予以明确地确认。这是很容易得到承认的,仅仅只是程度的问题。技术性施工的成本和组织建设以及财务融资的成本一样,也经常都是不合理的。

在决定组织期和建设期的有效资产费用时,每一项支出都要基于这个基础进行测试,即所讨论的这项成本是否代表了企业初期所必要的某项商品、服务或条件的价格?而且这种价格是否在所有情形下都是合理的?当然,必须指出的是,初始资产的价值不能以理想的方式来确定。尤其是在大企业中,显然,资产账户最多仅能呈现大体上正确的数据,特殊情形的独特性和意外,以及伴随着的判断失误,就排除了确定理想资产价值的可能性。虽然如此,正如在前面所提到过的,确定给定情形下资产的合理成本不会比确定生产某件特定产品的成本要更困难。哪些是以及哪些不是合理的资产成本。对于这个问题,我们将在这一章的后面部分进行更深入的讨论。

现在我们将讨论开办费的会计处理方法。一种方法是将其计入建筑物或设备等的成本,作为这些资产直接成本的一部分。但是,这种方法遭到了反对,因为这种分配是相当武断的,而且也会使这些有形资产的直接成本变得模糊不清。开办费甚至根本都不是具体有形资产的间接成本,它们只是作为整体企业组织的成本,部分已超出了实体性资产的成本总额,因此,很难将这些成本合理分配到具体的实体资产账户中。而且,对这些支出进行分配,将会需要一个调整的折旧率,有可能会导致这些成本的摊销方法不合理。

更好的方法是将开办费单独记入一个特殊的账户,该账户只记录这些一般性支出。这对整个企业来说,作为一种无形资产比较合适,不宜计入有形资产之列。这种做法——尤其是将其编入资产负债表时——将导致注意力都集中在开办费的金额上。如果这项金额非常大,立即会产生这样一个问题,即这些支出是否合理?股东和其他利益相关者就可以自己去判断他们的资金是如何使用的。当然,人们对确定的有形资产似乎有着某种程度的偏好,因此将开办费记入建筑物以及设备账户的诱惑就更强了。但是这种做法将有可能会掩盖给予发起人的不合理的补贴、建筑公司的利润和企业承担的特别成本等,进而会呈现出一份完全不合理的或令人误解的资产负债表。更为推崇的做法是将这些一般性的成本据实报告,而且,应该对管理层有信心,而不是持怀疑态度。正如此前已强调的,开办费无需被视为一种不确定的、值得怀疑的以及短暂的价值,因而,不需要将其隐藏在不合适的会计账户中。

即使在某些特殊情况下,企业的实体性资产本质上是以单一的重要资产为主的,比如一幢办公大楼,在分类账和资产负债表中,开办费需要分开反映。无疑,它们是"所有资产"账户的一个组成部分,但是它们独特的性质导致需要对它们进行特殊的确认。

州际商业贸易委员会为铁路行业规定的账户分类中,即确认了开设特殊的组织和建设账户的必要性。在这些分类中,"一般性支出"账户下设的"道路和设备投资"账户中可以发现以下科目:"组织费用""一般性行政办公""法律"和"文具及印刷",这种做法非常值得推荐。

假定在一开始,开办费就形成了合理的资产价值并且得到了单独的会计确认,那么这些成本最终将以什么方式来处理呢?这是一个难题。一般而言,职业会计师倾向于这样一种观点,即一旦企业的经营收入足以弥补这些支出时,就将开办费分摊在经营收入中,又或者,如果可行的话,尽量在2~5年之内摊销。这种观点是不合理的,它基于这样一种观念,即认为开办费是一种不确定的、值得怀疑的项目,是必要的却又是有害的,应当尽快将其消除掉。他们认为,这些成本首先必须被确认为资产,以避免企业一开始即出现账面亏损而危及企业的信用,但是这种高估企业资产价值的做法,一旦经营条件许可的话,就应该将其尽快消除。坦白地说,根据我们此前的讨论,这种所谓的对于开办费"合理"的解释其实是不正确的,而且,即使这种做法的部分目的是通过隐藏利润以尽量修正对资产的高估,我们也不能认为这种为了隐藏早期损失目的的做法就是一项合理的会计处理。正如我们稍后将强调的,早期损失应该这样被表现出来,即只能摊销以抵减累计盈余,而不能抵减经营收入。

另一种极端的观点认为,开办费是企业法律寿命年限内真实的资产价值,只有当企业法律寿命终止清算时,开办费才应被消除。这种观点其实就是说,比如,公司无论在哪里取得有确定年限的特许经营权,其开办费都应该在指定的法律年限内依次摊销。如果采用这种方式运用到极限时,这种原则很明显是不合理的。因为在有些州,许多公司法律上的寿命年限还存在,其经济寿命却早已经灭亡了。

较为合理且稳健的做法是,在企业以初始资金购买的主要实体性资产的寿命年限内,将开办费依次摊销。从某种意义上说,开办费的发生是为了使企业开始正常经营和筹集必要的资本所致,因此可以说,虽然开办费没有计入具体的有形资产账户,但是它们却以这样一种方式和企业总的有形资产相关联,即当它们耗竭时,初始总额也消失了。

对这个原则进行修正之后从理论上讲或许是最合理的。由于组织期的花费并没有形成实体资产,而只是一些费用支出,因而并不足以表明资产价值的存在。但是只要资产总价值仍然保持,无论初始的机器设备或其他资产项目是否已经消失,我们都可以合理地坚持认为,总体上,这些初始组织支出的价值并没有受到损害。当资产总额减少时,开办费也就应该进行相应地摊销。因此,一个开采矿藏的采矿企业,就应该在矿藏采掘完毕之前的期间内逐步摊销开办费,因为矿藏采掘的完毕实质上也就意味着企业经济寿命的结束。

还有一种运用受到限制的方法也应该提一下。通过有期限的证券筹集资金所发生的筹资费用,应该在证券的期限内逐步摊销。这种情况的前提是,在偿还资金时也会产生类似地成本。毫无疑问,偿还资金时所发生的费用不可能与发行原始证券时所发生的费用完全一致,但是,在这种情况下,也可以肯定地说第一次费用的意义已经完全消失了。

初 期 减 值

形成于组织期和建设期的初期减值,其重要性和处理是估值的一个特殊问题。不管建设期持续多久,有形资产总是不可避免地会发生损耗,随之产生的一个问题是,这种损耗是否会引起资产价值的减值?或者如果存在减值的话,在会计上应该如何确认?

与上面强调过的观点相一致,即商品和服务的所有合理支出都是企业初始资产成本的必要组成部分,而且应该记入资产账户,因此,在正常的建设期,正常的有形资产损耗是不会导致企业整体资产价值发生变化的。类比推理可以相应证明这个结论。

首先,很多原材料在经济上被用于建筑物的建造,以及最终并不形成有形实体一部分的其他结构体的建设。混凝土工程所必需的"建筑架"就是一个典型的例子,这种材料随后即被取下来甚至被永远丢弃,但是它的成本(扣减残值)却很自然地被认为属于完工建筑物成本价值的一部分。其次,在处理木材和其他建筑材料时,工人们不得不"浪费"掉或多或少的一部分,如果考虑到为某一特殊工作所用,未经任何加工的木材的原始状态,其大小和形状很少是刚好合适的,因此肯定会有一些没有利用价值的残余。比如,一块木材只有95%能用于某一项特殊工作,并且最终形成建筑实体的一部分,但是却并不能认为,在会计入账时,这项资产的价值中只包含了这块木材95%的成本。而且,在建设工作中所消耗的工具和低值易耗品的价值,也总是作为最终所形成资产价值的一部分来处理,即使这些工具或低值易耗品最终并不会形成建筑物实体的一部分。

这些情况是很清楚的。也很明显的是资产的总价值并不会减少,因为损耗发生在建设期,是在最终的有形资产移交给管理当局之前。物理资产实体的部分损耗是建设中不可避免的,就像某些原材料的实体被消耗但却不构成建筑物实体的一部分是一样的。在合理的建设期内,某项资产作为一个整体可能会发生损耗却并未减值。在经营期开始时,即使一项资产的物理寿命年限和服务年限已远远低于该项技术的理想年限,这项资产仍然应该以其合理成本支出的100%来计价。比如,即将开始经营时,一项资产的生产能力只有理想状况的90%,那么结论仍然是它具有100%的价值。

这并不是意味着建设期的减值就不需要进行会计确认。虽然企业作为一个整体其价值不会减值,但是必须承认的是,由于建设期的损耗,企业某些特定资产的价值确实减少了。

这种情形在相当复杂的企业中显得尤为明显,如一个铁路企业,它的组织建设期往往需要好几年,而且其最终将由许多独立的单项资产所组成。铁路企业在即将开始经营时,将拥有诸如轨道、桥梁、建筑物、机器等资产,而且,每一类重要的资产——甚至每一项重要的单项资产——都需要一个独立的会计账户。在这种情况下,会计师就面临着既要保持每个账户的完整性,又要保持资产价值总体完整性的问题。如果某项具体的单项资产在建设工作中遭受毁损,其未来的服务年限已明显缩短,如果再坚持认为相关的具体资产项目没有发生减值,这将是错误的。比如,假设运输建筑材料的卡车,当移交给管理部门时其服务年限只剩下理想状态的60%,那么这种情况应该怎么来分析和记录呢?很明显,这些卡车已经减值40%(直线法,且不计残值),如果卡车的账户要体现出卡车最合理的当前价值(不管是直接的还是通过其他抵减账户),那么就有必要在这一类资产账户的贷方记入一个合适的金额。

同时发生的减值应该记入什么账户呢?正如已经强调的,从作为整体的资产来看,这些减值并不会造成价值的流逝。在建设路基和轨道时,卡车实际上已失去其部分价值,但同时又变为一些铁锹和其他小工具来使用。因此这种工具的减值(对卡车而言)并不是一种损失,很明显也不是一项费用支出,应该记入某些合适的资产账户。如果存在一个合理的分配基础,那么这些费用应该分配计入使用这些卡车所建立起来的更为持久的资产项目中。如果只是基于任意的分配,那么这种情况就需要一个名为"建设期减值"的特殊资产账户,这个账户将用来记录卡车和其他资产的全部损耗中发生在建设期的减值部分,这些减值都不能被合理分配到更为持久的资产账户中。

这样一种特殊的资产价值最后将如何处置呢?较好的一种方法是按照某种分配率将其摊销计入经营费用。分配率的计算是根据建设期各种资产的减值率来计算的,至于路基和其他高永久性的资产,在建设期适用的减值率则相对较低。

初期减值的会计处理可以试着与更具持久性的资产相联系。比如,假设 Z 公司的所有资产由 A,B,C 三项固定资产所组成,而且其建设经营——在每个项目中同时进行——期间为 2 年。很明显,这些固定资产在组织建设期会发生一定的磨损,因此会导致减值,最终所建成的固定资产在技术上不可能十分完美,由于计算的服务年限是在理想的工程技术基础上的,所以有必要确认初期减值。三项固定资产账户都将会产生一个贷方余额(或者记入另外的抵减账户)来记录我们所计算出来的减值,而且这三个贷方余额的总数将形成一个特殊的资产账户("初期减值")。但是,这种方法似乎并没有什么实在的用处,这种特殊的资产价值将必然被已记录的所剩下的资产分摊掉。因此通过确认初期减值再在经营期定期摊销的方法,实际上对经营期是没有影响的,因为经营期并未实际负担所摊销的费用。这种情形更为合理的处理方法是:允许固定资产保持其价值一直不摊销直到经营期开始后,在一个实际的而非理想的经营服务年限的基础上来确认这些减值。

初 期 损 失

上面已经强调了初始资产的成本价值中包含所有合理项目的重要性。初期估值还有另外一个方面的问题需要考虑，即哪些不合理的成本应从资产价值中排除？在什么情况下可能发生初期损失？组织建设期原材料和劳务的超额支出应该怎么处理？会计师是否应该记录由于欺诈和低效率所造成的费用膨胀？

有趣的是，职业会计师对这个问题的态度是自相矛盾的。他们认为，初期所有的支出，不管其是否合理，都是真实的支出，应该计入资产的价值，这无疑是一种很不稳健的观点。然而，一旦收益开始增长后，会计师又持相反的态度。他们认为资产的费用应该要尽快摊销掉，所有有疑虑且不合理的项目应该在收益能承受的范围内尽快冲销掉，也就是说，在重估价时他们又坚持极端的稳健主义。

事实上，经营前损失是非常可能发生的。没有什么能使投资者的资金在初期不受侵害。建设期的资产如同在其他任何时候一样很容易流失。企业很可能由于资金不足而长时间衰败，这也意味着在各方面都发生了不合理的损耗和过度的成本支出。如果建筑工程队效率低下，建设期就会不合理地被延长，人工成本和其他成本支出也会随之上升。原材料的滥用也会导致过高的原材料成本。偶然事故、罢工、货运延迟、恶劣的天气条件——所有这些情况都可能导致初始资产的过高支出。而且，欺诈、对资金的滥用和不恰当的采购都会导致原材料及劳务很不合理的价格。

一项真实交易的发生和一项"成本"的支出并不能得出以下结论，即支出是资产账户的一项合理成本。某一项具体的支出除非是资产的合理价值组成部分，否则就是资本损失。企业刚开始经营时很可能是赤字经营，也就是说，实际资产总额小于实际投资资本总额。如果上面的论断成立，那么会计师就应当尽可能真实地报告，初始资产负债表中的数字就应该体现出资产的合理价值。

然而,会计师自身很难能够对价值做出绝对的判断,账户也不可能提供完全理想的数字。一般来说,假设在自发的情况下,原材料和劳务的实际价值是其购买支出的等价物。只有当这种假设明显错误的时候,才有必要进行修正。因此,在组织建设期,除非环境很明显地证明了初始支付的价格是相当不合理的,或者由于偶然事故、欺诈、低效率等导致价值损失了,否则会计师就应该将所有支出都视为资产的合理成本支出。但是,当环境已经明显表明损失已经发生了,如果在会计中仍然不确认这种损失,这种做法就不太妥当了。

特别是在初期,资产价值常常都是不确定且值得疑虑的。在这一期间,许多交易的发生仅仅只是名义上的以价格为基础,要确定哪些是合理的价值几乎是不可能的。一项复杂的新资产的新建成本中到底哪些才是合理支出?也许没有一个确切的基础来比较哪些是合理的,以获得可能的合理答案。举一个极端的例子,跨越圣劳伦斯河的一座桥梁,并不是一个有标准价格的标准项目。当它建成之后,这项资产在会计上的公允价值是否就是其实际成本或在其他更完美的条件下其应有成本呢?这只能依赖于尽可能地与典型项目的比较。所有主要的和必要的成本项目都应该计入资产的价值,所有不合理的和不必要的支出应该从资产中扣除。但是应该指出的是,缺乏牢靠的基础来分析建设期的支出。正如此前已强调的,原则上一项支出是导致资产增加还是权益减少的区别是很清楚的,但是初期所出现的这些问题却几乎是无法解决的。

上一章中已经表明,划定组织建设期的界限并不总是那么容易的。有些情况下,组织建设期逐渐融入经营期中,没有非常明显的分界线出现,在其他情形中,尤其是在迅速发展的企业中,伴随着持续经营,融资和建造工作进行得或多或少有些模糊。资产合理价值难以确定的一项主要原因就是很难确定一个正常的或合理的初期。

在铁路企业和其他公用事业的企业中,要确定组织建设期的界限尤其困难。想要解决这个问题就必须详细讨论整体情况。在加速建设的过程中所有不可避免的障碍都需要得到确认。但是经营前期不能过度的冗长。如果将一条废弃弯路的成本作为新建铁路建设成本的合理部分——有些已经这样做了——是很不合理的,它涉及组织建设期在概念上完全不合理的拓展。[1] 由这个论断到另一种观点只有一步之遥,该观点认为经营的早期损失应该像持续经营价值或其他类似项目一样在账户中予以资本化——我们将在下一章中对这个观点进行驳斥。

现代企业的建立是一个复杂的过程,它不仅仅涉及物理资产的实体建筑,还涉及组织和发展。从初期逐渐就过渡到正常的经营。在建设期之后或者是伴随着建设期的是初期广告、销售渠道的建立、经营力量的组织等。在这种情况下,应当采取一些可行的规则和手段来区分资产的费用、资本的损失以及收入的成本。在收入出现以前有两种可能交替的情况,一项特殊的支出要么导致资产价值的增加,要么导致投资的减少。只有当事实清晰时才将其列入损失。一旦收益出现,就又产生了另外一种情况。从这一点出发,将所有不确定的项目计入收益或累积盈余中无疑是明智的会计处理。

资产估值和证券

在初期估值问题的讨论结束以前,应该简单地探讨一下最后一个话题。在公司中,资金主要是通过发行证券而筹集的,这些证券通常都有一个票面价值,所有证券票面价值的总和就是企业正式的注册资本。但是,所建造资产的价值或所需要的资金(甚至假设包括所有的合理成本)却很少刚好等于所发行证券的票面价值,票面价值通常都超过了实际的投资。

---

[1] 但是,在特定情况下,州际商业贸易委员会允许铁路企业将废弃资产的成本作为一项递延费用以抵减后期的经营收入。

这不需要被视为一种不合理的情况。这仅仅表明，在美国，公司融资通常都是折价发行证券。但不幸的是，票面价值经常被误解，总是被不恰当地记入会计账户。通常的做法是，将证券按票面价值入账，而通过对注册资本的一番粉饰将资产价值提高。也就是说，票面价值通常被作为资产负债表中资产估值的真实基础。在资产负债表中，证券按票面价值列在一边，资产项目按照与之相等的总金额列在另一边，换句话说，折价被资产的费用所掩盖了。①

当然，这种做法是完全不恰当的。在这些情形下，资产账户中所出现的金额将与真正的资产价值相去甚远。所发行证券的票面价值是仅仅以最普遍的方式来反映投资的一项合法事实。在某些具体的情况下，名义资本没有多大的意义。事实上，出于会计目的，没有偿还日期的证券的票面价值将会被彻底地消除。一项规定好的正式的价值被舍弃，很自然地将重点转到实际投资资金的数额以及建设和购买的实际成本上来。权益价值将仅仅是公平分配的总资产，关于这一点，无面值股票的发展是一种健康的趋势，将这类股票以高于实际投资的数额登记入账并没有诱惑。对这种股票较好的处理方法是仿照独资企业和合伙企业那样，将资本账户用于反映客观且已确定的资产价值。

毫无疑问，无面值股票会遭到一些反对，但是从会计的角度看来，这些反对意见都没有太大意义。依据一个随意的票面价值，每一股股票都可以很容易地被视为账面价值的一部分。根据一项名义资本的百分比，股利也可以很容易地被称为"每股多少美元"，而真正账面价值的股利支付率实际上却更高，也能更确切地表明股利与正式注册资本之间的关系。

如果将股票的票面价值列入资产负债表，且以现金或现金等价物为基础，该项金额超出了实际投资，那么这两者之间的差额就应该作为股票折价列示在单独的一个科目中——就像之前解释过的一个特殊的估值项目。

---

①在第十六章中将进一步讨论股票折价的会计处理问题，在第十七章中，将简单讨论一下契约性证券折价的重要性和处理方法。

这样一个单独的余额并不代表资本的分散,它也并不是组织和建设的赤字或损失。它仅仅只是正式注册资本的一项抵减,是票面价值和实际投资金额的差额。

因此,以直接发行证券来置换的资产价值通常都是不确定的。比如,假设一项专利权的拥有者用其专利权置换一家新公司的1,000股股份。那么购买公司应该怎样将这笔交易入账呢?专利权的价值(作为一项独立的项目)也是很不确定的,而且股票的价格也同样没有明确的市价。在这种情况下,从两方面入手来估值都可以。专利权可以送去评估机构得出一个评估价,而这个评估价就可以作为会计入账的基础。股票也可用于投标竞价,竞价的结果也表明了其会计入账价值。如发行股票可以置换一项价值难以确定的资产,如果存在一个可信的市价为基础来计量股票的价值,那么这个股票市价就为该资产计价提供了一个合理的线索。但是,一般而言,会计入账价值不能以股票公开发行的市价为基础,在新企业中更是不合适的,而且如果这样来做的话,资产价值也比较模糊。

在新股票发行("销售")过程中产生了一个特别困难且有趣的问题,即佣金的计价问题。在本章的第一节中已经提到,这项支出是筹资的必要支出,应该被记入一项特殊的资产账户。但是,这种方法本身又产生了许多问题,不过这些问题都可以通过前面几章中的理论很好地加以解决。

举一个具体的例子,假设A公司通过雇佣承销人员来销售股票,最终投资者每股支付$90,承销人员每股提取$5的佣金。在这种情况下,如果佣金是为筹集资金而发生的必要支出,较好的处理方法(概要的说)是:股本贷方记录每股$100(该票面金额为每股$100——与现行价值相符——在会计账户中保持原票面金额);股本折价借方——估值账户——记录每股$10;组织费用借方——资产账户——记录每股$5;现金及其等价物借方记录每股$85。

这个结论看起来已经非常好了,但当论证环境稍稍改变时,其正确性就受到质疑。假设B公司以每股$85将其股票销售权出让给承销商或投资公司，其他条件与上一个例子相同。这个例子中这笔交易就应该按以下方式作会计处理：现金借记每股＄85，股本折价借记每股＄15，股本贷记每股＄100。

两个例子之间的对比表明，第一个例子中资产价值以每股＄90 入账，而在第二个例子中收到的总资金才每股＄85。这是不是不合理呢？两个例子的唯一区别就是，第一个例子中企业是自己承担筹资任务，从最终投资者手中直接筹资，而第二个例子中公司是直接与证券中间商打交道。应该指出的是，这点程序上小小的差别并不是会计最终股本相差每股＄5 的原因。

还有一种情形更为复杂，即假设在第一个例子中 A 公司雇佣承销商来销售股票，所有的风险都由 A 公司承担；承销商以每股＄90 售出股票，提取协议好的每股＄5 的佣金，因此 A 公司只剩每股＄85。而第二个例子中，正如之前提到的，承销商实际上是以每股＄85 的价格直接从 B 公司中购入股票。虽然有小小的改变，但两种情况本质上看起来似乎是完全一样的。但是上面讨论过的会计处理方式都表明两种情况下资产的价值是不一样的。

问题的关键在于，发行股票的公司的股本入账价值是以最终投资者支付的金额为准，还是以通过转手之后最终获得的价格为基础呢？问题的答案是，公司股本的初始金额应该是股东直接支付的金额，不管其所有权的持久性如何，其后股票可能会经过好几次不同价格的转手，随后的这些交易根本不会影响发行公司股票的账面价值。如果一家公司以净价售出其全部股票，那么将没有佣金或费用，那么这种情况下就没有筹资的直接成本，公司没有购买承销商的任何服务，因此也就不必将这些价值记入会计账户。如果之后股票又以高价"零售"出去，仍然不会改变发行公司资产的账面价值。正如生产厂家销售货物给批发商是不会收到零售价格的，在这种情况下，厂商不能说他购买了批发这项服务，但是，如果厂商雇佣批发商做其销售代理，并支付约定的佣金，厂商就有权享受批发这项劳务，其价值也就是消费者的成本支出。类似地,发行股票的公司应该将其从直接承销者那里收到的金额作为资产的合理价值,如果这笔金额的一部分是用于交易的必需费用,从广义上说这笔金额的总额仍然是资产的成本价值。而如果从承销者那里收到的金额是净额,即没有相关的费用,那么就更无需在会计账户中确认了。

结论就是说,企业之间资产价值表面上的差异还会继续扩大。但是正如第十二章和其他地方所指出的,考虑到估值目的和其会计特征,这种差异其实是合理的。坚持按实际情况来记录某个特定企业是会计师的工作。如果某个公司从另一个建筑公司那里以高价购买了一项劳务,那么资产账户中资产的价值肯定比该公司自己修建该资产的成本更高。如果某个公司由于筹资而承担了一笔费用,而另一个公司没有费用,那么承担费用公司的资产的合理价值肯定要相应地高于另一个公司资产的合理价值。

第十五章　业主与企业的关系

在这项研究的很多方面强调了企业人性化,这对会计师来说是一项合理且不可或缺的。研究同样认为整体的长期投资者或业主构成了企业实体的重要部分。相应地,从业主整体的角度来看,会计师应该以提供企业资本的需要和目的的方式来发展分类和组织程序。而在一些方面已经揭示出企业不仅仅包含投资者,必须对业主和作为独立实体的企业之间的商业关系加以关注。虽然研究已经指出了关于所有者薪资、建设期的收益、商誉等方面,企业购买投资者服务这样的假设,从会计立场来看,很少有合理效用。

关于基本起点的不确定性,强调的重点从业主转到企业实体,再转到业主,这也导致了会计分析过程中的诸多混淆。在这一章,这一问题将会和一些特别棘手的交易一起被进一步讨论,并且涉及以下四种类型,即独资企业、合伙企业、股份不公开上市公司和股份公开上市公司。

业　主　借　款

一种难以用基本会计分类来解释的情形,在企业给一名业主的"贷款"中体现了出来。这样的交易在合伙企业中特别普遍,当然也可以在其他类型企业中发现。业主借款的本质特征是什么?这类事件如何在账户中分析和记录呢?

在独资企业中,答案看起来是清晰的,也不会弄错,在这里不会出现像企业给所有者一笔贷款这样的事情。在这种情形下,对于会计而言,"企业"和主要业主是没有明显区分的。如果业主从企业中抽走资金或其他资产,这仅仅意味着企业资产的减少以及资本或权益的等额减少。不论业主想以什么方式来表明这笔交易,其实质是不变的。从管理层、业主、客户、潜在的债权人或其他重要的利益相关者的角度来说,不可能得出这样的结论,即所有者能够从企业中借取资金而不会减少企业资产和资本。这种情形下的所有者借款就是所有者抽资,这种交易应记入现金或其他受影响的资产贷方账户,且以相等的金额记入所有者权益账户。交易构成了资产交换的假设,在任何情况下——现金交换应收款——都不被允许。

在合伙企业中,情况不会这样清晰,且这里的业主借款特别普遍。目前,在对这个话题的讨论中,大多极力主张合伙人和企业之间的交易应该仅仅被解释和记录为企业和外部人之间的事情。但有很重要的理由来质疑这种观点的适当性。合伙人的借款在某种程度上应被认为是资金抽取,将对借款的记录作为合伙人之间调整的呈现。对这两种观点我们将会作谨慎的考察。

让我们考虑这样一个例子,假设 X 和 Y 都是某个商业企业的权利相同的合伙人,Y 发现自己缺少资金以用于外部目的,进一步假设抽取的那部分资金没有利润,相应地,Y 从公司中借入 $10,000,签发了相同金额的期票,这个交易应怎么解释和记录呢?根据传统的观点,与由客户签发的票据一样,期票的金额应当记入应收票据账户。也就是说,交易被解释为资产间的交换,资产和权益的总额——财务状况——保持不变。

但是,这些分录和这种解释表述了事项的真实状况吗?由 Y 签发的应收票据代替了以非正常方式抽取的现金吗?企业资产真的保持不变吗?债权人的观点应首先予以考虑,这里的无限负债事实上是一个很重要的问题。如果 X 和 Y 的企业属于常见的债权人的安全感不仅仅依赖于公司资产,而且依赖于 X 和 Y 的个人整体资产的类型,也就是说,法律不只是考虑将 X 和 Y 的部分资产作为契约投资者要求权的标的,他们所有的资产都被包含在内。就像第三章所指出的那样,一个两部分的资产负债表从债权人的角度来看是令人满意的,这一报表如同展示外部资产和权利那样展示了企业的资产和权益。显而易见,在这种情形下,Y 所签发票据的存入在保持企业资产不变和保护债权人方面,并不是在所有方式上都与一个负责任的外部人所签发的票据相同。至于给 Y 的贷款是否真正减少了债权人的安全感,将主要取决于 Y 对借入资产的处理。如果他把 \$10,000 投资到其他资产中且可变现价值没有损失,那么债权人的情况就没有受到实质性损害。而如果 Y 花费或损失了这一数额,他的整体财富或财产会减少,相应地,企业债权人的安全感就受到削弱。

应强调的是,在发生这项贷款后,债权人的状况同没有票据存入时是一样的,\$10,000 被作为 Y 在合伙经营下投入资产的部分撤出。而在清算的情况下,Y 所签署的票据对于债权人而言并无多大益处。

同样地,从合伙人和利益相关者的立场来看,Y 的票据是否能够被视为一项真正的资产,是值得怀疑的。合伙人自然希望账户能够展现公司作为一个独立经营实体的历史和阶段性情况,他们的观点同管理很接近。但是,合伙人的借款或其他资金抽取肯定会减少有效的企业资产,且有可能损害作为一个经营主体的企业。可以通过一个极端的例子来予以呈现。

假设,X 和 Y 的企业正忙于砍伐木材,且随着初始资本在流动资金中的可利用,合伙人时不时地从流动资金中"借款",并存入等额的期票。假设这个计划要持续到所有的资本资产都被彻底清算,所有的净收入被瓜分和提取,且没有负债,企业最终的资产负债表——在企业解体前———方面会展示合伙人的票据,另一方面会呈现资本账户。显然,在这种情形下,合伙企业没有真正的资产,资产负债表一边的项目刚好抵销了另一边显示的数额,企业最终停止存在并且其资产被瓜分。期票也只是所有权抽取的一种呈现,它们不是资产。如果合伙人的借款在这样一种所有资本都被提取的极端情形下都不是资产,那么可能会认为,沿着这一方向所做的每一步都会导致真正资本的减少。

这些票据以恰当的方式被记入资本调整账户,而非资产账户。这些票据是维持 X 和 Y 之间权益的一种方式。如果资金的抽取不匹配,那么,短缺一方的合伙人要作出支付。当然,每个合伙人都坚持支付票据的总数额,则随后又筹集到了等额的资金,而这种程序同由一方支付给另一方超过其资金抽取数额的净额是一样的。

回到第一个例子——企业向 Y 贷出 $10,000——揭示这种情形下各合伙人之间的关系会很有趣。Y 从共同资金中抽取 $10,000,其中的 50% 是他自己投入的。相应地,在他看来,他是从 X 借了 $5,000 且抽取了相同数额的自有资金。类似地,X 将这项交易看作是等额的个人提供给 Y 的 $5,000 贷款。Y 的 $10,000 票据包括在 X 看来的 $5,000 的资产,以及在他自己看来的 $5,000 的负债。如果坚持认为,从企业整体的立场来看,$10,000 票据是一项资产,那就形成了这样一个结论,即 Y 是权利有悖于他自己的部分业主——一项不切实际的观念。

整体而言,看起来下面这个结论更为可靠,即从会计角度看,合伙人的借款与所有者资金提取密切相关,而从合伙企业实际财务**状况**的角度来看,当对账户进行分析时,两种情形表面上的法律区别应当**被忽视**。合伙人签发的票据不应被看作是同客户签发的票据相类似地一项**资产**,而应被视为主要是合伙人之间的所有权调整。一个特殊的账户名称,比如"对 Y 的贷款",应被用来记录这种借款,"应收票据"这样的设置则非常具有误导性。

在"股份公开"公司中,情况则又大不一样。股东签发的票据同任何同样负责任的外部人所签发的票据一样,都是一项合理的公司资产。这种票据使公司拥有了同它此前所拥有的权利截然不同的一项对股东的权利。有限责任意味着只有股东自己投入的资本存在风险,债权人对其他任何资产都没有要求权,而股东则有要求权。但是,票据给出了一个明确的增加的应收款,那么,站在公司立场上,对股东贷款并不比向其他任何团体贷款损害公司资产更多。股东的票据绝不是资本的减少,而是资产的一项真实的增加。公司,一个独立的法人主体,对可能需要负责的一方拥有要求偿还贷款的强制性权利。

而在股份未公开的公司中,则呈现了另一种值得怀疑的情形。如果借款人是一个拥有控制权的股东,立刻就会出现整个交易的有效性问题。从法律上说,公司是一个独立主体,并且其形式上的资产并未被给予股东的贷款而受到损害。但在实务中,这样的借款可能在性质上接近于一般的资本撤回。假设,举一个明显的例子,Z 拥有 99% 的 Z 公司股份。很明显,事实上他能够完全控制公司。在这种情形下,公司的行为实际上就是 Z 的行为,公司给予 Z 的贷款实际上就等于 Z 给他自己的贷款。至于公司的完整性是否会受到这样一笔贷款的损害,则完全取决于 Z 的其他资源的程度和性质。如果再深入一些,比如,公司资金绝大部分由 Z 签发的票据组成,那么,情况就变得高度可疑。当然,在这种情形下,谨慎的审计人员会小心地准确披露这些票据,并且不会允许它们被当作常规的应收票据来处理。

利 息 调 整

同样地,业主借款利息的支付和应计需要特别处理。在这方面,合伙企业的情形有必要予以考虑,其他情形下所发生的此类问题与合伙企业的条件之间的关系此前已经予以了说明。一般认为,给予合伙人贷款的应计利息应当贷记一般的利息账户。换言之,应被视为与客户票据利息为同一类别的一项盈余。但是,上述合伙人的借款类似于提取的观点在一定程度上是正确的,很明显,这类贷款的利息需要一项特殊的解释。

比如,假设,在第一个例子中,给予 Y 的贷款的利息在年底应收,利率是 7%,进一步假设,Y 由于某些原因认为支付不方便,并且,合伙人同意将到期利息 $700 记入 Y 的资本账户。根据传统的处理方法,同时发生的债权应放在利息收入账户中。但是,这就意味着收入项目实际上是一项盈余吗？对这种情况的谨慎考察披露了这样一个事实,即这是不包含任何收入的,这项交易实际上只是两个合伙人之间的资本调整。资产不会被该项交易所影响且所有者权益总额没有发生变化。这可以由受此项交易影响的资产负债表来作出最好的示例。贷款后的 X 和 Y 的资产负债表具体如下所示:

杂项资产	$90,000	X,资本	$50,000
给 Y 的贷款	10,000	Y,资本	50,000
	$100,000		$100,000

现在假设,如果期间内其他所有交易都被忽略,利息收入项目会在两个合伙人之间平分,即借记利息账户 $700,贷记每个合伙人的资本账户 $350。仅受这些利息项目影响,就又能够编制出一份新的资产负债表,如下所示:

杂项资产	$90,000	X,资本	$50,350
给 Y 的贷款	10,000	Y,资本	$49,650
	$100,000		$100,000

两份报表清楚地表明了利息调整的结果,企业没有实现任何收益。两份报表中的资产和权益的总额相等,并且,就如第十一章中所指出的那样,包含净收入的交易本质上会增加资产和权益,净收入是成功经营所引起的资产价值增加的权益体现。测试在这里失败了,很明显,没有实现任何收益。利息账户的引入仅仅是形式上的程序,而对真实收益没有任何影响。全部交易的纯粹结果是,一个合伙人权益账户减少,另一个合伙人权益账户增加相同金额。显然,这里我们有一个权益间交易的例子。所有者权益总额没有受到影响,资产价值保持不变,没有实现任何收益。X 的权益增加,相应地,Y 的权益减少,企业作为一个整体既没有确认损失也没有确认利得。

利息账户的借方和贷方分录可能被忽略了。在这个例子中,交易应记录为:借记 Y 的资本账户 $700,分别贷记 X,资本和 Y,资本账户 $350,

或者更简单,可以下面的方式予以充分确认,即借记 Y 的账户 $350,贷记 X 的账户相同数额。

有一种观点可能会认为,利息账户分录的引入在使用正式的形式以呈现交易的历史,以及在最终资产负债表的完整性不受干扰方面提供了有益的帮助。对这种观点的回答却是,纵然这种会计没有损害资产负债表的准确性,但是却扭曲了损益表。如果利息贷方包括正常的利息收益,它们会虚增最终的净收入数值,涉及的数据虽然通常很小,但涉及的原则却很重要,没有会计程序会允许初始的所有者权益从一个账户转到另一个账户以影响净收入的列示。此外,交易的真实特征在利息账户分录内呈现得是否更为清晰也是有疑问的。如果希望能够充分地呈现交易的历史,不同于一般利息账户的其他账户也应被运用,此类项目暂时被归入名为"合伙人调整项目"的账户,或给出其他准确的名称。不管用什么账户,应当强调的是账户并没有反映收益。

如果当利息到期时,Y 实际支付了 $700 现金,怎样解释和记录这种情形呢?这里我们有一项真正的资产增加,认为相应地实现了收益看起来是合理的。然而,这样一个结论,其适当性依然是令人怀疑的。

让我们再次查看这一分录。如果同时贷记利息账户(当借记现金时),这项交易看起来拥有一项真实的收益产生事件的所有"特征",但必须记住由于 Y 拥有一半的所有权益,$350 最终必须找到贷记 Y 的资本账户的方法。总之,我们借记现金 $700,贷记每个合伙人 $350。就 Y 而言,这意味着 $350 实际上从一个口袋进入了另一个口袋——从外部利益变成了合伙人权益——真正表现出的不是利润,而是新的投资。另外的 $350 代表了 Y 使用 X $5,000 一年而支付的利息。类似地,在 X 看来,$350 的收益表示他贷款给 Y 一年款项的 7%。但是,企业挣到东西了吗?合伙企业作为一个经营单位确认任何收益了吗?Y 已经支付给 X $350 并追加投入了 $350 以保持资本账户的相等。X 在贷款给 Y 的双边交易中挣得了 $350。我们很难合理地认为合伙企业在业主间交易中有所获利。

新的投资与重估

业主权益的改变,不论是部分的还是全部的,都要求资产重估。这项事实的解释在于,特定资产以及作为整体资产的企业,它们的账面价值和市场价值之间的自然分歧。正如此前反复强调的,会计师一般必须从成本开始记账。在理想状态下,从持续经营的角度来看,他应该接着记录每项资产项目的所有真实变化。但实务中的会计与这种理想状态相距甚远,即便差得不多,仍然可能会出现在资产整体转移给新业主时的重估问题。新的投资者几乎肯定会用不同的眼光来看待这种情形——要么多,要么少——相比账面价值所呈现的。关于固定资产和流动资产大规模的变现价值,必然与账户中所呈现的数据大不相同。强制清算价值,对大部分类型的资产来说,当然很可能会比账面价值低很多。而新的业主期望像以前那样运用资产的话,他愿意支付的价格可能比账面价值多或少,这取决于环境。比如,他可能会对房地产支付比账面价值更高的价格,而对商品支付比账面价值更低的价格。

此外,如果销售导致了对整个企业的新的业主、所有资产、条件以及与之相关的环境的转让,那么可能会涉及对商誉的确认。正如第十三章中指出的那样,从会计的角度来看,业主权益的真实变化会证明商誉的合理性。新的业主可能实际上支付了与企业相关的额外的服务、条件或因素,因此,对他们来说,这种开支变成了资产的一项成本。原来的业主不能在他的账户中将这种额外的价值确认为资产,因为,这个价值包含了他自己服务的资本化,并且会像已指出的那样,模糊真正的情形,但是,新的业主可以将在并购企业中所产生的所有真实成本作为会计事实进行合理的处理。

如果业主权益的变换是完整的和绝对的,那么合适的会计程序就不会有什么问题,会计应从新业主的立场来呈现现状。但是,在很多情况下,业主人事的变动是部分的。在这种情况下,两个或更多的同样合理的选择会出现,特别是在非公司制企业中,新的合伙人可能加入,但企业其他方面仍保持不变。严格地说,这意味着企业身份的变化:一种新的合伙关系。而企业在管理或其他政策方面没有发生明显的变化。此类事件,可能部分带有所有者个人间交易的性质,也可能会被认为是作为一个主体和一个新业主的企业之间的交易。

这里需要一个例子以清晰地表明这项会计问题的本质。假定 A 和 B 所在企业的资产负债表,归纳列示如下:

杂项资产·············	$100,000	A,资本·············	$50,000
		B,资本·············	50,000
	$100,000		$100,000

这时,B 决定将其权益以 $55,000 的现金卖给 C。但是,A 只在 C 支付给企业 $5,000 现金时才同意接受 C 为同等的合伙人。在这些问题上达成这项协议,即 C 支付 $55,000 给 B 并转付 $5,000 到新企业。

合伙企业如何调整才能反映这种情况呢?很明显,包含三种不同的观点。毫无疑问,A 倾向于主张资方的重估不必要,应保持账面价值。从这种立场出发,交易应该记录为(假设有一系列连续的账户):借记现金 $5,000 以及 B 的账户 $50,000,贷记 C 的账户 $52,500 以及 A 的账户 $2,500。也就是说,A 会很自然地感觉到 B 和 C 的交换绝不会影响资产价值。唯一真正的变化在于现金余额增加 $5,000,相应地,他的权益增加了 $2,500。毫无疑问,他会坚持认为企业没有卖出资产,相应地,没有理由来调整资产价值。

但是,按 B 的观点,在新的现金收到之前,企业一半权益的真实价值为 $55,000,因此他确认了 $55,000,如果这一价值被接受,那么整个企业和附属于企业的相关事物总的就值 $110,000,且在 $5,000 现金被存入企业后,价值就达到了 $115,000。这种观点会这样在账户中记录:借记现金 $5,000、商誉 $10,000(或借记 1 个或多个具体资产账户,如房地产,如果认为增加的价值和具体的有形资产或有形资产组相关)以及 B 的账户 $50,000,贷记 C 的账户 $57,500 以及 A 的账户 $7,500。

同时，C会认为企业一半的权益值得他支付＄60,000，以保障这样一种权利。为了调整账户以与这种观点相适应，有必要增加商誉价值到＄15,000。相应编制的一份资产负债表列示如下：

初始资产	＄100,000	A,资本	＄60,000
现金	5,000	C,资本	60,000
商誉	15,000		
	＄120,000		＄120,000

事实上，无疑应采纳最后的估值方式。对管理层来说，如果这样做给予本身很好的理由，他们自然很乐意调高价值。退出合伙人的看法自然不会有很大权重，常常是进入的业主的观点起控制作用。在上述情况下，C获得了一半的权益，将交易视为将企业资产出售给新的业主可能是合理的。

同样地，在公司中，证券的市价几乎肯定不是账面价值或票面价值。许多公司的股票和其他证券被自由地买卖。在这样的情形下，价格同受特定公司的具体发展一样，也受政治发展、货币利率、其他一般因素的多重影响，在某种程度上，证券的市价包括了资本化过程。虽然在大多情况下，一股股票不大可能以等同于账户中反映出的股东权益的相应部分被卖出。但是，公司股票的正常买卖都不影响账面价值。必须牢记，资产由公司拥有，并且股东间会发生不明数额的转移且不给出重估的理由或机会。只是在重组导致公司主体变化或新公司整体购买了旧公司时，资产重估才能证明其正当性。在许多情形下，当变化是表面的而非真正的时候，即便这样一个交易应被毫无疑问地视为仅仅是业主权益的内部调整，只有当投资主体构成有实质性变化时，才需要对资产价值作全面调整。

投资者的薪资及其他报酬

第十一章已经以一定的篇幅对业主薪资的重要性和处理作了讨论，特别是涉及独资企业和合伙企业的情形。此前已指出，在独资企业中——一般确实就是在非公司制企业中——将业主薪资的补贴计入成本是很可疑的一项程序,且进一步指出了,在股份公开上市的公司中,对个人同时也是股东的个人服务支出会被合理地计入经营费用中。在股份非公开上市的公司中,这一问题将会作进一步讨论。鉴于公司作为一个独立的实体受联邦所得税的支配,如何对管理者和其他股东所提供的服务和特殊功能的支付进行处理,在股份非公开上市公司中有着特别的重要性。这里,要区分企业与股东以及纯粹的名义事件之间的真实交易是很困难的。

在合伙制企业、"家庭"企业、"一人"公司或其他股份非公开上市公司中,会计观点的确定尤为困难。会计师对法律观点的严格采纳可能会导致危险的结论。这里商业主体概念必须被接受,同时对其不足有比较清晰的了解。会计师不能认为,主要股东和公司之间的交易以及公司和真正的外部关系人之间的交易处于同一水平,在某些情况下,必须撇开法律虚拟以获得真实的情况,有时必须通过对主要股东假以设想以替代商业实体。

举个例子,比如,一个人拥有 99% 的股份,并且他对所有经营积极进行掌控。对这个人而言,公司的收益就是他个人的收益,且他可能不太在意收益是以股利或还是以薪资的形式发放。这样的人当然会意识到,企业的收益是他个人努力和投入资本与其他条件相结合的结果,但他可能不认为有必要对收益在个人服务的报酬和投资资本回报之间进行会计区分。确实,顺着第十一章讨论的线索,可能会认为,既然这样,一个股东实际上决定和支付自己的薪资,那么这种补贴不应同从外部关系人购入的消耗项目的成本一起被计入费用。

近年来对公司收益征收联邦税收的启动,使得对股东个人服务报酬与资本股利的区分变得必要。税收本来被设计为对资本盈余和利润的负担,且因此,在计算应纳税净收入时给予公司管理人员的合理的薪资被允许扣除。在这些情况下,那些掌控股份非公开上市公司的人有非正常公开股东"薪资"的倾向,这些公司的管理人员处在能够给自己制定报酬的位置。作为实体的公司当然可能会以完整的形式和合法性来操作,薪资可能会被正式地公告和记录,但很明显,公司和股东之间的这种交易肯定具有高度的人为操控性。

我们不打算对合理的股东薪资的制定作严格的讨论。这是一个容易招致诋毁的问题并且存在各种各样的困难。对一般会计目的而言,在股份非公开上市公司中对服务收益和资本收益的区分不会比非公司制企业更有必要。要强调的关键是,公司和控股股东之间的薪资调整很大程度上是形式上的而非真实的交易。

在一些情况下,主要股东被"支付"一种特殊奖金、薪酬或特权,以提供一般意义上的个人服务以外的一些因素。他可能会允许公司使用其拥有专利的一些机密的处理工艺,或其拥有的一项真正的房地产,股东还可能会同公司签订一项有利于自己的协议,这项协议对股东是如此的有利,以至于绝大多数的盈余被经营成本所掩饰。事实上,这样一笔交易看起来就像是资金在公司实体的掩盖下从一个口袋转移到另一个口袋,这里,会计师再次遇到了一项形式上是正当的但却常常是很不合理的交易。

在独资公司中,业主可能愿意在费用中计入大量的数额以涵盖他个人的服务,并且不愿意以现金方式领取这种补贴。如果这样一项交易被明确引入账户中,就有必要以所涉金额贷记盈余账户。这里强调了这种调整的似是而非的特征,总收入的一个项目被直接计入未分配利润而没有在净收入数据中的任何地方表现出来。这当然是值得怀疑的会计处理。其后股本可能会以补贴数额发行,这意味着企业资本发生了一定数量的并非来自总收入的增加——一项非常特殊的交易。当然,有人可能会认为,这是股东的那部分新投资,净影响保持不变,这就好比薪资补贴先被以现金提出,然后立即重新投入。

总之,应当说明的是,我们不是要贬低企业实体对于会计师的重要性——正好相反,这种法律实体的事实即便在股份非公开上市公司中也有着实际意义。同时企业实体的重要性也不应被夸大,股东和企业间的交易——特别是在股份非公开上市的公司中——应在账户中以没有模糊真实情形的方式在账户中予以确认。

第十六章　股本的不同阶段[①]

在会计师及其他人之间,对股东权益不同阶段的问题多有争论,对股本所涉及的特定情形的含义及其会计处理,意见也各不相同。拘泥于公司程序的形式以及公司证券名义价值的运用,常常会模糊会计事实的本质并产生令人困惑的问题,当然,这些问题并不会在非公司制企业中出现。一家公司的股本可能会经历几个阶段,有若干不同的表现形式,通常会以两个或更多的账户在资产负债表中予以披露。这项权益与具有不确定含义的大量交易存在关联。会计师需要处理各种不同的股本问题,包括法定股本、认购股本和流通股本;未发行的、购买的和捐赠的证券;股票折价和溢价;认购、限价委托买卖及估值等。

本章中将不会对股本所有方面的问题予以充分讨论。此前章节中已对股东权益的某些方面做了充分的阐释,本章将主要探讨三个与之相关的话题:其一,股票折价的实质及处置;其二,不同形式库藏股的重要性及其会计处理;其三,"股利"在股票和其他证券中的重要性。对这些问题的探讨将有助于说明和强调公司会计中的权益间交易。因为已提及的第二个话题,因而它们在这一点上能够很方便地进行探讨,尤其是它与上一章讨论的问题密切相关。

股 票 折 价

从会计的角度来看,股本的折价此前已被定义为估值或权益抵减项

[①]部分摘自《会计学杂志》第 27 卷第 321－335 页所刊登的《股本的一些阶段》一文。

目。折价是名义资本与实际投资数额之间的差额,并在账户中形成的一项高估的权益余额,即票面价值的延期扣除。从这个角度来看,股票折价账户是一个实账户,但只是主要股本账户的一个组成部分,而且这两者必须合在一起以便确定股东权益。

然而,这种观点在会计程序中反映的并不完全,这在某些惯例中被证实,如将折价余额列示在资产中,或者更糟的是,将折价余额包含在一些单个的资产类别中。毋庸置疑,这种运用方式通常是由于对概念的理解太过简单,而非有意识地高估资产。股本折价是一项分类账借方余额,并且会计师看起来常常未能发现将这个项目置于资产类别的任何替代方法。然而,一旦在资产栏目里列出股票折价——这一项目与真实的资产相结合得到总资产——就很容易形成一种习惯,即假定这一要素在某种意义上是一项资产,尽管其特征有些可疑。

显然,股票折价必须作为一项资产、一项损失或——如上所述——名义资本的一项抵减来加以解释,不会再有其他的可能性。第二种由于相当不合理而被排除,折价决不可能表示股本的损失。这里再多谈一谈折价与资产相关的理论。这种解释的一项可能的基础是,初始折价数额被假定代表了董事会,或者在清算的情形下,被负责的法院所要求缴纳的估值。①相应地,有人可能会认为,未支付的折价类似于未支付的认购款,是一项真实的应收款项。但是,这种观点包含对"应收款项"的不合理应用。折价仅是股本形式上的数额,或许被认为已经筹集到了,但却未在任何实际意义上得到保证。而认购额在某个或多个确定的日期到期,并且付款通过一份书面合约得到合理的保证。协议的认购价和票面价值之间的差额不会被要求缴纳,它只是远期可用的——一项潜在的应收款项而非一项积极的当前要求权。因此,折价只是一项可能的资金来源,而非一项有效的资产。但是如果一项估值被要求缴纳,所涉及的金额可能会被合理地作为一项真

---

① 事实上,充分支付的股票常常是为高估的资产发行的,因此存在一个折价。

第十六章 股本的不同阶段

实的应收款项来看待。一项被要求缴纳的估值是一个确定的、明显的股东要求权,收款的不确定性是修正其有效性的唯一影响因素。

在第二章中已经指出,并非所有影响企业财务状况的条件、因素和环境,都可以被明确地作为资产或权益表现出来,基于股东的可能估值作为一个例子已经提到。未支付的折价不是一项资产,尽管其在某种意义上揭示了资金的潜在来源。

这里我们应特别强调的是对折价的后期处理。会计师将折价视为一项可疑的资产项目,大体上采纳了这一规则,即这种余额——一项需要纠正的事项——在收入充足时,应当尽快地被完全消除。这项规则被认为是可疑的,接下来,将会对其本质和影响作仔细的探讨。

如果股本的折价要以完全合理的方式被注销,就必须要将其记入一些包含一项正向余额的股东权益要素的账户中,因为这种折价与负债没有关系,而将其隐藏在资产类别下,正如上面所说的,是相当不合理的。这一正向余额形成的类别可能是收入、净收入、盈余以及股本。通过记入股本来处置折价只是对股本确认的初始会计程序的相反处理,并且如果有充足的理由可以首先将折价引入到账户中,那么通过这些方式来将其注销就是不合理的。通过记入总收入以消除折价也将是不可能的,因为这项程序将会损害净收入数据的完整性。将销售转入股本将会是极端的错误会计处理。显然,如果折价被消除了,那么必须同时记录在净收入或累积盈余中。

对折价的这种处理不会改变股东权益的净额,但会混淆两个重要的事实,即投资和累积盈余。① 如果股票折价都已经被消除,这些非常重要的余额没有一项能够通过财务报表予以准确确定。就像上面所指出的那样,当股票低于面值发行时,面值也同样在资产负债表中列示,初始投资只能

---

① 所有的会计记录所反映的主要余额也就是四项数据:计量资产成本的余额、计量净经营益的余额、计量本期盈余或亏损的余额、资产负债表中的累积利润或损失,它们是投资者决策的向导,也是作为资产经营繁荣程度的测量。对以上四项余额整体上的自信程度,被视为合理会计的一项已获得广泛接受的测试(亚当斯:《美国铁路会计》,第15页)。

通过从发行在外的股本的总票面价值中扣除折价的数额来确定。或者,换言之,通过读取股票账户中的股本和折价来确定。如果通过减记盈余来消除折价,相应地,资产负债表将肯定不会单独列示投资数额或企业留存收益的程度。这两项要素的总和仍然是正确的,这是真实的,股东权益的两个重要类别不会单独地保持其完整性。

比如,假设一家公司以 $100,000 股本,即票面价值组建,股票按 20% 折价发行。那么,真正的投资额将是 $80,000。进一步假设,经过几年的成功经营以后,公司累积盈余 $50,000,并且这时通过计入盈余而消除了折价。很明显,最终资产负债表会显示初始投资 $100,000 和累积利润 $30,000。事实上,真正的投资 $80,000 是不会变的,且真实的未分配盈余依旧是 $50,000。

无疑,必须承认,给当前的和未来的股东提供关于公司财务状况的必要数据是资产负债表的主要目的,并且此前就显示出股票折价的消除是与这一目的不一致的。未分配利润是公司资产负债表中最重要的一项数据,累积盈余的数量和波动对投资者和其他利益相关者来说是最具意义的。很明显,如果采用诸如上面例子中所提出的会计程序,可能会得出关于年度间企业成功的完全错误的结论。少数人可能会了解事实,而一般投资者几乎肯定会被误导。鉴于资产负债表是迄今为止最受"欢迎"的财务报表形式,问题将变得更为严重。领先公司的资产负债表广泛流传,投资者迫切地对其进行研究,管理者同样依赖于资产负债表以形成关于企业财务状况的重要的整体印象和一般印象。鉴于资产负债表作为主要会计报表的重要性,无须再拓展讨论来说明会损害报表本质要素的任何会计程序的不恰当性。

保持个人投资和盈余的完整性很重要。在公共事业中,这些内容是关于价格规则的非常重要的因素。① 企业和雇员之间争论的裁决可能会涉

---

① 不论怎样,就像在 1914 年的分类中指出的那样,州际商业贸易委员会的规则仍允许股票折价通过减记当期收入或盈余来消除。

及累积盈余。联邦政府的现行税收项目为各种企业在不同方面提供了未分配利润的计算方法。鉴于这些和其他方面的考虑,任何掩盖和混淆投资和盈余的会计实务的正当性都非常可疑。

当然,还有除了减记盈余来消除折价以外的其他程序。盈余常被分成几个账户——这些账户不明确地或不恰当地被列示——并且以迷惑除受过训练的会计师以外的所有人的方式被分散在资产负债表权益一侧的项目内。此外,股票股利的发行导致了投资和利润的融合,这一交易将在本章后面部分予以探讨。

有人可能会提出异议,认为没必要在资产负债表中将投资和盈余分开,因为管理者或投资者可以根据损益表中的数据来判断公司是否成功,或者如果他们关心细节,可以通过考察此前的记录及明细账户来发现同样内容。作为回应,需要承认,有会计知识的人通过结合对资产负债表和损益表的仔细研究,将有助于解释股票折价项目的消失(特别是如果盈余账户附属于一张全部报表),但困难在于,对这个问题感兴趣的人一般没有受过足够的训练以从各种报表中追踪这样一项技术程序。另外,如上面提到的,资产负债表常作为独立报表对外发布,被很多感兴趣的人在不借助其他数据的情况下加以研读。

当然,对一般股东来说,要核查初始分录和账户通常是不太可能的。列示收入、费用、净收入、盈余、投资和资产的简要报表就是为消除这种核查所编制的。利益相关方也很少有时间、机会或技术从一堆基础资料中找到想要的信息。相应地,简要报表中对基本余额的遗漏或扭曲,也不能以如果需要准确数据可由详细分录和账户来提供这样的理由来推脱。

在特定环境下,折价被提倡的事实只是保持这种余额附加的次要理由。

因此,看起来有好的理由以得出这样的结论,即折价余额应被无限期地保留在分类账上,直到被股东的估值所抵销。如果予以了明确的表述,就不需要带着怀疑的眼光去考察项目。股票折价和未分配利润可能同时在同一张报表中存在,并且也确实应该这样来显示,如果资产负债表应当呈现作为独立事实的投资和累积盈余。但是,折价数额不应被列示在资产中,而应当作为资产负债表权益一栏中股本余额的一项特殊抵减予以列示。这种实务为许多会计师所提倡并受到极力推荐,通过这种方式,股票的票面价值以它可能值得的数额列出,而且实际的净投资也被列出。此外,以这种方式进行披露,也可以避免对总额的虚报,股东和其他利益相关者在了解真实状况时也不会受到蒙蔽。

关于股票折价的以上讨论原则上也适用于股本溢价。溢价是投资的一部分,相应地,应作为股本账户的一项永久附加记录在账户中。溢价应谨慎区分收益或盈余余额。会计师几乎一致认同溢价账户的永久性,且这种观点是赞成关于折价处理观点的一项附加争论。

虽然,假设无论何时股本以低于面值发行,股票折价都必须被引入到账户中。或者换言之,股本账户必须准确列示面值。事实上,要记录所有必要事实很可能——由此产生收到的资金数额和相应地投资或权益——没有折价的明确确认。正如第十四章中所指出的,面值不是基本的会计事实。假如合适的抵减(或共存)账户建立起来,以面值记录股本是完全可行的。

总之,股本的折价要么是没有被首先引入账户,要么就是如果引入了,只要股票发行保持不变或直到估值被确认,那么折价就应当在分类账中不受干扰。通过抵减收益来消除折价余额是应该予以反对的,因为它在一定程度上消除了股东收益的两项基本要素,即投资和累积盈余之间的差异。

库 藏 股

人们经常这样认为,未发行股本不是公司的资产,并且,如果以一定的方式在账户和报表中列示,它应被视作核定资本数量的抵减。实际上,比起核定资本,许多会计师更愿意从认购股票开始会计记录,当然这种程序只是将未发行股票从账户中完全驱除出去而已。虽然我们承认万一将来要扩展规模,已核定但未发行的股票就会是一个便利条件,但它不大可能被视为一项真正的资产。而有一些机构持有的库藏股在一定条件下可被视为真正的资产。这种看法对于以前未清偿的和由发行公司以现金或现金等价物购买的股票尤其普遍,这种股票经常被认为是一项真正的资产,因此,应与未发行但授权的证券账户加以严格区分。

这种情况需要调整。事实上,无论什么证券——股票、基金或票据——当在发行公司手中时都是合法资产,无论其获取环境如何。在这方面,未发行股票、捐赠股票或购买的股票并没有本质的区别,这些股票没有一种能够构成资产。就会计而言,不同类型库藏股之间的区别都是相当表面化的。的确,相比起将股本折价作为应收账款,将库藏股作为资产的理由甚至更少。

要证明这种观点要依赖于最极端的情形来做示例——发行公司在市场上公开购买股票的例子,由于如果表明当由发行者拥有时,这种股票不是一项资产,那么随之而来的就是库藏股并不是一项真正资产,而是受保护的。假设一个开采公司的管理层决定用$30,000的可使用现金从各种各样的股东手中购买一部分股票。① 这时假设公司的股本总量是$100,000(面值),盈余是$50,000。这里给出了账面价值——基于1,000股——每股的账面价值$150。为方便起见,进一步假设交易在账面价值的基础上运行——也就是说,以每股$150的成本购买了200股。

这笔交易应怎样记入账户呢?如果库藏股被认为是一项资产,那么有必要将支付的$30,000借记库藏股账户,当然,同时贷记现金。根据这种解释,交易包括资产的置换,为相同价值的证券支付现金,整体资产不会改变,股东权益总额也不会受到影响。但是,这是否从会计的角度对事实给

---

① 有许多条件会导致一个企业非法买卖自己的证券。在特定条件下,优先股常常会被买卖,有时在条件好的情况下,会在交易所被买卖。有直接控制权的利益相关者会期望很多理由来消除其他利益相关者,并运用公司资金以实现这一目的,诸如此类。

出了正确的解释呢？不应以适当数额借记股本和盈余，而应借记库藏股，因此将股东权益减少到＄120,000 吗？或者，如果库藏股账户只是暂时性的应用，作为对股本和盈余余额的抵减，在资产负债表中作为对总权益价值的抵减而非作为资产列示的库藏股，不应被视为一个估值账户吗？换言之，公司没有将＄30,000 用于减少其未偿付的有效的资本化，而是用于获得一项等额资产吗？

实务中，库藏股常以面值列示，而不论支付的价格如何。在上述情形下，这种规则的采用会减少记入库藏股的数额至＄20,000，＄10,000 的余额被借记盈余。由于股本账户和库藏股账户的真正关系在一定程度上得到暗示，这种处理本身并没有什么不合理。但是，这种程序同库藏股是一项资产的理论很不一致。换言之，传统实务本身展示了一项反对经常伴随这种实务出现的库藏股解释的争论。看起来很明显，如果库藏股成本的任何部分被记入资产账户，整个成本必须这样处理。类似地，如果库藏股成本的任何部分被记入权益账户，整个成本必须这样入账。库藏股要不就是一项支付全部金额的资产——不论低于还是高于面值——要不就没有任何资产意义。

当然，市价和账面价值的巧合是很少见的，特别是在一系列交易持续了相当长的一段时期以后。在这里插入一些其他可能情况的陈述也许是比较好的，如果股票以低于账面价值而高于票面价值的数额所获取，计入盈余的数额会小于购买股票的比例所暗含的价值。这会导致未清偿股票每股账面价值的增加，从账面价值来看，被回购股票的持有者对股票的继续持有者做出了让步。如果账面价值恰好等于票面价值，并且，股票以一定的折价数额所获得，折价数额将是一项实际的盈余贷方。如果账面价值比票面价值小但高于市价，仍需要贷记盈余，以记录账面折价或赤字与市场折价之间的差额。以这种方式所形成的盈余当然不是累积盈余，它仅表示账面权益从一组股东向另一组股东转移。如果从资产价值是真实的这一意义上讲，它仍然对继续持有者提供了一些有利条件。而如果支付价格

第十六章　股本的不同阶段　｜　273

高于票面价值和账面价值,贷记的盈余会超过已回购股票份额所暗含的数额,在这些情形下,股票的继续持有者对被回购股票的持有者做出了让步。

现在假设,通过正式行为,开采公司的资本由$100,000减少到$80,000,从1000股减少到800股,并且被回购股票的凭据被注销。很明显,在这些情况下,库藏股不再有任何价值,因为肯定没有人会煞费苦心地主张未核准的股份是一项资产。在这一点上,权益账户的减少不能被延迟。如果已经用库藏股账户来记录初始交易,将有必要以合适的数额贷记该账户且借记权益账户。情况现在很清晰,整个交易的最终结果就是流动资产减少$30,000以及股票权益相应地减少。但是,可能有人会问,这种情况下被回购股票的真实注销会产生什么变化呢?这种正式的行为会破坏任何有价之物吗?且这种行为会导致资产和权益都减少$30,000吗?答案看来是不可避免的,资本的减少和证券的注销是股票收回的正式完成,从会计角度看,这从股票首次由发行公司拥有就有效了。

借助对这个例子的极端调整会使论据更有强调性。假设开采公司的股票没有注销或购回,越来越多的股票作为资金变得可用,随着矿物储备的消耗,售出的股票变得越来越少,最终只有100股的股票由个人股东所有。如果在这种情形下仍坚持库藏股是一项资产,随之就会得出这样的结论,即不论矿产是否被全部消耗且被公司自己的股票所代替,企业资产仍不受实质损害——这是一个明显荒谬的结论。

但在活跃的且持续经营的情形下,可能会主张库藏股可以和其他资产项目一样被卖出稳定数额的现金,并且任何可被自由卖出的东西都必须被归类为资产。这类争论是典型的对库藏股的粗略论证,当前的误解也正是源于此。这种由发行者对未清偿股票的获得并不代表一项购买——一类资产交换——在真正意义上,且类似地,此类股票的重新发行并没有真正涉及一项销售,另一类资产交换。取而代之的是,这种交易经常会影响资产负债表的两边。当股票发行时,资产和权益都增加,当撤回股票时——暂时地或永久地——两者都减少。"发行"和"撤回"比"销售"和"购买"更好地表现出了真实状况。一个公司撤回或支付它的股票、基金和票据,有时又会发行这种证券并募集新的资本。有人可能同样会这样认为,即独资企业在票据到期时,向银行购买其票据,进而取得了一项资产,以此来表明非公司制企业可能会将自己的证券作为资产处理。

当然,法律在一定权限内认可了公司购买和持有自己股票和其他证券的权利。通常此类交易在发生时都会释放烟雾弹。可以在用偿债基金收回证券时找到这种例子,从公司资金中支付费用以负担利息和由信托人持有的发行公司的股票股利。但是这种交易和事项从会计立场来看仅仅是例行公事,有时法律将公司实体的虚构设想带到比会计师能够安全跟随的更远的地方。当然会计师必须将公司对自身证券的处理与对其他公司证券的处理置于截然不同的水平上,他不允许公司将——除了所有真实的资产——企业自身的一项清算权益作为一项资产。

应当承认的是,一个公司拥有可以在需要时发行以获得额外资金的股票或其他已核定证券也许是一种优势,因为,新的核准需要特定的条件,公司章程或其他形式的变化。此外,在特定情况下,甚至可能会认为,此前已发行但以库藏股持有的股票相比已核定但未发行的股票在市场能力方面有些许优势,但是这丝毫不会证明库藏股是一项资产的结论是合理的。就像前面已指出的那样,一项有利条件并不必然意味着资产,银行发行货币的权力是一个有利条件——成功运营的企业所必须具备的条件中的一条——但不能被视为一项会计事实。发行银行所拥有的一捆新印刷的票据,其价值并不比它的制造成本多。公司可以在期票的基础上借入所需的流动资金是一项有利条件,而这并非资产。公司在一定情况下可能会评估他的股票但正如此前所指出的,这种可能性不是公司的一项资产。概括来讲,公司将仅仅使募集股本变得可能或方便的任何条件作为真实资产都是很不合理的。

我们并不打算否定作为一项法律事实的已核定证券的重要性,特别是在涉及它们对潜在控制力的影响的时候,这种核定很重要。从某些方面来看,甚至可以说将这些客观事实引入到账户中是有利的。但是如果引入到会计报表中,这些项目应当作为估值账户单独列示,或最好作为总权益余额的抵减项。最安全的实务处理是将这些数据从资产负债表中完全剔除。它们在股票凭证或其他地方列示会比在严格的会计报表中列示更为合适。

以上讨论所形成的结论可能会直接运用于股票捐赠的情形。但是,在这种交易中出现了一个或两个应单独考虑的有趣问题。在一些情形下,股本一旦以真实的方式发行,就会在没有任何报酬的情况下返还给发行公司——即由初始认购者"捐赠"。以前这种情形常发生在不允许以低于面值的方式发行股本时,它们常常是在实施前就安排好了,主要目的是使股票被"全额支付"以使其可以募集任何价格发行时的营运资本。一位有兴趣的股东以名义价值投入一块地、一间工厂、一项专利或其他资产,并且其后转售一部分股票给自己以作为交换。在这种情况下,要对这家公司的财务状况做出合理解释将是很困难的。

比如,假设一名发明者以\$45,000转让他的一项专利给公司,按票面价值获取等额的公司股本,其后,捐赠\$20,000的股票给公司,以使公司能够通过出售这些股票来获得必要的流动资金。进一步假设,公司的发起人初始认购股票的金额为\$5,000面值,这些认购都是以现金支付。作为这些交易的结果,公司的账户可(以简要资产负债表的形式)列示如下:

专利	\$45,000	股本	\$50,000
捐赠的股票	20,000	捐赠的准备金	20,000
现金	5,000		
	\$70,000		\$70,000

现在假设捐赠的股票以面值的80%即\$16,000发行,这种交易如何记录呢?传统的程序将会贷记捐赠的股票\$20,000,借记现金\$16,000和捐赠的准备金\$4,000。依据这种解释,该发明者支付了\$16,000的溢价——准备金账户的余额——为自己的股票。他没有给其他利益方做如此大的让步,因为他还持有全部股票的50%(如果他同样是一名发起人,

或更多),并且在溢价中拥有相应地权益,但是显然他贡献了超过 2/3 的总资产,并因此作出了明显的牺牲。

这种解释只有基于这种假设才合理,即专利的所有者发现有必要做出这种让步,因为缺少流动资金而又绝对需要现金资源。但是基于保守估计,专利实际值 $45,000 吗? 显然,在这种情形下,最关键的问题是专利的价值取决于无形价值、准备金或特殊溢价的有效性。而且其后的以折价销售捐赠股票看起来就是有力的证据,表明不存在真实的溢价。如果发明者真的向公司做出了任何价值上的让步,股票就应当能够很容易地以一个很高的金额被卖掉。更加保守的做法,相应地,将会涉及准备金账户余额 $16,000 的注销,以抵减专利价值,或者换一种说法是专利的价值为 $29,000。

还可能存在更加保守和符合逻辑的解释。对初始资产而非现金的价值缺少决定性的证据,真实证券的现金价值在发行日经常被视为最可靠的标准。在上述例子中,出现了两种股票价值,总额 $50,000 以面值发行,而面值总额为 $20,000 的则以 $16,000 元的现金发行。将更大部分的价格作为股票价值的最佳体现,那么整体发行的股票显然将会占 $50,000 的 80%,即 $40,000。减去现金 $21,000,剩下 $19,000 作为专利的保守估计价值。最后在这种基础上所编制的资产负债表如下所示:

专利	$19,000	股本——票面价值		$50,000
现金	21,000	减:折价	10,000	$40,000
	$40,000			$40,000

也许还要提及另一种可能性。假设专利的发明者持有股票价值(面值 $25,000)的 80%,即 $20,000,并且专利价值与任何其他的交易无关,最后的资产负债表将会显示总资产为 $41,000,而股票折价会降低至 $9,000。

总之,应该强调的是,捐赠的股票不应该作为一项资产而应该视为对总股本的一项抵减。而作为一项真实资本权益的捐赠准备金,其有效性完全取决于初始投资资产的真实价值。如果捐赠者实际上对他的股票支付了溢价,那么捐赠准备金账户度量的就是权益的真实溢价数额。在绝大多数情况下,对溢价数额的最佳解释无疑是认为它是对一项价值被高估资产的抵减。不仅是经常没有发生真实的溢价,而且资产的合理估值倒是经常会披露一项真实的折价。在缺少其他结论性证据的情况下,所发行的证券在发行时的现金价值,是判断交换所收到资产其合理价值的最佳标准。最后,由于在指定发行中每一等分股份与另外一些类似股份具有同等重要性,重要部分的价格(如20%或更高)是决定整个发行价的一项令人满意的因素。

股　　利

股利及其会计处理的重要性已在第七章作过简单的介绍。由于对"股利"概念的广泛误解,对这一阶段的股本做进一步讨论就显得尤为重要。以股票及其他有价证券代替现金发放股利尽管是公司一项熟悉的业务,但在很大程度上经常被误解。从这些交易的会计方面延伸开来,目前流行的错误观念,在很大程度上是源于没有理解以公司自有证券形式发放的股利,从资产负债表角度而言意味着什么,因此对有关这一问题错误认识的纠正需要会计师做出不懈努力。

正如第七章中所指出的,股票股利的宣告发放构成一项内部权益交易,不影响资产负债表的合计数,即既不影响任何资产,也不改变权益类型,只是涉及个别项目的变化,仅仅涉及股东权益要素内部从一个项目转移到另一个项目,借记盈余账户,并以相同金额贷记股本。累计利润全部或部分地计入初始资本,股东权益的合计数并不受影响,只是简单地被划分成几个部分,每名股东的权益仍是相同的(假定新股能按比例精确发放到不同股东手中),每股账面价值成比例地减少,每股市场价格下降(就所关注的此类特殊事件的效果而言)。不管是公司放弃什么或是股东得到什么都是没有意义的,它对资产的影响是零,对权益的影响纯粹是形式上的。如果用一个单独的账户代替整个股东权益,那么就不会涉及任何会计交易,也不需要做分录。换言之,只有认为有必要将股本的票面价值用一个单独的账户反映出来时,股票股利的宣告和发放才是一项会计交易。

那么,这一交易的意义是什么?目的是什么?以下试图从发行公司及其管理的角度来回答这一问题。发放股票股利最重要的理由是公司董事会能够保证利润永久留在企业,或者,作为一项会计技术运用,限制公司目前的董事会或任何一位继任者用留存收益发放现金股利。一旦留存收益被资本化,比如用于转增资本,它就不能用于发放股利。为了保证公司规模的扩张,有时用股票股利来代替现金股利。

这不应该被误解,因为股票股利本身并不能带来企业的增长,重要的是允许利润积累的管理决策。如果董事会放弃发放现金股利(或以其他资产的方式发放股利),只要发放的新股能弥补利润,企业将会扩张(如果有利润的话)。股票股利简单地解决了问题,使得这个问题反转或改变这项决策——即限制或避免实际资金或将其他形式的资产分配给股东——变得不可能。

认为股票股利不尽合理的观点也很普遍,掩盖盈余账户、隐瞒累计利润事实的欲望可能是导致其不合理的主要原因。经营的需求可能会使现金股利变得不可能,可能管理当局对保证资产负债表中的未分配利润一栏保持一定的金额也不在意。不幸的是,对那些有权编制资产负债表的人员予以激励的目的事实上是为了掩盖而不是揭示公司的财务状况。董事们可能并不希望公众、员工甚至是分散的小股东充分了解公司的盈利情况。

毫无疑问,在某种程度上,股票股利被视为股东的抚慰剂。股票股利在某些情况下满足了对股利偏好的需求,它是一种纯粹的名义上的股利。如果股东对真实财务状况有强烈的偏好,很难说他在这一过程中得到了任何明显的满足,但是股东通常会完全误解这一交易。发放股利的另一个理由是董事想操纵股价,"分赃"的谣传被长期作为对股票市场的攻击。在股票市价较高时,股票股利是将股价降至适当程度的一种有效方法。如果股票股利运用于由同一公司发行的几只股票,特别是运用于有较高投票权的股票时,能在控制权的问题上发挥一定的作用。

站在会计的角度上同样会有反对发放股票股利的观点。股票股利并不能促进股票折价的消除,而是刚好相反。股票折价的消除与股票股利的发放实质上是同一类型的交易,在这两种情况下,累计利润归属于体现内部投资的账户,所有者权益中两个重要的要素——投资和盈余——被掩盖了。在这方面,我们发现另一个支持股票股利的理由。为了提高账面投资,牺牲投资者的利益以保证更大量的现金股利,且不会增加资本化形式下的股利支付率,就经常会采用股票股利。这一点,正如给出的其他大部分理由,这显示了股票股利作为一项措施或权宜之计的一项稍显可疑的特征。

应当指出的是,无论出于什么目的,只有公司所拥有的已核定且尚未发行的股票(未发行的,至少就个人股东而言)才可能用于发放股票股利。所有其他的股票必须在财务经营前发放,或者首先采取必要的程序来增加账面资本。

从容易接受的股东观点来看,股票股利的重要性体现在哪里呢?正如此前已指出的,个人股东在公司的权益并未改变,交易所带来的表面影响只是他所持有的股票数量的增加,他收到了涵盖其新股的额外凭证,或者是用新凭证来代替旧凭证以覆盖其所持股份,很难说他在这一交易中得到了任何好处。有人可能期望发放股票股利后他所持有的股票(包括新股和旧股)的整体市场价值实质上保持不变,当然,由于证券市场总是受多种因素的影响,股票股利对市场价格的影响无论如何都不可能精确地确定。但只有在预期公司未来在市场上能够获得较大的成功,并保持一定的盈利水平的情况下,发放股票股利的合理性结论才能得出。当然,股票股利也可能在宣告承诺给股东最大限度的累计利润的特殊情况下发生,在这种情况下,股票在市场上受到青睐。但一般情况下,财务报表中的净收入和盈余而不是股票股利政策能够披露公司经营的成功程度。无论如何,从股东的角度来看,股票股利的宣告可能是公司正在盈利的一个间接暗示——股东应当已经通过其他方式了解到的这项事实——很难成为决定股票股利本质特征的重点。

如前所述,大量股票股利的谣传或宣告可能会导致股价攀升。但需要强调的是,在没有其他有效影响的情况下,新股的发放必然会导致股价下跌,且大体上与资本总额的增加成比例。

事实上,对偏好直接的现金股利的股东而言,股票股利的宣告是令人沮丧的。股票股利向投资者传递的信息就是——如果股东理解股票股利交易——对已发行的新股而言,累计利润从可能的股利发放中被永久扣除了。相关的利润永远不能被分配——除了最终清算,只有当这些资金赚取利润时,董事会才能将与之相关的收益支付给股东。

当然,接受股票股利政策的股东可能会出售新增的股票,尽管这样做可能会降低其在公司的部分权益。而且,股东如果出售新增的股票,他将会意识到——在没有股票股利的情形下——相比他处理大量的股票来清算可能的股票股利,其权益更不确定。在这里应当注意到,从理论上讲,倘若股东所持股票存在活跃的市场,那么他就会经常"宣告"其自有股利。剔除其他可能的有利因素,一般而言,成功的经营和利润积累的效应会提前反映在股价上,如果董事会不将这些利润分派给股东,股东可能会通过出售他所持有的大量股票来收回公司盈利带来的收益。这样做将会成比例减少他的收益,但他可能仍然持有与初始投资相当的权益。事实上,如果市场价值与票面价值总相等,个人股东将完全不关心董事会的股利政策,除非涉及其权益问题。①

通过与股票股利的对比,我们接下来阐述所谓的其他股利政策。唯一真实的股利涉及将现金或其他公司资产分配给股东。这种股利使公司资

---

① 严格来说,只有在假设股东的股票无限可分的条件下才成立。

产负债表中的一部分股东权益减少——通常股东权益的增加是源于成功的经营——总资产也相应地减少。然而,有可能得出错误的结论,认为个人股东财富的增加是由于这种股利分配政策。在稳定的市场,现金股利的发放一般会导致每股股价的直接下降(从结账以前的股价来看),下降幅度大致相当于每股股利。需要强调的是,从广义上来说,并非股利的宣告发放而是公司的成功经营策略导致股东财富的增加。从某种意义上讲,公司只是股东的代理,运用股东的资金并定期报告(假定的)代理工作情况。当成功的经营导致投资者的资金增加时,投资者在公司的权益就相应地增加,通常有职权的人根据账面记录的盈余分配利润给投资者,这一行为使投资者的部分财富从公司的权益转移到清算资产中,如果股利是现金,这意味着股东在转换中购买力的增加不一定要通过购买或处置他所持有的股票。

总之,用现金或公司其他资产来发放股利,会导致公司资产负债表两边都减少,股东收到的现金或其他资产形式的股利覆盖了他在公司的部分权益。相反,股票股利对公司资产负债表没有任何实质性影响,股东的情况也与股利发放前实质上是一样的。两种股利政策都不会影响股东的整体财富。在现金股利情形下,投资者的状况改变只是在于其部分资源从在公司中的投资形式转化为现金,并不影响他在公司中享有的权益。在股票股利情形下,投资者有了新的股票凭证,但他的财富总量并未改变。

接下来,进一步探讨股票股利与以临时凭证、票据或其他有价证券形式所发放的股利之间的关系。比如,假设一家拥有$100,000累计盈余的公司按比例发放相同金额的、票面利率为6%的10年期票据利息,那么这笔交易对发行公司有什么影响呢?概括来说,这笔交易就会计而言应记录为:借记盈余,贷记应付票据。很明显,这又是一笔不影响资产负债表合计数的交易,没有资产的增加,权益总数也不改变,实质上就是一种权益的减少而另一种权益的相应增加。这与发放股票股利的唯一直接不同在于权益的法律性质发生了改变,$100,000已经由股东权益转化为一项负债,如果涉及的是相同的人,那他们在公司拥有两种不同的权益。而且,公司最终必须偿付票据,这样一来,公司实际上向股东分配了资产,但这可能并不意味着资产的永久减少,因为公司可能会通过借债或发行新股募集资金来偿还票据,在后一种情况下,站在公司的角度来看,这种票据股利的直接影响和最终效果与股票股利几乎相同。

在发放短期临时凭证的情形下,这笔交易对公司账面的直接影响与上面所描述的相类似,但最终的效果却等同于现金股利,真实的临时股利实质上是延期的现金支付。

现在转入讨论个人股东的情形——继续使用发行10年期票据的例子,接受票据的股东似乎与接受股票股利的股东所处的情形相似。公司承诺支付票据利息,但并不能认为这是公司的一项分配。这种票据是与股票凭证处于同一水平的资源,它们都不是法定货币。若要通过股票凭证实现权益,有必要进行出售、分配或抵押,票据也是同样地道理。从个人股东直接利益的角度来说,股票股利与票据股利的区别归根结蒂只有一点,即在有票据股利的情形下,股东可能意识到出售票据不会减少其应有的权益,可以通过持股来控制公司;而在有股票股利的情形下,出售新增的股票则会影响股东的相对地位。

从股东的角度来看,陷入财务困境的公司发放临时股利的直接影响,与不发放任何股利实质上是一样的。当然,股东可能会背书临时凭证而从银行获得现金,这样,这笔贷款就从银行转移到股东手中。在这种情况下,投资者实际上是用借款来支付其股利。事实上,虽然公司签发了票据,但如果信用部门认为公司用借入的资金来发放股利是不明智的,那么直接的受益者将是股东。如果一切进展顺利,公司支付临时股利,则在票据到期时该交易的结果与现金股利是一样的。

对股利征收联邦税收的实际问题应该提出来。联邦最高法院已经宣布股票股利不代表股东的收益,因此不对其征收联邦附加税。这种观点与会计的解释相符,正如此前所解释的,股票股利政策不应当被视为影响了股东的财富或收益。但是,从前述的讨论中应当明确,从广义上来说,发放现金股利本身并不增加投资者的财富,是定期的损益表而非股利分配表反映股东权益的变化。无论如何,支付现金股利是无限制地向股东分配相关权益资金的一种有效形式。因此,从实际的角度来看,有人倾向于这样一种观点,即股利而非收益报告是评价股东个人收益的一种标准。

关于股利的税收问题对于财政部和法院所持观点的主要批判在于(除了对双重征税的普遍反对),只有公司宣告发放股利的有价证券与持有者所持证券为同一类型时,股利发放才能享受免税的优惠。也就是说,票据和债券形式的股利——同现金股利一样——都属于股东的收益。上述观点强调的是,应该更加合理地处理宣告公司"发放"的不同类型的股利——票据、债券、股票——以及它们的税收豁免问题,直至相关的证券被出售、清算或被发行公司支付。

第十七章　一些估值账户[①]

正如第七章中所指出的,平行栏中加、减的分离已经在现代会计实务中有了很深入的应用。不仅个人账户分成对立的栏目,在许多情况下,总账户也分成两个或多个不同的部分,并且每个部分多作为独立的账户使用,因此就存在估值账户或备抵账户。这种账户是某些主要账户的辅助部分,设置的目的是以暂时的形式反映某些重要账户账面余额的扣除额。比如,发行有价证券一般在会计上以票面金额记录,票面金额与实际收到的投资额的差额就记入一个折价账户。同样地,固定资产通常在账户中以原始成本反映,其使用期间应计的费用通过贷方记录到适当的准备金或备抵账户。实际上,这种备抵账户贯穿了整个会计系统。一般来说,总的趋势就是原始金额、总额和票面金额在主要账户中反映,所有的折扣、准本金和其他备抵通过单独的辅助账户反映。这些与固定资产和权益项目相关的备抵账户保留在资产负债表中,其他与流动项目相关的备抵账户则在编制损益表时处理,但账户建立的原则在任何情况下都是一样的。

由于估值账户的广泛运用,使得某种类型的数据可合理地为统计所用。但是鉴于此类账户很容易被会计师和非会计师所误解,且在简式财务报表中被置于不适当的位置,因此,在实践中有其不利的一面。比如,应计折旧备抵仍与真实的盈余余额作为一组列示于资产负债表的权益一边,有价证券的折价也总是列入资产之中,而不是与相关的主要权益账户列示在

[①] 部分摘自《一些现行的估价账户》,《会计学杂志》,第 29 卷,第 335-350 页。

一起。坏账准备金并不代表未结清的应收款账面余额的扣除数。尽管许多专业的会计师已经对资产负债表中作为主要账户抵减项目的备抵账户有一定的认识，但在多数情况下，这些项目仍然被允许使用来夸大资产和权益。而且，一般来说，会计师不能识别现行估值账户而导致将其放在损益表中的不恰当位置。许多与购货和销售相关的备抵项目很少被正确地予以解释，并在多数情况下被置于损益表中的不恰当位置。损益表中对各种特殊事项的处理存在很大的改善空间。

折价备抵账户、资本折价账户和某些其他重要的估值账户已经在第七章和其他地方作过详细的分析，但是，与经营分类有关的流动备抵账户却被忽视了。本章将讨论三种主要的情况：① 销售折扣与折让；② 购货折扣与折让；③ 契约性证券的折扣。前两种情况主要涉及费用与收益的划分，而第二种情况与财务报表有着重要的联系。

销售折扣与折让

关于销售与购货中现金折扣的意义，以及这些项目在会计和报表中的处理也已在前面多次提及，其他小的会计问题很可能都没有引起过如此多的讨论。此前已提出了多种反映购货与销售及其折扣实质的、巧妙的会计处理方法，并且提出了会计师感兴趣的几种折扣，如所给折扣、既得折扣、放弃折扣，以及——在会计期末——可能的未付款折扣和接受折扣的可能范围，而针对呈现这些信息的多种方案其各自的相对优缺点，还存有相当多的争论。在这里并不是要重提这一问题或是详细阐述另一个有关折扣的会计系统，关于这个问题已经谈得太多了。但是，仍然有一个与之相关的重要理论问题没有解决，即销售折扣是从名义收入中扣除，还是作为实际费用，抑或是作为损失项目？类似地，购货折扣与折让是从名义的和其他的高估费用中扣除还是会增加收益？换言之，当前的折扣与折让仅仅是附属于主要经营类别的抵减项目，还是说它们作为这些类别的积极要素具有内在有效性呢？这些问题需要特别引起注意。

一开始就应当承认,无论以任何方式回答这个问题,其对最终净收入数据的影响在任何情况下都是相同的,因此,这一问题也不是最重要的。但应当强调,某种会计观点或程序不能仅仅是因为它没有干扰到损益表中结论数据的完整性就不被接受。有许多不恰当的整理报表数据的方法最终也能达到精确的平衡,甚至有可能通过不分借贷的粗略方法就可以完成。很显然,一份令人满意的经营报告必须重视大量的中间内容,这与最终的数据几乎同样重要。比如,有效的总收入、销售的材料成本以及总费用都是非常重要的数据,对于这些数据,有关某一特定项目应当作为真实的收入处理还是作为费用抵减处理的问题并不是难以区别的。甚至在最终的经营平衡被打破之后,就有几个重要的数据被披露出来,这个问题已在第十一章中予以了强调。

销售折扣源于卖主采用不同的期限赊销商品。通常当货物装运上船后,卖主在其账簿上记录这一交易。即使卖主提供了折扣,但并不能事先确定折扣数,因为这取决于顾客的付款时间。顾客有可能迅速付款并享受折扣,也可能推迟至折扣权利丧失时付款,此时则按总价支付。在这种情况下,卖主应当怎样在账簿上记录先前的销售呢？从理论上说,既然顾客最终付款金额不能提前确定,任意选择一种方法作为基本的记录似乎都是有道理的。按顾客可能享受的最低赊销额予以记录是一种保守的方法,特别是如果顾客普遍接受折扣。正如几个学者所指出的,按折扣后的价格记录初始销售是完全可行的。但实际上,实务中普遍按总价记录销售。这种传统的做法与会计师所提倡的保守主义并不完全一致,但却非常合理,也更方便,且大多数随交易开出的发票和其他文件中都是以总额列示。如果按照合法的程序,那么账面通常应当包括卖主的承诺(尽管他所收取的金额根本就不确定)。

其后,如果顾客享受折扣权利按净价支付,那么总价与净价间的差异就记录到一个特殊的账户——销售折扣,这样记账的意义是什么呢？如前所述,这种折扣既不是一种费用,也不是一种损失,而是对夸大的总收入的一种抵减。换言之,赊销额超过净价只是暂时的,总价是为了方便使用的,当顾客享受折扣,则该交易的有效收入被揭示出来,账面上超过的部分就应当被注销,除非出于管理目的需要单独分析特定期间顾客接受的折扣额。正确的记账方法是,将折扣金额直接用以抵减总销售额。在会计期间结束的时候,最合理的程序是将销售折扣结转到销售收入中。根据这种解释,销售折扣实质上是销售收入账户的一个辅助部分,在特定时期与销售账户分离是为了反映账面总收入的抵减额。

销售折扣作为一项费用或损失处理是粗浅推论的结果。正如前几章所揭示的,特定期间的费用是该期间产生特定收入而引起的成本。换句话说,费用度量创造收入的各种商品和服务的价值。有人可能会问,在何种意义上,被顾客享受的折扣是一种成本呢？在生产中什么产品的生产或服务用这一项目来衡量呢？同样地,销售也不是一种损失,损失的产生是由于某些价值从企业流失而没有获得任何相应地补偿。由于顾客的迅速付款失去了什么有价值的东西呢？

认为销售折扣是对夸大的收入的一种抵减符合一般常识。卖主采取两种价格政策:对迅速付款的顾客提供较低的价格,以及对延迟付款的顾客提供较高的价格。这两种价格都是卖主完全自愿提供的。实际上,任何厂商都愿意现销产品,对卖主而言,顾客享受折扣和价格优惠并没有什么损失。如果将有意提供的销售折扣看成是一种成本或费用的话,那么我们就会得出荒谬的结论,认为站在卖主的角度上,对迅速付款并享受折扣顾客的销售比对推迟付款并放弃折扣顾客的销售要贵。事实上在两种情况下的特定成本差不多(除非推迟付款情况下花费更多的收账成本),但从公司的角度来看,对推迟付款顾客的销售需要花费更多的长期经济成本,这是由于与该笔交易相关的资金占用的增多和风险的增加,卖主多对推迟付款的顾客提供较高的价格。

所有标准的销售折扣与折让有时是与现金折扣相联系的,这些项目虽然不是费用,但应从名义销售收入中扣除,这并不改变它们的特征,即在特定的备抵账户中反映而不是直接借记销售账户。

销售退回产生了一个类似地备抵项目,当顾客因为任何原因退回不满意的货物时,习惯上借记销售退回并贷记顾客(当然同时记录确定退回货物的价值和由此产生的销售成本的减少)。销售退回账户是一个估值账户,度量由此导致的已确认收入的减少。

由于货物包装或运输途中导致的折扣,或由于卖方雇员的错误挑选和粗心操作导致的销售退回,当然会增加成本,但销售退回账户并不记录这些成本,增加的人工费在工资中体现,而运输费则记入运费账户,货物的毁损通过存货账户,等等。尽管这样做看起来能够令人满意,但事实上,一般会计程序并不能真正区分这种情况下的直接费用和间接费用。当然,销售退回与折让账户在任何情况下都只能反映虚增的销售收入的抵减。

坏账准备这一项目可能进一步精确地反映了暂时性的总销售收入的抵减,这一项目是作为名义收入的直接扣除而不是作为费用或成本。从公司的角度来说,这种损失确实增加了经济成本,但毫无疑问,赊销价格普遍较高是由于相当多的顾客不付款。无论如何,应当认识到,站在特定公司的角度,顾客账户不是像生产中所使用的设备、材料和服务一样的资产,应收账款不能通过对其的使用来创造收入。坏账准备是暂时性的销售收入的一种抵减,而不是销售成本的一种增加。对会计师来说,真正的费用是构成产品实体的材料费、人工费和广告费等,坏账准备更像是不能收回的虚假收入而不是生产过程中材料、商品和服务的增加,是收入的抵减而不是成本的增加。

需要指出的是,这一分析仅涉及当期账户的正常备抵,也就是说,坏账准备只是根据经验对当期的信用交易所做的定期调整。如果发生了由于前期信用销售而产生的应收账款非正常核销或非正常损失,那表明发生了真正的损失,则影响的是净收入或未分配利润而不是总收入。但在这种情况下,很显然不涉及当前费用的增加。

年末结账和编制报表时,很明显,在正常情况下,特定期间收入的扣除额并不严格等同于顾客所享受的折扣额,顾客享受的某些折扣是在销售当期发生的,而另一些是在销售期以后发生的,而且提供的总折扣额不可能全部从收入中扣除,因为部分折扣可能不会被享受。换言之,在采用两种价格销售的情况下,无论信用销售什么时候出现,都不可能精确地确定最终的有效销售额直到在当期结束后的某个时间。在这种情况下,最合理的程序——鉴于一般会计实务中的应计和估计——就是估计该期间被顾客接受的折扣占销售额的百分比,以此数计算折扣额并作为该期间销售收入的抵减额。这种方法很简单,也可按销货百分比估计坏账准备金。

举例说明可能使这个问题更清楚。假设某公司第一个会计期间的经营产品销售(赊销)总额为$500,000,销售净额为$490,000,该期间已被接受的折扣金额为$6,300,允许核销的折扣是$700,未付款中可能的折扣是$3,000。假设以往经验为该期间未付款中可能接受的折扣估计提供了很好的指示,则有可能得出结论认为$3,000中的90%会被顾客所利用。为体现这一估计数在账户中的影响,则借记销售折扣$2,700,贷记折扣准备金$2,700。由这一记录导致的对折扣账户的调整,会同时影响到资产负债表和损益表。损益表中已被利用和即将被利用的总折扣额$9,000将从总收入中扣除。在资产负债表中,折扣准备金项目是作为顾客未付款余额的抵减项目。

当未支付的款项在后续期间支付时,折扣准备金账户根据应收账款总额和从顾客收到的现金间的差额记账。如果估计数准确无误,则不需做任何调整。在实务中,这种精确当然是不可能的,但必要的更正却很容易做到。如果顾客享受比预期更多的折扣,则超额部分记入未分配利润的借方,如果差额较小,则记入当期的折扣账户。反之,如果小于预期,不同之处只是记入未分配利润的贷方,或者为方便起见,记入当期的折扣账户。如果差额非常小的话,也可留在折扣准备金账户中。

如果经验表明,无论如何,给定期间实际利用的折扣金额能合理精确地计量销售的调整,就损益表而言,显然没有必要进行上述分析。而忽略建立一项由于未利用折扣而导致顾客余额的抵减,就意味着资产负债表中列示的数据不可靠,其不可靠程度取决于应收账款余额和估计的折扣百分比。上述调整特别重要,如无论是编制月报表还是分析各期间销售的剧烈波动。在这种情况下,用特定期间已利用的折扣额作为销售额的抵减就显得不合理,而需要借助这个账户。

综上所述,给出了损益表中各备抵项目的处理方法。根据我们的观点,损益表的第一部分应当列示对暂时总收入的调整。用上例中已给定的数据并增加假设,销售退回＄1,500,特殊备抵＄2,000,估计该期间不可回收的金额＄7,500。则该公司的损益表应当反映如下：

销售总额		＄500,000
减：		
可用的折扣(已被利用和将被利用)		＄9,000
销售退回		1,500
特殊备抵		2,000
不可收回估计	7,500	20,000
销售净额(或有效总收入)		＄480,000

购货折扣与折让

购货折扣——从买主角度来看的折扣——类似于当期估值账户。尽管这种观点在实务中很少被采纳,甚至那些倾向于承认有关销售折扣所处地位的人,也可能认为像销售折扣一样处理购货折扣并不恰当。专业人士的观点似乎更倾向于将购货折扣解释为迅速付款的一种财务好处,类似于利息所得,这与在损益表中通常将购货折扣作为杂项盈余处理的观点相一致。

尽管如此,需要声明的是,这种普遍的处理可能不正确。就像销售折扣是虚增收入的一个抵减项目一样,购货折扣也是名义成本的一个扣除项目。从购买者的角度来说,不论什么理由,现金折扣同回扣、折让、退回在本质上是一样的。从会计的角度来说,所有的这种赊欠,都应当看成是备抵项目,对暂时成本额的抵减。当然,对有充裕资金迅速付款的公司来说,好处是不同的,折扣范围从 15％～80％不等(远远超过正常利率)。但是,有利的经营条件不应当与确定的收益项目相混淆。

实际上,认为购货折扣是一项盈余的理论混淆了经济原理与实际的会计程序。一般而言,资本资金的使用,对使用者来说涉及了一项经济成本,而对提供资金的资本家来说则涉及了一项利得。但是,正如在这一问题上不断强调的那样,对会计师来说,将特定企业中可供使用的资金看成是真实的资产和权益形式是不合理的。所有者的资金产生的预期利息在他的账簿上不是一种成本,那么也就不存在用于购货的资金形成对其自身的盈余。只有成功的经营导致资产增加,收益才会出现。有益的购买不可能迅速地产生利润,而只能带来成本的降低。对特定所有者来说,成本是购入商品和服务的花费,盈余是期末总收入与成本的差额。

将投资利息计入费用或类似地处理——正如第十一章中提到的——会计师很少提倡。但他们提倡将购货折扣作为盈余——一项相同的错误。将所有者的资本利息借记费用并贷记收益,与购入的货物以夸大的价格计入成本,借贷方抵减后的贷方余额作为一项真实盈余的实务处理相一致。

接下来,详细阐述将购货折扣作为收益项目处理的不恰当性。假设某个新公司 1 月 1 日开业,1 月 20 日前购入原材料的账面价值是 $500,000,假定卖主许诺所有购入货物如果在 10 天内付款给予 2％的折扣。由于金额较大,公司认为在折扣期内付清全部款项非常有利。换句话说,公司享受全部折扣,支付现金 $490,000 以偿清账面金额为 $500,000 的欠款。公司在本月没有任何销售,只有生产经营活动已经开始。

在这些情况下,很明显,1 月份公司没有任何收入,至少没有任何销售,只要以销售为标准,则公司就没有任何利润。但购货折扣账户有 $10,000 的贷方余额,而这一账户被认为是盈余的组成部分,在这种情况下,将备抵项目作为收益处理显然是荒谬的。实际上,公司的购货成本是 $490,000,折扣金额只是购货账户的一项暂时的贷方余额,购货折扣是购货账户的一项附属,这两个账户共同作用体现了真实的成本金额。没有发生任何收益,有效的购买本身并不能产生收益。

如果购货折扣不是收入,当没有销售时,就会得出这样的结论,即这种折扣在任何情况下都不是真实的盈余。

在购进固定资产的情形下,有关折扣的性质问题又会引起争论。比如,假设某公司以信用方式购进一台设备,总价款为$5,000,如果在10天内付清,则可享受2%的折扣(或总价款为$4,900)。在这种情况下,没有人将折扣金额看成是盈余,都认为应当贷记总的购买价格,以获得资产的真实成本。如果说购进固定资产的折旧作为成本的扣除项而不是确定的收益项目,那么这就类似于,购进流动资产相关的折扣是流动总成本的抵减项。

正如在销售折扣中,出于调整损益表中"销售成本"的考虑,特定期间已接受的折扣金额通常不是正确的数据。购货的贷方金额应当是已接受的和将要接受的折扣合计数,这取决于估计未来接受折扣的比例。下面举例来说明这一问题。假设某个零售商在经营的第一个月购进存货的总价款为$25,000。在这期间接受了$400的折扣,到本月底可接受的折扣总金额为$100,该购货商希望及时付款以享有所有折扣。为了确定追加的成本抵减金额,有必要将折扣额记入将要接受的折扣账户借方,贷记购货折扣。由于有了这一分录,购货折扣账户就反映了该期间已接受和将要接受的购货折扣。这一分录将结转到购货总金额账户,从而得到已取得货物的真实成本。将要接受的购货折扣作为应付账款的特别抵减项目,在资产负债表中作为未支付给债权人账户的抵减项目列示。这样一来,报表中反映的金额就是有效的债务。在下一个会计期间,本期期末未接受而下期接受的折扣将记入将要接受的折扣账户的贷方。在损益表中,销售成本按如下列示(假设存货的总价是$10,000,净价是$9,800):

购货——总价	$25,000
减：已接受和将要接受的折扣	500
购货净价	$24,500
存货——总价	$10,000
减：已接受和将要接受的折扣	200
存货净额	9,800
销售成本	$14,700

在许多情况下，关于预期的折扣很可能不适合这样的分析，特别是涉及存货。当然试图详细调整购货商和债权人的记录与账户是不明智的，而且，在取得存货时，用总价比用净价更方便，也不会与实务相差太远。总之，类似地精确调整仍然在控制账目和编制报表中使用。在许多情况下，即使未享有的折扣完全忽略，结果也不会出现严重失真。每一种情形下的特殊环境揭示了对这一问题的改进程度。

总之，需要强调的是，尽管折扣的计算运用于不同的情况，但它应当作为总成本而非收益的一项抵减项目。

契约性证券的折价

众所周知，有期限的有价证券如票据、债券，同股本一样，通常折价发行。也就是说，从投资人手中得到的金额——证券的"价格"——通常低于到期支付的票面金额。如果认为账户中应当反映票面值或到期值的话，那么这种情况需要使用一种特殊类型的备抵账户，这种账户类似于股本折价，但不同之处在于如果要保持有价证券持有期间资产负债表和损益表的完整性，就必须系统地减少或增加该账户。

对这些情况的处理方法已提到过多次，但目前的实务处理在这一点上很不合理。折价金额的实质是什么呢？是一项资产、一种损失、一项费用还是名义负债的一种抵减项目，该名义负债在有价证券的发行期间逐渐抵减净利润吗？

在实务中,非累积的折扣通常称为"预付利息"或"提前支付的利息",在资产负债表中作为资产,同真实的流动资产如未到期的保险费用在一组列示,通常是使用总标题——"经营的递延费用"。这样使用当然不尽合理,"预付利息"不存在任何合适的意义,并且也不存在独特的性质。到期支付的金额与从投资者收到的金额间的差额绝不是一项资产。如果认为这种折价是真正的资产,就意味着资金和借款人所获得的其他资产在任何情况下都至少等同于发行债务的面值。这同时意味着公司以一个较低的利率和低于面值发行票据或债券所收到的金额,等同于另一个公司以较高利率发行相同面值和相同金额的票据或债券所获得的金额。如果折价是一项资产,那么美国政府1918年实际收到的价值为\$5的战争存款票据,尽管事实上投资者存入的金额要小得多,财政部仍以净额记账,从某种意义上说,这否定了折价的存在,是一种明显的欺诈。

以下举例来强调这一点。假设A需要资金,为解决现金的短缺问题,书面承诺在2年后支付\$10,000,无现付利息。B是一个投资者,同意以\$8,900购入这张票据,交易也已达成。在A的账簿中,可采用以下两种方式记录这笔交易:① 应付票据账户贷记到期值\$10,000,折扣账户借记这一金额与B所收到现金的差额。② 应付票据贷记实际收到的金额,不设置任何辅助账户。第一种方法更符合惯例。假设当前的会计分录是根据这种方法来做的。一开始就需要开设一个借方余额为\$1,100的特殊账户来反映折价金额。

但这一金额并不是资产,纯粹是应付票据账户的一个抵减项目。折扣金额用来度量收到的现金与在2年后支付给投资者的现金的差额。实际上,这两个数字的差异是由于期间的间隔所导致的,由于时间的流逝,资本积累(不管这种资本积累是否全部或部分定期收回)是基于确定的契约所涉及资金的存储和投资的核心问题。如果在这种情况下折价是一项资产,那么A需要\$10,000,B就理所当然地应该贷给他这笔金额,但结果与事实相反,A实际上只借了\$8,900,到期是偿还本金并加上\$1,100的利息,或者说偿还总额为 $10,000。他收到了一笔钱,但后来却要偿还这笔钱并加上一定的使用费,对 A 来说,既没有得到利息,也不可能提前支付利息。贷款发生时,A 和 B 签订了一项特殊协议,这简单地改变了真实的本金。比如,假定仍是上述贷款,A 坚持返还 $50,这一交易不是提前支付的利息。相应地,A 收到的净额就减少了 $50,他以后支付给 B 的金额超过这一净额的就是真实本金的利息。再次强调,预付利息就像是为将来而支付的保险费一样所做的提前支付,就其本质而言,是不存在的。

而且,很显然,折价不能被解释为一项损失,该交易是自愿而普遍的,随着时间的流逝,基于契约的借款或投资有望增加,借款人不会期待能够免费获得资本的使用权,债权人也不愿意进行没有显性或隐性保证的投资。无论是开始还是最后,都不能将最初的本金与付款额间的差异作为债务人的损失处理。

上面已经提及了正确的解释。非累积折价是权益余额的一个抵减项目,是一项负债,以其未来的而不是当前的金额列示,当然,非累积折价并不是在证券持续期内的一项定额抵销,而应该在每一个会计期间都与盈余精确配比。上例中的折价度量了本金和将来支付金额的差异,也即证券存续期内将付而未付的利息。因此如果 A 从 B 处获取贷款后结账,他的净收入账户(或附加利息)应当借记 $534(本金 $8,900 的 6%),应付票据折扣贷记相同的金额,这一方法将收入与相应地费用配比,这项程序安排盈余来承担应计利息负担,并调整了负债。B 一开始贷给 A $8,900,既然 A 还没有支付交易的利息,B 就应当增加相应地贷款金额。折价账户的贷方减少 $566,因此有效的债务就是 $9,434。

正如上面建议的,为在一个单独的账户中反映净债务而取消备抵账户是不合理的。因此,在上述例子中,初始交易在 A 的账簿中应记为:借记现金 $8,900,以相同金额贷记应付票据。在应付利息确认时,应直接记入应付票据账户的贷方,这种方法实际上比其他方法能够更清楚地反映实际情况。

有人可能会认为在这个例子中，A同意支付的真实债务是＄10,000，从某种意义上说，这可能是对的。法定负债一般认为是票面值即到期值，在票据到期时需要支付的金额。在破产的情形下，债权人通常按票面金额主张权利，但事实并非如此，很少会这样考虑。首先，在清算过程中，债权人可能不能够收回全部金额。在这种情况下，收回的金额将取决于可用的资产价值和其他权益的金额与性质，可能在评估不同债务时，不管非累积折价金额多大，法院都会予以考虑。其次，一般来说，会计实务不会完全地或大量地基于破产状况。持续经营是较典型的情况，基于持续经营，折价发行的有价证券的面值不会立即成为有效的债务。沿用给定的例子，A不会一开始就欠B＄10,000，这一金额成为真正的债务是在2年后贷款到期的时候，如果得到的资产是基于当前计价，为什么不用类似地方法处理权益？如果为了消除会计与法律的偏差，权益按到期值列示，那么很显然需要一个备抵账户。

真实的会计负债与收到的现金金额是相等的，这不仅是从正式的记账意义上来说的。比如，A无疑可以将其债务转移给第三方，也就是说，它可以劝说C，一位银行家，来承担该票据，支付他相当于现值的金额。如果这种票据在到期日或之前转让，很可能会有一项条款允许付款人从票面金额中扣除部分非累积折扣。联邦政府发行的战争存款票据就是在到期日前以低于票面的金额赎回。①

有确定利率但以折价发行的票据或债券在发行时，情况更为复杂。在这种情形下，总利息是到期票面金额加上已支付的利息费用之和与初始投资额之间的差额，那么其真实负债是多少呢？是支付给投资者的所有金额，或是到期一次付清的金额，抑或是初始投资额？根据此处的情况，真实的期初负债是收到的金额，到期的最终负债是票面金额，如果包括本金和利息的总付款额在本金权益账户中反映，那么折价就是这一总额与初始投

---

①在这一案例中可能会注意到，投资者早期赎回的利率比到期时低。

资额的差额。如果票面金额作为总负债反映,那么确认的折价就是票面金额超过从投资者收到金额的部分。不管是哪种情况,折价都应当作为名义负债的抵减项目,且应当进行系统的累积,以使得两个账户间的差额始终能够反映真实的负债。

下图反映了实际例子中折价发行带息有价证券的不同情况。假设某公司发行 5 年期,票面价值为 $\$10,000$,每半年付息 $\$3,000$,利率为 10%,每半年可转换的票据。那么期初的投资额就是 $\$84,556.53$。下图中 OX 代表票面金额,$O'X$ 显示公司账簿上净债务的变化过程(包括定期的应付利息),如果票面金额在主要权益账户中反映,那么这一金额与有效债务的差额在备抵账户中反映。

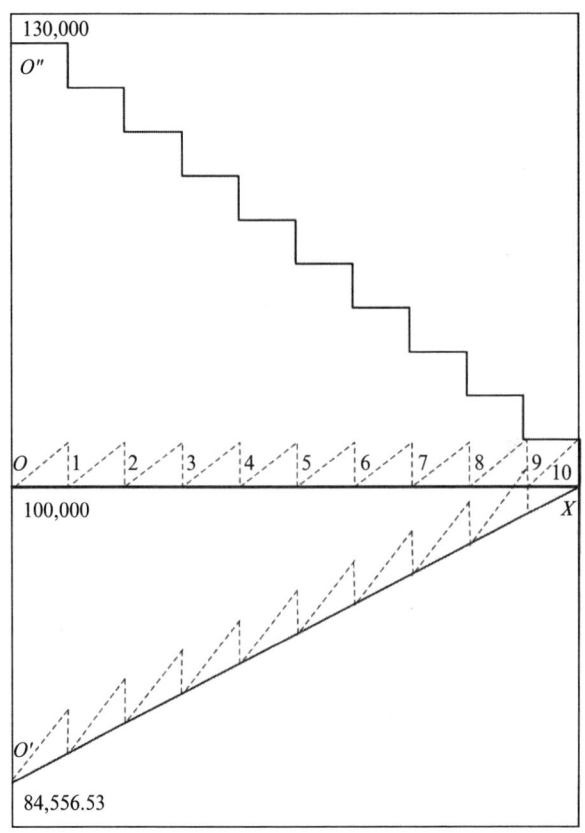

$O'X$ 代表应支付给债权人的包括本金和利息在内的总债务的变化和过程,与 OX 线相连的斜虚线反映最终应付的利息,与 $O'X$ 相连的斜虚线反映中途部分清算的应付利息,OX 线上按半年期编号,左边的垂直线上标注金额,所有的划线大致精确。

从三种可能的解释中很清楚地知道,实际收到的或投资的金额形成了真实的初始负债,会计师必须在账户中反映这一事实。因此,在上述例子中,从票据认购人处收到的金额 $84,556.53 是初始票据持有人权益的合适的会计表述。在第一个半年期内,投资以每年 10% 的利率累积,换言之,有效负债以 $4,227.83 的金额递增。当发行公司偿付 $3,000 后,该期间债务的净增加额就下降到 $1,227.83,依此类推。在票据到期时,负债就是 $10,000,也就是在那时需要支付的金额。

其他两种可能的解释涉及的结论完全是荒谬的。如果认为真实的负债是付给票据持有人的总款项——另一种较合理的解释认为负债只是到期偿还金额中的大部分——就被迫接受引起 $45,443.47 亏空的不可能事实(在以上的例子中)——除非他认为这部分金额是凭空而降的。而且,这涉及同样荒谬的事实,即认为整个交易过程中不涉及定期收益账户,付给票据持有人的款项全部是初始负债的偿付。如果考虑将票面价值总和视为初始负债,就会带来有关收益和资产的类似地不合理结论。

在本章快结束时,需要提到最后一个问题,也就是,如何将折扣交易反映在出借人或投资者的账簿中?我们再回到上述提到的第一个例子,对于 B 而言,在这个例子中票据的初始价值是多少?答案很清楚,票据的成本对于 B 来说是 $8,900,除非发生不正常的情况,这一金额代表了 B 账簿中票据的初始价值。B 还没有挣得什么,还没有应计利息。这项票据并不值 $10,000,如果 B 将这一资产迅速出售,它不会得到或期望得到超过已投资的 $8,900。相应地,在 B 的账簿中正确反映这一交易的方法就是,借记应收票据 $8,900,即 A 发行票据的现值,或者这样来记录,借记应收票据 $10,000,贷记特殊备抵账户,即应收票据的非累积折价,其金额为

＄10,000与实际投资间的差额。

关于这一点,需要指出的是,实务中将"未实现的"折价作为收益处理是不正确的,尽管许多银行采取这一方式处理。如果涉及的票据是短期的,贷款额在各期间的波动不大,这种处理方式也不会导致结论的严重失真。但是,如果银行试图得出每月或更频繁的有关净收入与财务状况的结论,而票据折价幅度在各期间的波动较大,那就应当要仔细区分已赚取的利息和非累积折扣。

第十八章 重估价与资本保全[①]

正如在前言中所述,本书并未打算系统地讨论以会计为目的的重估价问题,关于重估价本身的任何学习都需要一本或多本书的研究。不过,固定资产的重估价与实物资本保全的关系作为一个估值问题,与会计理论密切关联,在此有必要对其予以探讨。近年来物价的广泛变动引起了对这个问题的特别关注。许多作者和会计师坚持认为,从收入中计提的用以补偿厂房和设备应计折旧的周期性费用应以预期重置成本为基础,而非初始实际成本。他们认为,如果仅将初始成本减去估计残值的部分计入折旧,在物价急剧上涨时期,厂房和设备的物理损耗和生产能力不能从收入中得到保全。应当承认,以正式的纯经济形式进行的投资,其完整性是可以通过传统会计政策得以保持的,但是,企业留存收益的数额却不足以进行资产重置。在这些情况下,为了保持实物资本的完整性,坚持传统估值方法和折旧实务的管理人员在一段时间后会被迫提取新的资金以进行必要的重置。而如果在一台机器的服务寿命期内从毛利中计提有效的重置成本,那么将有足够的资金保留在经营中,在期满时不仅可以用美元还可以用实物来提供实际的重置。

毫无疑问,可以说出很多理由来支持这一观点。很显然,在物价上涨或下跌时期,初始成本不是真实价值的理想表达,或计提折旧费用的理想基础。然而,在这一点上提出的一些建议似乎表明不能评价会计的固有局

[①] 部分摘自《折旧、增值和生产能力》,《会计学杂志》第 30 卷,第 1-11 页。

限，缺乏对资产负债表两大基本类别之间真实关系的理解，以及对会计意义上的收益构成内容的不确定。而且，这些建议过分强调了折旧政策在影响重置的准备方面的重要性。在本章将会具体讨论这一问题。

账面价值、资本和物价变动

首先应对物价变动与会计价值之间的关系进行大致的陈述。正如第一章中指出的，当前的环境正极力强调需要有能够尽可能真实地展示实际经济情况的会计方法。我们清楚地认识到，财务状况的定期报告、临时经营状况的报告及其形成的收益数据应持续地反映现行经营状况的真实场景以及未来趋势——影响特定企业——如果这些报表构成了直接管理人员、投资者、其他利益相关主体合理判断的基础。事实上，我们逐渐认识到，如果企业中的不同利益目的能够被充分满足，一套完善的会计机制必须是敏感和准确地测量经济数据的手段，而且某些长期不变的理论和会计师的政策需要进行相应地修正。

但是期望对这些方法进行改进的同时，在提倡对既定政策进行根本性改变时，会计的固有局限不容忽视。而且，必须记住，用以处理账面价值变动的新理论和计划只能作为技术方法，这种技术方法用来呈现和控制这些计划，在一定程度上与会计组织中的所有要素保持一致。这种技术方法也是一种良好管理的原则，比如，从收益中维持厂房的生产程度和生产能力（实物资本），但是我们不能忍受采用一种导致对资产负债表基本方面产生扭曲与错报的方式将该原则引入账户中。

应着重考虑货币价值变动带来的复杂问题。或许，理想地，财务报表应显示可比的经济情况。对连续资产负债表的审阅，可以得出每一期间关于企业相对财务状况的可靠结论。但是必须认识到，这些结论在大规模的物价变动时期不能直接从传统会计报表中得出，货币单位的重要性——会计师的计量标准——不断地在变化。这是一个老生常谈的问题，比如，现在的美元与第一次世界大战前的美元是绝对不同的(尽管物价有些下降)，虽然怀疑是否任何人——不论使用的指数多么专业——都能说出不同之处的精确数量。"美元"是一个我们赋予了各式各样经济意义的术语，美元的价值——其一般购买力——在很长一段期间内遭受剧烈的变动，而且在单一年份的波动不是总能够被忽略的，在这一点上，就形成了会计的一项固有局限。在某些领域，所使用的计量单位总是一致的，使得对不同时期的形势和现象进行直接比较成为可能，然而，会计师使用的是不稳定的、变化的单位，对定期编制的未经调整的会计报表的比较总是或多或少不能令人满意，而且经常会带来误导。

举一个例子以阐明这一点。假设一位不动产商在 1910 年花费 \$100,000 购买了一块土地，1920 年他以 \$200,000 出售了这块土地，忽略利息、税、开发成本等以及所有其他可能的交易，似乎他赚到了 \$100,000——买价的 2 倍，因为 1920 年他拥有的钱是 1910 年的 2 倍，其中美元是会计师在分析财务状况时所使用的传统单位，但事实上，由这项交易所带来的经营者真实财务状况的任何提升可能会很少。的确，一般认为 1920 年的美元价值要明显低于 1910 年美元价值的 50%，以至于达到这样的程度，即表面上 10 年间利润达到 10% 的交易，实际上却是一项损失。

在过去几年里，许多企业和个人发现他们自身也处于相似的情况中。由于物价普遍上涨所带来的美元价值的逐渐减少，以美元计量的表面上的经济收益经常大部分或全部是名义上的。在这种情况下，许多纳税人感到不公平，他们不得不从表面上的净收入中支付较大金额的所得税，无法回避这样的事实，因为这是由传统的会计规则决定的。当所有方面的物价急剧上升时，很明显，仅仅只是所拥有美元数量的增加并不是经济状况的真实提高，"票面利润"这一术语可以很好地运用在这里。与未出售货物有关的增值可以反映出财务实力的真实提高，其名义特征比从销售中确认的反映了货币价值变化的表面上的利润要更少。一些靠工资为生的人们在战争时期发现他们在报酬上的表面增加远远被所购买必需品的价格上涨抵销了——这很可能是真实的。同样,在某些情况下,商人们发现他们的购买价格上涨得如此之快,以至于被迫使用所有的名义收益来维持材料与其他资产的正常购置。当然这些可能是极端的例子,但是战争时期典型企业财务状况的表面提升在很大程度上仅仅只是反映了货币价值的变动,因此,公司盈余的显著增加并没有伴随着实物资本的相应增长。①

认为会计师应该为每期期末补充报表的编制负责或许是不合理的,该补充报表通过对货币价值的变动进行适当的备抵来展示当期报表与上期报表(或一系列前期报表)之间的真实关系。当然大家都认为,当存在严重的误解危险时,实物数据和解释性陈述的安排应与可比财务报表完全附在一起,然而,需要强调的是,可比财务报表并不是会计师关注的重点,比如,根据一些前期数据的价值单位来试图展示1922年潜在的经济状况,不是会计师的主要任务。最重要的是,会计师的报表编制应尽可能准确地展现报表期间真实美元的当前数据。这不是反映货币意义波动的一般物价变动问题,而是个别物价和价值的变化。特定商业企业没有将产品归为总的一类,而是具体分类为建筑物、商品、服务和权利。因此,会计的职能就是用各种明确的项目使个别企业的投资具体化,并记录这些特定项目价值变动带来的影响。

的确,看起来会计师编制的任何可能的补充报表应根据个别物价变动来表达,较少或完全不涉及一般物价变动的任何精确计算。因此,如果在某一特定时期劳动力成本比前期有大幅增加,而且这其中大部分是由于更高的工资率而不是由于所得到的服务数量的增加,会计师的解释应坚持对特定实物和价格事实的报告,而非通过反映货币价值变动的指数将现行劳动力成本转换成前期的劳动力成本。

也就是说,特定企业的状况直接受个别物价变动的影响,并且只受一

---

① 在对战争时期公司盈利和未分配利润的近期研究中,这一事实未得到足够的关注。

般趋势的间接影响。将这个具体理论运用到特定的问题,这意味着真实经济资本的保全不纯粹是厂房、设备、存货的实物范围或生产能力的保全。而且仅当实物资本保全时真实资本才能保全的这一说法是不成立的,只有当经济体系的所有分支中的物价变动保持一致且成比例时,这一说法才正确,但在实际情况中,这个条件很难达到。

举一个例子以阐明这一点。假设 Y 公司在 1910 年安装了一台设备,该设备有 50 个部分,每部分的成本为 \$1,000,进一步假设,在 1920 年公司发现有必要重置该设备,而且此时每部分的成本变成了 \$4,000。假设物价的剧烈上涨,并不完全是由于货币价值的变动,而是由于异常情况影响这些机器的生产成本(如机器结构中所需锰钢的正非常缺乏)以及对该机器产品需求的急剧增加。假定,在同一时期内一般物价上涨了 150%,可以认为这个大约测度了货币价值的变动。然而,在 Y 公司设备的例子中,上涨幅度是 300%,是一般物价水平上涨的 2 倍,如果公司用 \$200,000 的成本对旧设备进行重置,可以说,比 1910 年需要投入更多的真实资本,不论是用 1910 年的美元还是 1920 年的美元计量,实物资本不变,但真实经济资本、针对货币价值变动而提取的应计费用都相应增加了。一般来说,1920 年的 \$2.5 等于 1910 年的 \$1,但是针对例子中的具体设备,1920 年的 \$4 才是 1910 年的 \$1。因此,根据 1910 年的美元,与以前的 \$50,000 投资相比,新设备代表了 \$80,000 的资本投资。换言之,根据 1910 年的美元,就需要实际增加 60% 的资本来进行重置。在 1920 年需要更多的真实资本(当然,就私人资本而言)来进行公司的经营,如果企业中未保留足够的净收入以满足资本成本的真正增加,那么管理者通过发放新证券以增加额外的资金,是必要而且是非常合理的。

在一些典型情况下(从私营企业的角度来看),真实经济资本的维持并不能保证实物资本的保全,实物资本的保全一般也不能保证经济资本的保全。然而,可以明确的是,从管理者的角度来看,如果产品数量不削减,厂房的范围和生产能力就必须得到保全,而且明智的管理者可根据需求做好充足的准备来进行重置。进一步,同样明确的是,从长远的观点来看,成功企业的收入应提供所需的资金,至少达到初始真实资本的数量。① 如果由于某些原因证明新资本的增加很可能是困难的或是不合需求的,保留这个数量以上的额外盈余以进行重置或扩大,就不会有反对的意见。

但是折旧账户不能用来掩盖资本的真实增加或表面上的增加,而这类增加对于反映物价水平的变动是必要的。也就是说,折旧费用不应以保持实物资本所需的数量为基础,除非能以这样的方式证明在同一时期资本账户——权益的正确情况,折旧分录可以证明这一点。将预计重置成本而非初始成本计入收入,不考虑进一步的调整,则会导致提取的折旧备抵或准备超过报废资产的账面价值。虽然有贷方余额的设备被未计提折旧的新设备所代替,会计师仍要面临一项抵减的或估值账面的贷方余额。折旧备抵账户的余额显然构成了自由盈余,而且还将被迫推迟确认在资本权益上的增加(正如已经显示的,上述例子中的增加,无论如何有一部分是资本的真实增加)。②

换言之,当资产被更昂贵的资产所替代时,必然发生权益账户的增加,除非记账发生错误或不完整。资产负债表由两大基础类别数据构成,其中一类的价值变动迟早一定会在另一类中反映,会计师不能针对某一要素使用比会计结构中所有其他要素更大或更小的计量标准。因此,未作为资产支出记录在账簿上的固定资产的成本,几乎不能被计入折旧费用。此外,

---

①当然,这并不意味着通过暂时或长期的新融资不能获得特定资产。在很多情况下当期收入大部分用于扩大规模,重置是受额外资本筹集影响的。然而一般的建议是,如果数额并不夸张,资本就应从收入中维持。

②如果将新设备的成本记入折旧准备账户的借方(该准备金即等于增加的重置成本),折旧准备就会被取消而且资产账户代表的依然是旧数据。然而,这种会计处理是非常不合理的,尽管得到许多会计师的使用和提倡。报废是一项不同的交易,重置构成了另一项不同的事件。这两种事件在时间上可能差别许多天。对于已经报废的特定资产,的确,可能从来都不会发生重置。当一项资产项目报废或被处置时,应贷记资产账户,并将该特定设备的适当金额记入折旧准备账户的借方。当购买新设备时,将其成本记入资产账户借方,并贷记现金(或已发生负债)。正如已经揭示的那样,这种方法使折旧准备账户有一项余额(显然这余额构成了真实的盈余),为超过所涉资产账面价值的累积准备的确定提供了基础。

当物价变动被引入账户中时,会计结构中的所有要素都会同时地被影响,也就是说,将表面上的折旧备抵在重置时一次性全部转为盈余是不合理的,资本的增加应予以系统地呈现。

增 值 和 折 旧

问题的解决在于对期末估值传统会计政策的修正,而非对折旧方法的修正。只有根据资产的账面价值对增加的成本先行确认,才能合理地通过计提折旧来达到实物资本的维持。在任何情况下都必须要说明的是,会计师在定期分析中所使用的价值应以到会计期末止的经济情况为基础,如果在每期期末以作为现行有效成本的重置成本为基础对厂房和设备资产重估价,那么在物价上涨时期折旧费用就会自动增加,对资本相应地影响也会以合理的方式记录。

举个例子以更好地阐明这个问题。假设 Y 公司在 1915 年 1 月 1 日购买了一台设备,成本为 \$10,000。预计该设备的服务寿命期为 5 年,进一步假设在 1915—1920 年间该设备的重置成本每年上升(原始成本的)20%。因此在第一年年末,重置成本是 \$12,000,在账户中有必要这样记录以确认该种情形,即借记机器账户 \$2,000,贷记增值盈余 \$2,000。如果使用直线法分摊,年折旧(忽略残值)是 \$2,400,这个金额应借记收入并贷记应计折旧备抵。① 在 1916 年年末,又需要借记资产 \$2,000,贷记增值账户 \$2,000。年折旧将会是 \$2,400(第一年年末账面价值的 20%)加上新增成本 \$2,000 的 25%,共计 \$2,900。在剩余年限的每年年末,增值与折旧按照类似地方法进行确认。

---

① 为了简化,假设这个例子中重置成本的上升对服务年限没有影响。当然,如果成本的上升导致管理者使用该资产比最初计划可获得更长的服务年限(或者通过更多的扩建修理或仅仅只是超过初始成本基础上的经济使用期间),那么总折旧就要分摊到这个更长的年限内。然而,这个复杂情况的引入并不改变例子中的任何实质方面,只需要关注现有方面即可。

1917—1919年间的折旧费用分别为$3,566.66、$4,566.67、$6,566.67(第三年增值要素的分摊期是3年,第二年的分摊期是2年,最后一年的增值$2,000在确认当年全部计入折旧费用),因此,在资产的寿命期内计提折旧支出共计$20,000,即重置成本,而非初始成本$10,000。当重置时,主要的资产账户为$20,000,与其相反的备抵账户贷方总金额也是$20,000。增值账户的盈余将会显示为贷方余额$10,000,以用于机器设备的重置。假设股利并不以折旧为基础,在资产中,通过计提折旧费用后还保留了$20,000(以现金、存货、应收账款等形式)。当旧设备报废时,备抵账户的借方记录$20,000,资产账户的贷方记录$20,000。通过借记资产$20,000和贷记现金$20,000(假设现金是可使用的,而且立即支付)来确认新资产的获得。

这种方法通过每年在账簿中确认有效重置成本,即根据资产和资本账户以及新增的应计费用,实现了实物资产的保全。其净影响是实现了将$10,000的已计提折旧的资产重置为$20,000的新资产,以及与之相关的资本账户的逐步重述。从损益表的角度来看,其结果是产品折旧成本的急剧增加,以及相关的经营净收入的减少。到目前为止,应当承认的是,重置成本构成了有效的管理成本,这种方法产生了更合理的经营表。

将传统的估值和折旧方法与非正统的估值和折旧方法的特定账户和结果进行具体比较,可以更好地说明该问题。忽略所有其他未给出的可能事实,Y公司1915年1月1日的账户如下(以资产负债表形式):

| 机器 ············ $10,000 | 资本 ············ $10,000 |

假设采用传统的估值方法,取消所有净收益,忽略所有其他可能的交易和情况,在资产报废之前Y公司在1919年12月31日的账户如下:

机器 ············ $10,000	资本 ············ $10,000
杂项资产(新) ············ <u>10,000</u>	折旧备抵 ············ <u>10,000</u>
$20,000	$20,000

旧资产报废以后,我们有:

杂项资产(新) ·············	$10,000	资本 ·················	$10,000

需要新的资本投资$10,000以用于$20,000的新成本重置,而且,假设保证能够获得额外的资金,其他资产是可使用的,可以用于新设备的购买,且新设备已购买并安装,所涉及账户如下:

机器(新) ···············	$10,000	资本(旧) ·············	$10,000
	————	资本(新) ·············	10,000
	$20,000		$20,000

如果始终使用重置成本作为估值基础,第一张报表如上所述,第二张则如下所示:

机器 ·················	$20,000	资本(初始) ···········	$10,000
杂项资产(新) ···········	20,000	资本(增值) ···········	10,000
	————	折旧备抵 ·············	20,000
	$40,000		$40,000

旧设备报废之后,我们将记录为:

杂项资产(新) ···········	$20,000	资本(初始) ···········	$10,000
	————	资本(增值) ···········	10,000
	$20,000		$20,000

最后,在获得新设备后(假设杂项资产是用于该目的的),账户如下:

机器(新) ···············	$20,000	资本(初始) ···········	$10,000
	————	资本(增值) ···········	10,000
	$20,000		$20,000

在这个事件中,很明显,公司并未增加任何额外资本来对报废资产进行重置,因为所要求的全部金额已从收益中获得。

特殊缺陷和意义

针对上述会计类型,或多或少有一些重要的缺陷需要讨论。首先必须注意,重置固定资产的成本通常并不是像上述例子中假设的那样以任何有规律的方式上升或下降。这些成本,与其他价格一样,很容易发生明显变动,正确地预测任何重要时期的一般趋势大概是不可能的。在这些情况下,在会计处理上使用预计重置成本对资产进行估值,从实务角度来看,似乎是一种有争议的方法。

而且,如果在物价上升时期使用重置成本作为估值基础,那么当物价处于向下阶段时,同样也要采用重置成本作为估值基础,当对涉及的方法进行披露时,将会产生一些相当异常以及有异议的结果。如果重置成本少于初始成本,并且将这部分差额作为确定折旧费用以及同时贷记折旧备抵的基础,那么贯穿资产寿命期内的最终净收益数据,将会明显地高于将整个初始成本计入经营费用所披露的数据。接着,将会出现管理者采用更为慷慨的股利政策的趋势。可以从毛利中保留足够的资产来维持实物意义上的资本,但不能从美元上保证资本的维持。如果特定成本的下降比一般物价下降得更严重,那么用购买力定义的真实资本将会受到损害。

很明显,在这些情况下需要另外的分录。有必要将初始成本与重置成本的差异贷记资产账户(或一个特殊的估值账户),并以同样地金额贷记资本权益账户(或增值抵减账户)。应定期记录这些分录,以呈现美元资本的逐渐减少,也就是说,实际成本与重置成本之间差异的一定比例的部分(如折旧附表所显示的)应当每年消除。否则,该差异的账簿金额将会在报废时不可避免地被显示为损失。

当然,用股利来支付初始成本与重置成本之间的差异也是不必要的。如果给投资者的回报没有增加,流动资金将会趋于累积,除非进行实物扩张。事实上,从法律的一般意义上来看,这种股利是违法的。法律规定资本以货币形式投入,而且在区别资本与收益时没有考虑实物生产能力的问题,因此,以实际成本超过重置成本的差额为基础的"股利"无疑会被司法机关视为资本的一项支出。

进一步,大部分会计师坚持认为,一项固定资产的总折旧费用如果少于实际成本减去残值,那么这将是不合理的。没有将投资与消耗的总额包含在费用的计算中,绝对是错误的。比如,假设一台机器的成本为＄1,000,它的价值在经营中完全被消耗了,全部金额必须计入毛利。如果该例子的实际情况确实如此,折旧政策不仅仅是从收入中保留一些在新物价水平上提供重置的金额,而且对于显示实际的固定资产成本也是必要的。

最后一点在前面章节的讨论中已经详细说明了。应计折旧的方法以完全不恰当的会计概念为基础,这样的方法是会提出异议的。确认应计折旧的必要目的,是保证对一系列损益表中某项长期资产在寿命期内所产生的实际成本进行合理分摊,这种观点至少有些基础。

从这一点来看,折旧会计并不包括实物重置的准备或任何最终意义上的资本保全。当然,连续的、成功的经营要求实物资本的保全,这意味着,在物价上涨时期,并不是所有的表面净收入都能安全地被支付给投资者,在这样的情况下,董事会则会采用与重置要求相一致的股利政策。因此,盈余的积累不仅应满足实际支出的需求,而且还要在重置成本急剧上升时期为维持实物资本做准备。换言之,企业实物资本的保持和扩大依赖于股利政策,而非记录应计折旧的方法,特别是在物价上涨时期。

不可否认,折旧政策包含许多方面的关联和目的。不能忘记应计折旧的确认对资产负债表下固定资产净账面价值的影响,而且,折旧方法与重置的准备有关,这一观点是合理的。应当认识到,良好的管理本身要求使用稳健的股利政策,同时,通过折旧和其他特定费用对净收入的限制就呈现和实施了这一稳健性。对费用(折旧或其他成本)的计提降低了经营净收入的数据,这一数据比不计提费用的情况要低,这就降低了构成股利宣告最基本准则的标准。计入费用的每一额外的美元消除了超出股利可能性范围的价值总额,在这个意义上,将费用支出称作企业的"储备"资产是合适的。间接地,通过降低不计提费用下的净收入数据,应计折旧的确认无疑阻止了股利形式的资本支出。

我们接下来再讨论另外一项缺陷,在前述章节中所讨论的可选择性会导致在涉及的整个期间内产生相同的结果,假如收益账户予以正确地显示。最广义的收益被认为包含了为新投资和收回计提备抵之后的权益账户的所有净增长,从这一点来看,为记录增加的盈余,在增值账户的贷方记录$10,000(参见上例),这构成了一项收益项目,而且完全抵销了费用账户追加的借方金额$10,000。因此,如果所有收益的贷项都记入账户,5年内对损益表的净影响将是零。那么,抬高资产账面价值,将增值金额记入某一盈余账户的贷方,这样不愚笨吗?因为,这仅仅意味着在资产寿命期内,相同的增加应记入折旧费用借方和资产账户的贷方(间接的,通过备抵账户)。如果广义上的所有净收入从企业中收回,资产和资本账户的最后状况是一样的,如果重置成本记入费用的借方,好像只有初始成本这样计提,这样还不够清楚吗?承认在重置成本基础上的重估价和随后的折旧会引起在资产寿命期内对净收入稍微不同的分配,因此形成的不会比依据传统规则所编制的账户和报表更能为合理的管理提供一项有效的基础吗?

显然,这个问题是随已被会计师和管理者所接受的"净收入"的概念而定。当固定资产的借方记录增加时,作为盈余也记入增值账户(或其他相应权益账户的贷方),从而使用任何意义上的收益指数将账面价值提高到有效的现行成本,这样有必要么?这是个困难的问题。在特定情形下物价的上涨比一般变动更为严重,这样的贷项,如前述部分所指出的,部分代表了资本的真正增加。在普遍的情形下,毫无疑问,这样的增值绝大部分仅仅表述了新的度量单位在账户中的运用。无论如何,增值账户的贷方一般不计量为现金股利宣告提供方便的或安全的基础金额。从成功管理的出发点来看,通过盈余来保全实物资本,这作为一项规定,是很重要的。对资产的重估价和折旧以重置成本为基础,是完全无效的政策,除非增值的贷项从收益账户中被排除——至少就所关注的处置收益而言。如果该贷项实质上被认为是资本项目,是根据变动的物价对初始的权益或投资所作的修正,那么上述方式就值得推荐。在这样的情况下,费用的增加实际上会导致更严格的股利政策,以及因此对额外资产的保留。

上述部分所概述的会计方法包括对固定资产增值的确认,而许多会计师却强烈反对这种方法。对于该问题应采用什么合适的态度呢?在这里并不打算彻底讨论这个问题的利弊,只需要关注一两个方面即可。从管理者的角度(实质上管理者感兴趣的是现行有效成本,而非 5 年前的成本)、债权人的角度以及其他人的角度来看,都非常赞成这样的确认,这些人期待资产负债表能够真正显示他们想看到的,即资产的正确报告以及在特定日期的公平分配。但可能在以下方面还会存在争论:认为资产价值充其量只是推测的数据,以及由此而带来的稳健性的重要性问题;在复杂结构情况中决定合理重置成本的方法的困难;此类成本或多或少地持续变动;以及这样的事实,即在重要时期制定一项投资后,管理者通常因此保证某一特定政策,不管物价变动。①

---

① 例如,管理者不能报废成本为 \$3,000,000 的厂房,只是为了享有该厂房所在位置 \$100,000 的增值。在这样的情况下,至少在一定时期厂房实质上脱离了市场。事实上,实际的增值被记录了许多次,并且经常是因为公共会计师的权威。进一步地,增值可以通过改变折旧率来间接确认,因为高的重置成本可能导致管理者在处置固定资产时延长它的服务寿命。财政部不允许把增值的确认作为基于税收目的的固定资产的折旧基础,除非是在 1913 年 3 月 1 日之前发生的。

第十九章 收入确认标准

本书在讨论费用的本质、收入的分类和确定净收入的一般问题时,都假设对大部分定期总收入的确定在很大程度上是记账人员的日常工作。换言之,假设归于特定会计期间的收入的分配可以很容易地通过普通的记账来实现,所涉及的分析并不存在严重问题。在很多方面都已经认识到了费用确定和分摊上的困难,定期费用的计算要求对资产进行全面的重估价,包括折旧估计及库存商品估值等。但是一般而言,我们认为必须在其中予以扣除费用总额的基本收入数据当然可以通过对期间内的销售进行简单求和而得到。

本章打算说明,在没有重要证明的情况下,以上假设是不能接受的。确定净收入的困难并不只是集中体现在费用或收益账户的借方。资产估值是一项直接以及通过成本间接影响收益账户的过程。而且,在计算总收益时,有许多对法律和企业权益的重要考虑。收入数据的确定本身就是一个问题,随着所得税征收的加重,该问题表现得更为突出。的确,对以合理的基础确定毛利的方法进行改进,是会计师面临的一项极为困难的任务。

对于会计师而言,对归于特定期间的收益进行分配归根结蒂是这些问题,即什么是确认收入的适当标准?什么是令人满意的收入测试或证明?什么时候确认收入?或者,将这些问题与账户相联系,表现为:什么是记录收入账户贷项的信号或时间?以下部分将会对这些问题展开探讨。

收 到 现 金

确认收入最稳健的标准是收到现金。现金作为一般认可的交换工具，可用于购买任何所需的必需品或服务，假设无论什么都可在市场上获得，可用于偿还负债、支付税款、支付股利、偿付有期限的所有者投资等。现金是最优的资产。因此，收到销售产品的现金，具备了确认收入的基础条件。从这一点来看，现金销售和所谓的赊销之后的现金收款构成了主要的收入交易，是登记收入账户的重要时间。

当然，现金的收到和许多与收入无关的交易相联系。比如，投资者的现金形成的追加存款，很明显对收益账户没有直接影响。此外，作为销售结果，收到的现金金额能够用于计量或反映净收入，向客户收回现金简单地代表了现金基础上的总收入，除非收到的现金超过成本，否则显然将没有净收入。

如果商业企业把收到现金作为收入的独有证明，那么会以什么样的方式精确地影响会计方法呢？实质上，这意味着作为影响企业财务状况的赊销交易不能够被确认，也就是说，直到收款完成，才对销售作正式的账户记录。当收到现金时，认为交易结束，并记入现金的借方以及收入的贷方。定期确定已支付的产品生产成本，并记入借方以抵减总收入，最终的余额就是基于现金的净收入。

可能有人会认为，如果收款是记入收益贷方的话，那么支出就应当是收益借方，即费用的基础。然而，并不是这样的，费用应一直被定义为作为控制类别的收入的附属，必须记住的是，会计师的费用是产生特定数额的收入的成本。如果大量的产品销售所收到的现金代表收入，费用就变成了相同产品的成本价值，也就是说，当现金基础上的销售最终结束时（当收款已发生），就产生了总收入，这项销售的费用就是成本，包括完工产品的销售费用。并且当前的支出很可能在金额上不会接近用于交换现金的产品的成本价值,这一点在与固定资产成本相联系时尤其正确,该项成本的大量支出多是在使用以前以及最后期满时产生。

然而,在争论中也有一些说服力,如果收到现金是收入的基础,现金支出就是已发生成本的合适证明,也就是说,如果一项销售交易直到收款才结束,购买就不会在支出以前受到实际影响。但正如第六章中指出的,已发生成本必须与费用严格区分。进入企业资产的价值,和最终消失并进入完工产品的价值,这两者在原则上是完全不同的,只有在最简单的交易情况中,这两者才可能在给定期间内在金额上接近一致。不论是否采用现金作为收益的证明,这都是正确的。

目前有关收益的会计本身有许多缺点。有争议的是,应收账款是否是真实的资产。① 而且,需要指出的是在某些情况下,所涉及产品的权利在货款支付前就已经转移给购买方。在这种情况下,销售公司要么仍把已发运的产品在账面上作为资产,从法律角度来看这实际上是一个错误;要么把这项交易看成是包含暂时性损失的交易,而损失在收到现金时将会得到补偿。如果销售者把完工产品当作资产直到收款日,而购买者在货款支付前也确认了购买,这就意味着,同样地商品在卖主和买主的账上同时作为资产——这是高度异常的情况。如上所述,收款是收益账簿的合适信号的观点与支付是购买的会计证据的理论是相一致的。很明显,如果采纳这个理论对已发生成本进行确认,这就意味着在极端的情况下,从会计学的观点来看,原材料的取得、制造和现金销售会先于它们的购买。换言之,现金收入的出现要先于对这项收入的一些实际成本的确认,显然,这是很可笑的事情。然而,无论如何,这在制造业中是一种罕见的情形。一般而言,制造商会在销售产品收到现金之前就支付现行成本和固定资产成本,这些成本包含在产品中。

在此并不试图争论以支持计量收入的现金标准,而是简单提出,如

---

①将在下一部分进一步讨论该问题。

果这种标准被实际采纳了,那么将会涉及什么呢?应当强调的是,现金基础上的会计处理绝不仅仅只是期初现金余额与期末现金余额的比较,虽然这种方式仍在相当多的情况中使用,如此粗糙的计量收益的方法运用于普通商业企业的情况,是没有任何根据的。与资本权益和固定资产相关的现金交易是在当期收益账户之外的。上面所提出的方法是令人满意的,通过这种方法,现金标准可以应用于收益账户。将已结算的金额,即现金销售记入收入的贷方,分配这些销售的成本并考虑通过余额来披露净收入,这种会计方法并不是全无道理的。当然对赊销的记录是必要的,在暂记账户中登记日记账分录,而登记对收益的影响却延期到收到付款时。

在与商业企业相对的个人事务中,收益的现金会计处理是极为普遍的。大多数人很可能并不满意于收益的确认以除现金之外的任何项目为基础,个人事务通常将收到现金作为收入的适当证据。联邦政府对所得税项目的管理中明确认可了这一点,个人编制纳税申报表以现金为基础,假设他选择一贯地这样做,而且绝大多数的个人纳税项目实际上都是根据这种方式来编制的。

作为一项令人满意的方法,确认现金收益会计的主要交易类型产生于所谓的分期销售中,在这里将收款时间作为确认收益的时间是一项很好的做法。当产品以这种方式"销售"时,收款不仅仅是日常的在销售之后理所当然的事情。收款部门是相当重要的;收款的成本是总费用的重要部分;从某种意义上说,分期付款的收款构成了生产过程最后的重要阶段;在极端的情形下,收款的成本涵盖了所有其他成本。在这些情况下,等到现金收回才确认收入,当然并不是不合理的。

再次谈一谈所得税的处理方法,财政部允许纳税人报告的分期付款业务的收益以收到分期支付的现金为基础。然而,如果纳税人选择一贯地这样处理,他就会将客户的负债总额作为现金等价物。如果总合同价格中相当大的比例(如超过25%)是用现金立即支付的,卖主就认为在所得税目的上交易已经结束。一般而言,会计行业准许使用这些规定,并且已经认识到了典型的分期付款销售是一种相当脆弱的显示收益的证据。

当信用关系稳固建立时,收到现金就是次要的、或多或少会自动发生的事项了。在分期付款的其他例子中,当销售方与客户的关系不稳定时,收款就是重要的事项,众所周知,在许多行业中,销售总额有相当大的比例从未被收回。在后面将会进一步讨论这个问题。

正如本书前面部分所指出的,认为某个期间的有效净收入实际上是由现金账户来反映的观点是普遍的。在上下文中反复讲的这一概念,是相当错误的。即使将现金销售作为收入的唯一证据,某个期间的净收入通常也不会计量现金余额及其变化。应当强调的是,以任何合理的基础确定的净收入普遍没有计量任何特定资产。依据资产对收益账户的贷方余额所能说明的是,这项余额从业主权益的角度来看,在对追加投资、借款、本金或给予债权人和业主的收益偿还已计提应计备抵后,这项余额代表了已确认的资产总额的增加,这项增加很可能在许多资产账户中反映——商品、应收账款、现金、设备等。如果没有任何的现金投资或收回,没有固定资产成本,所有的流动项目都在所讨论的期间获得、支付和消费,所有销售都是现金交易,只有这样,一定期间的净收入余额才能精确测量现金余额的变化。即使在整个期间将收到现金作为收入的唯一证明,这仅仅意味着从资产的观点来看,总收入经历了现金阶段,如果现金余额的增加与净收入相一致,这也只是典型情形中纯粹的巧合。

赊　　销

当然,会计师最广泛采用的收益证据是销售交易,赊销和现金销售对收益的影响被认为是同等重要的。也就是说,传统的销售,无论款项的支付是立即的还是延期的,均被视为记入收入账户贷方。在很多行业,所有销售的80%～95%是赊销,这意味着赊销通常是典型的收入交易。

什么是赊销呢?在此只尝试对这一交易的本质做简短的阐述。权利的转移很可能是最普遍地适用于区分真正的销售与订单或合同的标准。事实上,在登记总收入的日常工作中很少关注权利转移的技术方面。收到订单并通知收到;生产产品,或如果有库存就准备发运;托运产品;承运商通知所发产品已收到;购买者接受产品并支付运输费用;卖家收到支票。在这一连串的事项中销售是在哪一步完成的?什么时候权利转移?会计师未尝试彻底讨论每笔现金的法律细节,经常把委托发货的行为作为完成交易的证据,也就是说,发运作为记入收入贷方的时间。建立有条理的登记账簿的程序方法是必要的,传统的方法似乎是令人相当的满意。在许多情况下,权利无疑实际上就是在这一点转移的,但当然也并不总是这样。

将赊销作为收入的一项证据,涉及将应收账款和对客户的要求权确认为一项资产。会计师把赊销看作产品的交换,在成本基础上通过边际收益大概地对现行要求权超过这些成本的金额估值,通常将这些要求权的总金额记入销售账户贷方,并定期将总的这些成本扣除。产生的问题是,应收账款怎样才是一项有效的资产呢?

应收账款精确地构成了已经标明的对客户的一项要求权,通常由一些正式的凭证证据支持,如订单、运送记录、提货单等。一般的,它是一种强制的要求权,也就是说,如果销售者能证明有价值的商品以赊销的方式被发运,他就可以采取明确的法律步骤来要求付款,或在一些情况下强制收回货物。交易的债权人有稳固的、确定的法律地位。

然而,如果将注意力集中于具体的交易,很明显赊销仅仅是一种"君子协议"。如果产品按订单发运,客户仅承诺付款,在许多情况下承诺是心照不宣的,而不是清楚的。付款经常没有明确的日期,而且期限在一些其他方面也是含糊不清的,这样的情形缺乏确定性。发货人期待着付款但发货和收款之间有许多意外。一般来说,如果对产品不满意,购买者放弃权利并退还全部产品,至少这在贸易领域是相当真实的,而且在其他场合也达到了相当重要的程度。如果买主坚持退还所发送的产品,不论原因是否合理或令人信服,销售方几乎很难尝试强制解决。如果重新发货给买主,他所需要做的就是充分利用产品。换句话说,在许多情况下收款或多或少是自动发生的。在这个意义上,特定的赊销只是暂时性的交易,到一定时候结算可能就随之发生,但有些情况也不确定。

即使购买者接受了货物,收款也是一个漫长、高费用的过程,特别是在分期付款业务中,如前所述,最不幸的情形也在许多其他例子中真实地发生过。

似乎应收账款是一项真实的资产,因此作为收入的一项有效证据的赊销,应到这样的程度,即这样的要求权可以合理地被认为是强制性的,一定能够收回款项。显然,这取决于每种情形的真实环境。会计师假设这些要求权是资产,一般来说,这个假设是合理的。应收账款几乎普遍地被确认为一项重要的流动资产,和现金差不多。基于这项资产我们可以借用现金,在某些情况下,应收账款能够被出售以获得现金,虽然是以极高的贴现率。

需要指出的是,如果在特定期间销售和收款在金额上恰好一致,那么总收入数据也一样,不论是采用现金或复合现金以及赊销为基础。然而,一般而言,销售与收款曲线之间呈任何精确的符合或相一致的可能性是非常小的。在原则上,收到现金与赊销这两条标准是完全不同的。有关收益的传统会计方法将信用交易作为登记收入日记账簿的典型时间,这种方法并不用等到转化为现金再记录,因此,不坚持把收到现金作为收益的证据。鉴于对这一点普遍的错误理解,这一事实是需要强调的。传统的会计收益不是只有现金收益。在特定情形下,收款是非常慢的,现金状况也是令人极其不满意的,然而所显示的收益却非常有利,很明显,在这种情况下,一部分收入并不是以现金确认的。

如果把销售当作收益的唯一证据,那么所有未售出的产品就必须以成本为基础一致地重估价,注意到这些很重要。把任何这样的资产以高于成本的数字计入存货,会涉及对未销售但价值增加的确认(最广义上的收益)。简单地说,对产品低于成本的估值,会导致收益的减少,比以销售交易为基础的要低。而且,广泛流通的对流动存货估值的规定,即"成本与市价孰低",实际上是与收入账户完全依赖于销售的观点不相一致的。如果销售是收益的合适标准,那么所有的商品资产都应以成本估价。一些会计师坚持认为,销售是收益唯一可信的重要证据,并主张流动资产的估值应当遵循"成本与市价孰低",这些会计师完全不考虑这样做的原因。

在这方面还产生了一个更深入的问题,即如果客户的订单或合同是有约束力的,为什么我们在那一点上没有令人满意的收益证据呢?换句话说,如果购买者购买了确定数量和价值的产品,使他自己负有了义务,为什么订单的获得这一安排的完成不能作为对收入的确定呢?

在销售、发货和收款的一系列日常事务中订单的预订有时是最重要的事情,这是正确的。销售经营把获得合同当作超过一半的成功,这样的情形屡见不鲜。订单是非常有价值的要素,事实上,在有些情况下,与应收账款一样,货币是根据订单来借用的。企业内在的财务状况无疑会受到订单的影响,那么,为什么有约束力的订单不能像可执行的客户应收账款一样成为收益的合理证据呢?

很明显,除非预订的产品已生产并储存,否则将订单确认为正确的资产并因此在生产和运货之前增加收益,这似乎是相当不合理的,收入几乎很难在生产费用发生以前就产生。合同和订单有时会作为资产包含在资产负债表中,即使所涉及的产品还未生产,但会计师已明智地对这样的做法表示出了不认同,当然,订单不是应收账款。而如果预订的货物是现货,而且销售协议是有约束力的,那么在这方面就有一些说服力,协议的完成就是收益的重要证据。然而,这样的收益会计处理稍微有些麻烦,只要订购的产品被认为包含在销售者的资产中,订单本身就不能被视作资产,至少大体上是这样的。已实现的附加价值至多是所涉及的净收入的金额,这一增加额被认为包含在完工存货或销售协议中。如果根据收到的订单将预计的净收入记入完工存货账户的借方,同时记入收益账户的贷方,那么交易金额自然被视为:① 为得到相同金额的应收账款,与完工存货加运货成本的交换;② 为了得到现金,与应收账款的交换。估值的金额等于合同价格减去将要发生的估计费用,这种估值方法的适当性在实务中已得到了认可。在这种情况下,似乎作为有约束力销售协议的合同,在对收益影响的确定上有一些说服力。①

最后,必须记住,有约束力的订单不像可执行的应收账款那样是典型的权利。在物价暴跌时期,合同与协议的大规模取消是常见的。一般来说,货物的运送构成了比订单的预订更为可靠的法律行为的基础。

实 物 的 完 工

有关收益的另一项可能的会计证据是实物的完工,这在理论上很重要,但在实务的运用上存在局限。此前已经强调了,在某些行业领域中,实物的完工,而非在现金或赊销基础上的最终销售与处置,是收入实现的重要标准。我们简要讨论一下这个问题。

实质上,这项标准的合理性在具体情况中取决于实际获得的条件。将收入分配到与生产相关的会计期间而不是分配到与销售相关的会计期间,这个方法并不是完全不合理的,如果生产被视为企业的主要目的,随后的销售理所当然地被认为仅仅是日常的小事情。如果管理者的努力和已发生的成本几乎全部与实物的生产相关,那么完工存货的积累就是企业的重要目标。换句话说,如果经营人员庞大、设备复杂、技术过程较长且成本高,而销售部门却较小、从事日常工作而且成本不多,那么就有理由考虑将

---

① 这种方法是否真的意味着订单正被作为收益的基础,这值得怀疑。在下一个部分,这个问题将会变得清楚。

已完成商品转入仓库作为登记收入账簿最合理的时间,而不是发货。在这种情况下,技术的完成而非销售就是重要的经济事项。

如果真是这样,我们在哪能找到这样的环境呢?很明显只有在这样的环境中,对所有产品才有确定的需求。在某些商品的生产中存在近似的情况,或许农产品提供了最好的例子。实质上,几乎在任何工业环境下农民都确信有市场,虽然不是在任何特定的价格下。把麦子装进仓库,对于农民来说是漫长且昂贵的任务,销售与运送是此后大部分的日常事务,虽然运送成本并不总是可以被忽略,因此农民经常把产品搬运到远方去销售,而且没有为销售提前做任何特别准备,他知道销售一定是以现价进行的。

煤炭开采业提供了另一个例子。煤炭是整个工业中主要的、未加工的原材料和家庭用燃料,因此,煤炭商不需要特别的销售努力就可以售出产品,而且主要由运输设施的有效性来决定其运送,对合理产量的销售基本上是可确定的。木材、铜、石油的生产——事实上,几乎任何初级的未加工的原材料——在某种程度上代表了这些情况。当然,金矿也是很明显的一个例子。

财政部给予了农民这样的优惠,即在期末以现行销售价格减去预计销售成本来对未售出产品进行估值,财政部正把这一原则的有效性作为在特定情形下报告收益的基础。如果农民采用这一规定,实质上就意味着,他"取得他的利润"在生产麦子的年份而非在销售麦子的年份,假设这两者是不同的。换句话说,他把实物的完成作为收益实现的证据。财政部这一非传统的规定,对与估值和收益报告规定有关的会计意见有着相当重要的影响。如果这种方法扩展到采掘业的其他分支,这并不会令人感到过于惊讶。

在制造业中,销售成本很可能比较高,而且销售几乎不会被视为理所当然的事情。在任何重要时期,专门化的产品并不是经常有确定的市场,因此,销售成了最重要以及比单纯的实物完工更合理的收入证据。

但对于其他原则而言,无论什么情况下,销售或多或少自动地随生产发生,且没有高昂的附加成本。当然,在有约束力的订单和合同销售的情形中这是真实的。正如前面所解释的,在生产之前提前获得协议,很难为收益的确定提供一个合理的基础,而在这样的协议下,产品的完工实质上解决了收益的问题。利润已经实现,在从产品到现金的转变中作为日常事务的发货和收款也将随之发生。在这样的情况下,会计师通常确实愿意承认这一原则的恰当性。严格地说,权利还未转移,但所有生产中的实质性步骤已完成。

如上所述,根据已完工但未售出的产品登记收入,涉及以销售价格减去预计销售成本对存货进行估值。一般而言,会计师认为这样的估值规则是有缺陷的。他们认为,这包含了对"未实现"利润的确认,如果最终没有销售,那么假设的利润就会消失。虽然这种观点的逻辑性比较弱,但根据稳健性,这一观点是完全合理的,正如当前所有的会计观点大部分都是以稳健性为基础的。赊销也是如此,除非收款随之发生,否则假设的利润就会消失。销售只是收入实现的一种标准,还有其他的一些有效标准。在此并不打算坚决捍卫估值的任何传统原则,但是不加选择地对将经过适当调整后的销售价格作为完工货物的估值基础进行指责是否合理呢?这种问题的提出是合理的。商业世界中的环境是多种多样的,很可能没有一项估值原则和单一的收益证据能普遍且严格地适用。上面提到的例子(农业产品存货以及根据有约束力合同生产的产品),以及实务中将技术的完成作为收益记账的基础,使得我们有必要严肃对待这一原则。

毫无疑问,许多例子都已经表明了会计师对于这一问题的立场。当然,在贸易领域和大部分制造行业,销售并不是一件被视为理所当然的事情;在一系列经营和财务事件中,它是一件相当重要的事情。在这样的情况下,销售而非完工很可能是更好的收益证据。广义地来看待生产,在此过程中,销售活动成了经营的一部分和整个过程的顶点,因此,认为收益在销售以前实现,在经济意义上就涉及在完工之前确认收益。

完 工 比 例

作为一项收入标准的完工比例是对我们已讨论但尚需考虑的原则的修正,这里的"完工"意味着单纯的实物生产或刚提到的广义上的经济生产。以下将讨论支持这种计量收益基础的观点。为什么将像完工或发货这样的具体时间作为收益实现的证据呢?假设收入突然地完全出现,这样是否并非不合理呢?企业的经营是一个连续的过程,并不是一连串的完工和委托发货,那么,为什么不将收益的获得视为整个生产期间逐渐产生的有序收益呢?换句话说,为什么不根据完工比例的合理计划在账面上累积收益呢?

从广义的经济观点来看,这种想法有许多值得推荐的地方,在某种意义上,它似乎与会计的其中一项基本假设相一致。正如在前面章节中多次提到的,为某一目的而消费的所有商品和服务的成本,应用一些方法传递并将其归属到为之消费的对象中,会计师经常认为这是理所当然的。成本会计始终以这一假设为基础。如果所购买商品和服务的价值进入在产品,并最终进入完工产品,我们为什么不能认为,企业本身提供的特定服务和环境的价值也逐渐积累在这些产品中呢?从经济理论的观点来看,这一想法和其他观点一样合理。消费者支付的价格包含了企业的成本及其收益。① 就购买者而言,全部金额就是经济成本,该项目以总额记入其账簿中。并且,如果这项成本逐渐积累到生产者的与特定必需商品和服务相关的账簿中,为什么我们不能说所有的成本都这样积累呢?

关于价格决定方面,两个假设都是不合理的。也就是说,特定企业的创建有特定的成本,并期望对自己的服务能够获得满意的支付率,从长远的观点来看,这一事实对销售价格有很小或没有影响。特定的企业管理者

---

① 当然,某一特定企业的收益包括了与必要支付一样的纯粹的工资差别以及价格决定的服务。

能够确实地制定自己的价格,这一普遍接受的说法根本不符合事实,除了在特殊的和暂时的情况下。

但是会计师依赖于马克思主义教条,即为某一对象耗费的成本以某种不可思议的方式被传递到该对象,并构成其价值。看起来会计师可以坚实地进行下一步,并且假设企业本身服务的价值稳定地流入生产过程中,在发货或发生其他特定事件时也没有立刻完全地呈现。

如果将上面提到的任一意义上的完工比例作为收益确认的基础,那么这种方法涉及什么呢?如何明确地估计完工比例呢?是将时间、实物数量或是成本作为一项检测吗?正如上面所暗示的,最合理的方法是按已发生成本的比例确认收益的增加(至少,收益本身的部分是真实经济成本的要素)。比如,如果从生产者的角度来看,一项产品的成本是 \$100,以 \$120 出售,可以说每 1 美元的已发生成本引起了 20 美分的收益,按照这种方式,完工产品的价值逐渐累积到 \$120,将超过已发生成本的金额借记产品账户,同时贷记收益账户。那么产品的最终处置仅仅构成了一种交换,将价值 \$120 的商品与同等金额的新资产进行交换。因此,全部利益都已在销售以前逐渐地被确认。

即使采用这样的方法,试图以给收益账户带来稳定流入账目的方式来组织会计程序,也是不恰当的。所有能够完成的就是对应计收益的定期确认。因此,在上面的例子中,如果生产由 4 个重要阶段组成,每个阶段需要发生成本 \$25,应将 4 个连续的 \$5 的应计收益增加额记入存货账户的借方,同时记入收益账户的贷方。或者,完全忽略这样的分析直到会计期间结束,在这一期间所生产的且仍在库存中的产品账面价值可能会提高,按边际收益比例所确认的收益承担了完工之前所发生的全部成本(包括到此时止发生的那些成本),该项边际收益比例适用于到此时止已发生成本的库存产品。最后这种方法意味着完工比例仅被用作收益的补充证据。然而,在每种情形下,该期间所产生的收益是一样的。

在实务中,这种估值和收益的会计处理在特定情形下被认为是合理的,这种唯一重要情形的形成与长期过程相关。比如,造船的过程涵盖了几个会计期间,在这样的情况下,如果将最终的完工和处置作为收益的证据,那么会导致非常不合理的损益表。因此,造船企业在某一特定期间开始几项工作,该期间并未完成任何工作直到其后的某个期间。在这种情况下,收益处理的传统会计方法明显有些不合理了,不能说所有的收益都是在几条船完成并交付购买者的那个期间才产生。会计师早已承认,一般而言,在这种情况下根据完工的比例确认收益是恰当的。①

不过,在实务会计领域,这项收益标准有没有更广泛的运用呢?很可能没有。虽然从经济学的观点来看,企业的收益随实际已发生成本而增长的假设得到了有力支持,但是会计师对这一概念的普遍采用存在根本性的缺陷。必须记住的是,会计处理的是特定企业,因此会计师实质上选择的是特定企业实体的业主和管理者的观点。从业主的观点来看,购买商品和服务所发生的成本与企业自身隐含提供的特定服务和条件相比,构成了完全不同的分类。企业并没有购买或引发自己的服务,因此它们的价值就不能如同实际需要那样记入账簿。完工产品的购买者购买了生产企业的服务。从业主的观点来看,经营的费用与净利润是完全不同的,费用是实际发生的,并不能保证收益因此而自然发生。一项过程就是确定的记录工作,应计收益纯粹以假设为基础。现代收益会计的整体安排就是以这样的方式来组织的,即展示作为一项剩余权益的销售价值与费用之间差异的净利润。一般而言,在完工比例基础上获得的利润完全不合理。只有当销售确定了且生产过程漫长时,才能尝试运用这一会计方法。

在本章结束时,用图形对用于报告收入的完工比例法与我们正考虑的其他原则方法进行比较是有价值的。在下面的图形中,OC 线代表了成本

---

① 在第 62 号法规的第 36 条,财政部已承认了这一相同的原则(其制定与 1912 年的收入法案相关联)。

价值的逐渐积累,它从零开始,即基线 OX,一直到技术完工时的成本,即 CX 止。在完工存货放在仓库等待发货的间隔期,会计师通常假设这个价值保持不变,因此在委托发货时刻,我们拥有同等金额,即 $C'X'$。在某种程度上,当发生储存和销售成本时,严格地说,这样的假设当然并不正确。然而,作为收入确认信号的实际委托发货,通过边际收益金额 $C'S$(忽略储存、运送和收款费用),涉及了价值的立即增加(总额作为现金或应收款项)。实线 $OCC'S$,代表了当销售作为收入证据时账面价值积累的过程。同样地,如果把实物的完工作为收益的标准,那么 $OCS'S$ 线代表了价值积累的过程。在这种情况下,也认为存货在存放仓库期间在价值上没有变动,而且这种方法与其他传统方法之间的实质不同在于对登记收益账簿的时间选择上。

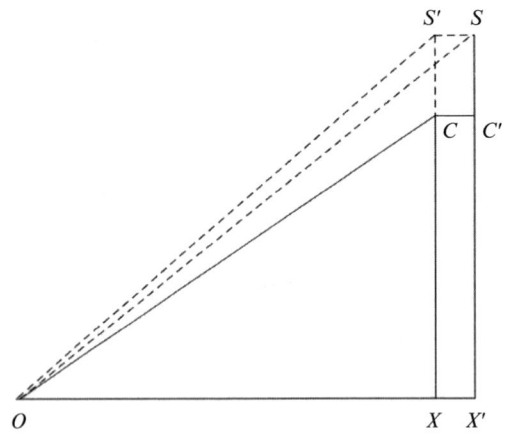

现在,如果在从开始到实物完工的期间收益与成本的增加是一致的,那么虚线 $OS'S$ 代表了价值的累积。又假设在完工与处置的间隔期内价值保持不变,那么可以认为,生产的全过程,而非完工或运送的具体时刻,产生了收益。如果能够保证收益和成本在开始到实际销售的整个期间稳定地累积,那么虚线 OS 代表了价值增加的过程。如果假定储存和销售成本,以及完工与销售之间的间隔是重要的,这种变动会更合理,当然,如果根据成本和时间计提应计收益,那么一类成本和一部分期间就和任何其他的成本和期间一样都是有效的证据。

图中的虚线是用来呈现传统估值方法的特点,为了方便,OC 被设为直线,当然,成本几乎不会以一致的方式增长。

增 值 和 收 入

没有哪项收入的证据或者标准能够不考虑价格变动的影响,因为当企业拥有一定的资产并且资产的价格发生变化时,不可否认,企业的财务状况也会因此而受到影响。于是,出现了一些问题,是否应该对拥有资产的变化成本进行特定的确认以确定企业的收益?或者,更具体地说,尚未销售的产品在价值上的增值能否作为收益的有效证据?是否应当贷记当期收益账户以获得资产的增值?

完整而全面地讨论这个问题已经超出了本书的范围,尽管如此,还是非常期望大家对该问题能够给予足够的重视和关注。需要强调的是净收入宽泛的定义,它对于我们评价一个企业在期初和期末的真实经济状况(允许进行投资和投资收回)的不同之处有很大的用处。在个别企业中,比如计算是非常普遍的,即使其账户并没有严格按照规定设置。会计或企业管理者可能会认为这项收益的概念是很有效的,至少从开始时来看。但是什么才能最好地评价企业真实的财务状况,是未售资产实在的初始成本,或是当期成本,抑或是重置成本呢?

还有一种有理可据的观点认为,对于一个企业来说,一般而言,一项资产真实的经济价值由当期重新获得它所需花费的成本来度量是最准确的,正如此前章节中所指出的,重置成本通常比初始成本在价格的决定上更为重要。在大多数情况下,重置成本都是有效的、真实的成本。任何一个忽略此原则的经营者都会走向经营失败。比如,以低价获得设备和材料的军火商并不能因此以低于市价的某一价格,提供给已经以战争价格建造了厂房和设备的主要竞争对手。而且,根据可靠的当期情况所做出的价值呈现较之其他标准来说更能反映真实的价值,可以作为信用或其他目的的基础,尽管这样会招致一些会计师的反对。

当然,有关增值的事实是毋庸置疑的。许多土地业主通过他们所拥有的土地的价值增值而变得富有,同样也包括证券持有人。持有实际市值100万美元证券的个人或企业不考虑成本,已经拥有了100万美元的有效资产。其后,数额可能会大于或者小于这个总数,但是目前的价值无疑是100万美元。如果再去争辩价值翻倍的资产业主并不比以前富有将是一件十分愚蠢的事情。当以前获得的资产翻倍了,如果仍然按照原来的方法去度量价值,资产业主的财富也将翻倍。可见,财富能通过增值来实现,而不需要转移。

然而,典型的冶炼、制造、贸易或金融企业持有资产并不是为了获得增值,而是为了获得材料和服务以进行特定的经营,最终生产出畅销的商品或者服务。尽管存在以上所谈到的事实,一般来说,却不能得出增值仅仅是企业获得收入的唯一令人满意的标准这样的结论。根据销售来确认收入是一项符合实际经营过程的政策,与这一计划相一致的、便利的会计程序能够很容易地制定出来。由于一项提前的重置成本而引起的价值增值最多只是一项偶然发生的或补充的收益。当包含增值价值的货物出售时,该增值部分才成为销售收入的一部分。显然,增值的确认只涉及以重置成本计量的存货的价值。

在这一有限的意义上,还需谈到的是账面上的增值,尤其是与某些特定类型资产相关联的增值。对标准材料和有价证券基于重置成本的一致估值是一项完全合理的程序,而且,会计师普遍认为,对于存货的成本,最合理的替代应是最近所购买的实物性存货的成本,这并非试图发现真实的、不夸张的成本的权宜之计;应当强调的是,这一计划的运用类似于许多例子中采用当前成本作为估值的基础。

从前面的讨论中应该很清楚,就所关注的收入实现而言,真实的增值代表了有效的收益,这一点类似于在顾客的账户换算为法定货币的过程中所获取的新的应收账款和商品。[1] 而且,基于重置成本所计算的商品价值与企业中其他形式的资产价值相比更可能持久。任何人都不能保证初始成本价值将永远保持下去。因此,需要清楚的是,增值的确认只是计量了有效当前成本的变化,而这总体上不会涉及预期的收益以及正常的应计边际收益。当然,随着重置成本变化的销售价格在某些特定情形下或多或少地并不完善,以当前成本定价的持有股票可能意味着只确认了先于销售的正常边际收益的一部分。尽管如此,应当强调的是,原则上,以销售价格和以重置成本对股票定价是完全不同的程序。

从会计角度来看,由增值唯一构成的收益显然只是一种特殊收益,它经常被视为一种非经营性收益。但是,对这类收益的确认并不意味着,会计师应该放弃所有努力去区分经营收益和偶然收益或投机收益。由经营的主要目的产生的收益应尽可能地从附属的或偶然的收入中分离出来。但需要强调的是,在这一点上,会计师按照传统方法确定的收益绝不可能是一项纯粹的物理性过程的结果。在任何企业中,当前的技术经营和经济运动以及偶然因素或多或少地联系在一起。换言之,会计师将管理层努力的精确影响与价格变动以及管理层无法控制的其他因素造成的影响准确地区分开来,是极其困难的。对于会计师而言,企业经营更像是一个经济过程而非工程过程。从经营的角度来看,净收入是一个混合体。一个项目的内含增值不应当被视为会计的一场灾难。

正如已经揭示的那样,容易流通的畅销证券是一项采用当前市价作为存货估值基础的资产。买价和卖价大体上是相同的。标准原材料和商品

---

[1] 这是真实的情形,通过一个相当极端的例子在有价证券的情况下能够有效呈现。在1月1日,A和B每人以$100购买了梅里钢铁公司10股的股票,其后,B以$110卖掉了这部分股份,接着以相同的价格购买了洛克汽车公司的股票。在12月31日,他又以$125卖掉了洛克汽车公司的股票,并以$125又购买了梅里钢铁公司的股票。贯穿这一年都是"顺其自然"。A和B在这一年开始时处于相同的状况,在年末时,仍是一致的。根据传统会计方法,B已实现了$250的收益,而A的账簿中则没有显示任何收益。事实上,A取得了和B一样的收益。

也能以重置成本来估值。在产品和完工库存产品则提供了一种不确定的情形。关于厂房和设备以及其他固定资产,正如此前章节中所提到的,运用重置成本估值的适当性仍旧值得怀疑。

这部分内容只是想表明增值是收益的一项证据,该项证据在特定关联中具有某些有效性。

在总结本章时,有几个问题需要引起重视。

首先,一项满意的证据的确定或收入的测试本质上是估值问题的一个方面。因此,如果销售不能作为标准的话,这就意味着所持有的股票都以成本计价。假定技术完工作为收入确定的标准,就涉及采用当前销售价格减去估计的销售费用作为估值金额。以完工百分比法作为收入确认的基础,意味着用完工百分比乘以预期销售额的数据来计算存货。作为收益的增值确认来自于对存货基于重置成本的估值。

其次,应当强调的是,能够维护各个会计年度报表完整性的会计程序或原则是最优的。采用一种特殊的收入确认方法对损益表的影响与采用另一种方法所产生的影响做比较,在很长的一段时期内效果几乎为零。也就是说,收入的一项标准——及其存货估值原则——将会在一段期间内给出几乎相同的收入总额数据,假定是 10 年,或者是其他年份。但是对于每年(或其他会计期间)总收入和定期净收入数额的分配,每一种方法都会得出不同的结果。这些是非常重要的事项。一种普遍的观点认为,某年账户中出现的一个错误或误判将会在接下来的期间内自动地得到抵销或修正,但是从某种程度上来说,会计师是不会将其作为一项控制措施来确认的。正如此前所强调的,会计几乎可以被定义为一门艺术,它尝试着将一个企业的财务历史分解为具体的单元,1 年或者更短的期间。换言之,会计师依据特定期间来编制有效的损益表和财务状况表,如果不考虑其对报表完整性的影响,我们将无法判断某一特定程序是否恰当。仅仅是购买和销售的记录无疑就可以基本准确地描绘出某个企业 20 年的经营场景。强调特定年份的完整性使得真实的会计变得很重要。如果不重视这些,那么会计实务就只能停留在简单记录企业日常交易事项的水平上。

最后,应当记住的是,甚至在最有利的情况下,计量企业的收益依然是一项非常困难的问题。总的来说,我们并不期待能够制定出一种适用于所有企业的绝对的标准方法,而这种方法上的统一也是不可取的。承担采用何种方法计算总收入和净收入的会计师、管理者或业主,应当在全面了解和掌握相关知识的基础上做出决定,并且应当采用能够考虑到所有事项且能够得出最合理结果的方法。

第二十章 会 计 假 设

受整齐的规则条款以及典型的账户系统和财务报表所显示的平等关系的影响,外行人可能得出这样的结论,即会计师处理的是一些确定的事项,准确的数据,并据此编制精确的报表;账户要么是准确的,要么是错误的;复式记账的原则和程序,如果排除誊抄中的笔误,通常都会得到正确的结论。的确,会计师有时也会疏忽,无意识地就对事项做了错误的理解。这点可以从审计人员的态度上得到证实,他们可能会花上几小时的时间试着去寻找购买账户上几美分错误的根源,却对管理层在存货计价方法上的疑问一带而过。

从字面准确性的角度来看,值得赞扬的是他们在寻找和改正记账错误上所付出的努力,但如果只在乎会计的这一方面,那就意味着缺乏对一些更重要的目的以及这门艺术内在缺陷的充分理解。事实上,会计师始终面临判断的必要。会计中充满着估计和假设。不幸的是,有时会计师所得出的结论几乎完全是推测出来的。必须记住的是,会计主要处理的是含有价值的经济数据,并不具有物理上的确定性;其价值具有高度不确定性,其所涉及的结构、商品、权利、服务和情况具有高度的不稳定性。

不只是现代会计在很多方面涉及估计和判断,会计的整个结构都是建立在一系列一般性的假设之上。换言之,支撑会计师得出有关现行价值、成本和收入等具体结论的基础是一些确定的和基本的假设条件,这些假设条件很少能够得到完全证实。作为本书的最后一章,我们计划在本章中对这些更重要的基本假设做简要介绍,特别是说明其局限性。但这并不意味着这些假设中的一部分应该被抛弃。会计是一个具有高度目的性的领域,如果会计以这样的方式恰当地提供了期末的结果——假定期末是合理的,且所有情况都被考虑到了,则任何假设、原则或程序就都能相应地被证实。如果没有这些特定的假设,会计实务将不可能走得更远。而会计师有时也会忘记他们自己的假设而导致他们工作的局限性。如果会计师能清楚地了解他们所立足的基础及其隐含的所有意义,就不可能陷入不当运用和错误结论的泥潭。

会计所建立的这些基础性假设中,有几个在前面章节中已经有所涉及,本章在一定范围内将会相应有所重复。在总结时我们期望能给出所有重要会计假设的系统性表述,这一表述将作为一种扼要的重述服务于度量方面,并且应该帮助人们分析所考虑的各个问题之间的主要关系。

经 营 主 体

特定经营主体的存在是会计师几乎都会假定的前提。正如在第一章中所指出的,会计师主要关心的组织单位是一个特定的企业。相应地,假定这个企业是区别于其他企业的,假定它是建立了一套真正贯穿着价值流的机构,并由几个或者许多个体所组成的经营体。记账员和会计师皆致力于记录和分析"这一特定主体"的财务历史;账簿和账户都是"这一特定主体"的记录;周期性的经营报表和财务状况表都是"这一特定主体"的报告;资产都是"这一特定主体"的财产,权益也是"这一特定主体"的业主权益和义务。

经营主体的假设是不同于管理其经营的实际个人的,它是一个被一些作者拒绝但被其他人坚决捍卫的概念。它对会计师来说是一个有效的假设吗?还存在一个类似于"这一特定主体"的独立、真实的事物吗?或者说经济世界的现实能支撑这一假设吗?

当然,企业并不是一个人,因此将其作为一个人或者赋予其人的属性和特征只是利用了比喻修辞说法,但这并不意味着特定企业没有真实或特有的存在。一个特定的企业是一个组织,而不是一个人,但它是真实存在的。我们都生活在一个复杂的组织系统中,就像我们大多数人在最近几年所逐渐意识到的一样,联邦政府也不是一个人,但它也是一种真实存在的。一所著名的大学是一个机构,不是一个人,但是没有什么东西是跟它一样的。毁掉它所有的资产,解散其所有员工,这个机构无疑将仍旧持续下去。类似地,企业可能有它自己的现实,并不总是只有想象出来的虚构的东西,它可能是一个有生命力的有机体,在某些情况下,它的力量是强大的,使一切都显得渺小,对整个工业社会产生巨大的影响。会计假设至少有一部分是建立在事实基础之上的,在许多情形下,企业是一个真实的经营主体。

以公司为例,这一假定从法律视角来说是有效的。公司是一个真实的主体,被国家赋予了经营者应有的所有特权。它可能获得资产权、贷款权、从事几乎所有组织经营活动的权利、雇佣员工的权利、购买和销售商品以及其他资产的权利等。在这样的情况下,会计假设就被行政权威机构给予了血肉。一般来说,我们可能会说公司并不是人类成员,它拥有资产,指挥着经营活动,筹集资金,建立分配政策,等等。从法律的视角来看,显然,在这种情况下的账户和报表就不仅仅反映了公司的交易事项。

以所谓独资企业和合伙企业为例,我们不得不承认的是,一般而言,法律不承认任何经营主体的存在。《1917年收入法案》[①]要求对非公司制企业的收益征收超额所得税,因此,在这种情况下,独资企业和合伙企业才像公司制企业一样成为税收主体,但是该法案中所形成的观点在美国的法律中可以说是一个例外。正如第三章中所指出的,从法律的角度看,在大多数情况下,独资企业或合伙企业以及其他企业的经济事项之间并不存在什么明显的差别。独资企业或合伙企业也不像公司制企业那样出现经营资产的分离。比如,杂货店店主史密斯先生如果出现了破产,站在偿还债务的立场上,店主和他的杂货店都拥有同样地境况。

---

① 该法案在1916年得到通过并于1917年进行了修订。

但是法律不会只建立唯一的标准,法律可能将这种合伙关系仅仅视为两个或更多人之间的一种合同关系,但从另一角度来看,这里可能只涉及一个经营主体。一个企业不需要合并为一个特有的机构,许多大企业都是在独资企业或合伙企业的基础上发展起来的。获得顾客和经营地位,形成独特的经营方式,不断加深对经济社会的影响,随着事物的不断变化,能够吸收一批优秀的出资者和经理人,这样的企业通常能够长期地持续下去。英格兰著名的私人银行和这个国家就是很好的例证,这些伟大机构存在的现实和继续并不是虚构出来的。

这个一般前提是不需要我们去证明的,经营主体的概念经常得到经济学家和其他对经济感兴趣的人们的广泛使用,这一概念已被深深地植入了经营者的头脑中,就像"商号""企业""公司"已被广泛地应用于非公司制企业中一样。

在第一章中我们已经解释过,当然,还是存在许多情况需要运用到不是严格意义上的经营企业的账户和其他统计记录。在记录某个体的投资和私有资产时可能会需要用到账户的相关内容。我们可能会遇到一个沉迷于家庭会计的忠实热爱者。俱乐部、团体以及其他非商业组织也需要对它们的经济交易进行系统的记录。在这些情况下,可能会涉及一个特定的主体,但是显然他们并没有建立经营机构。

即使是在商业领域,如果经营情况比较简单且是暂时的,则没有必要引入经营主体的概念。举一个特殊的例子,当举行足球比赛时,小贩们的生意肯定特别红火。主体的重要性取决于每个特殊的环境,尽管如此,需要说明的是,经营主体的假设在很大程度上是建立在经济世界的现实之上的。

然而,存在过度运用这一假设的危险。经营主体独立存在的事实没有被强调,尽管如此,没有哪个真实的机构绝对地存在。会计师必须记住,一个经济机构的事务都是由人直接管理的,因此在特定情况下,应把注意力直接地、排他性地集中到个体所有者、经理人和他们的行动上。在第十五章的陈述中我们可以发现,法庭长期把企业的行为解释为个体所有者的行为,在其他情况下,个体的行为可能也几乎代表了企业的行为。为了得到这一问题的真实情况,相应地,有必要将正式的证据和交易先放在一边。

在第十五章中已经给出了会计师必须忽视经营主体的若干例子。一般来说,"企业"和其个体所有者以及经理人之间的关系,理应不同于企业和企业外部的人员或组织之间的关系。管理者的借款、管理人员的薪水、合伙人的资金抽回和另一公司购买企业发行的证券都是典型的例证。在这样的情况下,盲目地坚持经营主体的独立性无疑将会导致不合理的结论。

有人可能会认为,经营主体假设在会计实务中并不像以上所说的那样运用广泛。会计师可能会被强烈要求站在能够掌控企业的业主、特定个人或人们的立场上,以这些特定的人或人们与经济交易的关系为基础来建立账户和报表体系。目前,尽管会计报表理论上都是按照所有权来编制的,但是笔者并不相信会计从业人员会抛弃经营主体的概念,他会有意识或无意识地采用这一假设作为其工作的基础。会计师编制的是 X 公司的资产负债表,而不是这个公司股东们的资产负债表,即使是独资企业或合伙企业的资产负债表也是以某个公司或企业的名称为表头的,而不会冠以所有者的名字。比如,绝对没有人会想到在一家大型企业的资产负债表的表头上列出许多合伙人的名称。应当明确的是,企业所编制的是企业的资产负债表,而不是与企业相关的业主们的资产负债表。

正如在前言中所指出的,在这一点上,会计理论比实务更缺少理性。尽管在最近几十年里,公司获得了巨大的发展,但不幸的是,大多数作者仍旧坚持维护基于小型独资企业建立起来的会计哲学,结果是,相应地概念和原则体系无法适用于现代企业组织。如今公司制已经占据了主流,会计理论家们必须深刻认识这一现实。重要的是,强调账户的设置应符合管理的目的,管理者必须将经营主体当作一个经济单位,正如反复强调的,如果现代会计服务的最重要目的在于经营管理的合理化,那么会计师在很大程度上必须站在管理者的立场上。

持 续 经 营

会计师不仅要假定会计主体的存在,作为必然的结果,他还得保证这个主体的持续性,也就是说,需要假定他正在处理的这个企业能够一直不间断地持续经营下去。第二个假定无疑大大方便了会计师的工作,没有人能够肯定地预测某个特定企业的未来。一般而言,企业会按照某种方式持续经营下去,但是在特殊情况下,担保一个企业经营成功却是不可能做到的。所有的企业都涉及推测的因素,但是在某些情况下,明确的因素还是占多数。

但是,持续经营假设是完全合理的,没有任何证据能够证明与之相反的假设。假设某个特定企业至少在不远的将来能够持续经营下去是合理的。以实力较强的大型企业为例,这一假定能够得到实际上的保证,而且,当美国企业的数量足够大时,在特定年份里,经营失败所占的比重是非常小的。相应地,会计师就有权利去保证他所关心的某个企业将持续经营一段时期,可以想象的破产可能会发生,但是它不需要在账户里反映出来。

相比于严重负债或濒临破产的企业来说,持续经营属于正常情况。相应地,在制定会计原则和程序时,会计师应将此谨记在心。在确定现行价值和有效负债等时,如果以破产的情况作为背景显然是不合理的,因此我们需要以资产在持续经营条件下的价值为基础重新评估企业的资产以编制资产负债表。当然,这一量度的规则或标准在评价固定资产价值时尤其重要。平整工厂地面的高度专业化机器的市场价值可能会大大低于其成本减去常规折旧后的价值。工厂厂房的清算价值可能会更低。铁路路基和铁轨的安装就是一个很好的例子,以说明使用价值和最直接的售价之间的不一致。在厂房和设备资产的例子中,成本减去折旧后的部分通常大大高于其售价。

类似地,破产时的法定债务可能不同于持续经营下的有效会计债务。票面价值即到期应付的数额,通常被认为是法定债务以及至少是在重组或完全清算情况下作为基础数据生效的数额。但是存在债券折价发行的情况时,比如说有效期为20年,第一年年末会计负债的真实数额将是原有本金或实际投资额加上累计折旧(应计和未付的真实利息),到期时会计师应将原有本金和票面价值之间的差额累积起来作为利润;会计负债和其应付的总额是相同的。这一问题的某些特定方面我们已在第十七章中详细讨论过。

会计师应当记住持续经营假设对会计原则和实务所产生的深远影响,特别是在估值方面。会计实务中到处都体现着这一假设的运用,它不光在我们已提到的两个方面有着重要作用,在其他许多方面都有着广泛的应用。

正如上文中所提到的,尽管这一假设在特定情况下无法给予证明,但它却是完全合理的,无须去证明。当然会计师应该在自己的头脑里保留财务困难和破产的可能性。如果在某一特殊情况下事项的趋势预示着破产时,财务报告应能向所有的利益相关者说明企业所处的真实情况。会计师和经营者都应当明确运用这一假设的主要原因,在于强调应关注资产负债表的暂时性特征,即使是在最有利的环境下。资产负债表并不是一份绝对的事实报表。一家企业的财务历史是持续不断的,而不是一系列相互联系的独立部分的组合。相应地,会计师需要试着将这段历史划分为有限个时段,在每一时段结束时编制资产负债表,这样必将切断许多真实的联系,冒险做出许多判断。未来是不确定的,如1921年12月31日的资产价值报表的有效性将在很大程度上取决于未来的事项。在展示资产负债表时,会计师应这样说:"管理者、经营者、股东、债权人、银行家以及其他利益相关者,这是X公司截至上一个会计年度的资产负债表。假定该公司将成功地持续经营下去。我对报表进行了评判,使其所列资产与负债趋于合理。"

资产负债表等式

现在,我们将转向会计师的更为具体、技术性更强的假设。我们首先来考虑这样的假定,每个企业中都存在一个等式,即资产总额等于业主权益、所有权以及其他要素结合在一起的总额,换言之,每个企业的资产总额等于其权益总额。

我们可以对这一假设进行表面上的论证,但其他会计假设则不能。这一章中将会重复讨论第二章所涉及的有些内容。正如我们所指出的,从某种意义上说,资产负债表的两种形式只不过是同一种情况的不同方面。资产代表着企业财产价值的一种直接的表述,负债则代表着同一价值的一种不直接的表述。一种情形是会计师列示出所有客观存在的资产,另一种情形是他记录将资产总额合适地分配给拥有要求权的不同个体以及利益相关者。一种情形关注的是资金花到哪些实物上,另一种情形关注的是这些资金的来源。资产的总额构成了企业财富或资本的总额,权益表述了资本在不同投资者之间的分配。因为记录各类数据运用的是同样地度量单位,即美元,因此总额是相等的。

但是这一等式并不是一个绝对的事实表述,很容易夸大其内在有效性。它同样也是一个便利的假设。会计师通常以这样的开头来介绍这一假设:"我发现一家企业的资产总额是这样的一个数额,然后将这一数额按照法定权利和特权分配给各个投资者,这两列合并起来就组成了一份资产负债表"。

显然,至少从总额上来说,权益的确定是直接建立在已确定资产总额基础之上的第二项过程。这里就涉及了不能完全生效的假定。为什么一家特定企业的法律和经济权利,会精确地等于通过不同种类的、复杂的价值评估过程所得到的一系列资产价值总额呢?事实上,在缺少直接而完全的清算时,它们是不能办到的。[①] 比如,正如第三章中所指出的,在公司的资产负债表中,普通股股东的权益是用资产总额减去优先权益后的剩余数来表示的。在任何基本的意义上,这项剩余数能代表真实的普通股股东权

[①] 甚至是在基于持续经营概念的清算资产价值很可能没有实现的情形下,因此从这一角度来看,就无法准确地表达各类权益了。

益吗？这种安排在很大程度上是否只是为了方便呢？准确地说，普通股股东被赋予了什么样的权利呢？既不是他最先投资的数额，也不是资产负债表的余额。就资产而言，在清算的情形下，普通股股东获得的是其他各方的权利得到满足以后的剩余权利。在破产的情形下，这项数额几乎为零或者可以忽略不计，并与原来的资产负债表数额几乎没有任何关联。此外，普通股股东拥有分享公司未来超额收益的权利，拥有表决董事会含有偶然性的特定政策的权利。在这些情况下，通常代表剩余权益的资产负债表就是一份不完美的报表，难道这还不明显吗？公司内股东权益的"账面价值"使用十分普遍，它只能用来解释建立在诸多假设之上的资产估值过程，那么每股市价很少接近于账面价值并常常没有跟随其趋势发展就不足为奇了。因为普通股股东投票选出的管理层的控制以及未来盈利的可能性，根据常用的估值原则和规则，无论是否有账面价值，普通股往往都拥有市场价值。

在负债的情况下，会计所得出的数额可能更为合理。一般而言，人们可能会认为会计师忽视了未累积的折价和未摊销的溢价等，而将到期的总额视为真正的负债。如果不考虑破产的情况，这个数额将是合同规定的投资者最后获得的金额，它可能大约等于最初的本金；如果该公司破产，将会存在债权人获得全部数额的可能性。因此，资产负债表中涉及契约权益的数额存在较大程度的真实性。当然，某一特定债券或者其他类似证券的市场价值，可能会随着公司发布的财务报表上所出现的金额发生明显的变化。

尽管如此，需要强调的是，即使显示的所有负债数额都绝对精确，在每一种情形下都代表着其真正的重要性，但是为了方便起见，剩余权益仍旧显示为资产总额与所有其他权益的差额，从一定程度上来说，资产负债表各类总额之间的平等关系仍旧只是一种假设。①

---

① 给出的总额当然是相等的。但是问题是这两类数据是否真的相等？会计师给出了假设性的肯定回答。

正如刚才所分析的,资产负债表中股东权益的表述可能是所有项目中最值得怀疑的,这主要是因为,现代会计理论无法完全证实表中的"资产净值"数额。在第三章中我们曾提到过,似乎存在着某种关于这个总结性数据的特别有效的东西。如果这项剩余数据对于会计师具有特殊的重要意义,那么对于任何一个公司而言,其重要性并不存在于对作为缓冲利益的权益表述的准确性或精确的有效性上。重申第三章中曾提到过的一些内容,它对于会计师而言具有特别重大的意义,因为它正是会计师怀疑的地方,是会计师所有特定的估计、冒险、调整等"归根结蒂"的地方。在特定的情形下,其发展趋势相比其具体数额更为重要,因为如果估值的方法保持一贯性,其数额的增加就是经营成功和财务实力增长的一项相当合理的证据,其数额的减少则预示着相反的情形。

前述内容并非试图说明会计等式是不合理的或不合适的,相反,会计等式是一项完全合理和基本的前提,从某种意义上说,是整个会计技术结构建立的基础。在最开始,我们曾经指出,从有限的意义上说,这一等式适合于所有的商业企业。分散于各权益之中的资产总额的本质给出了另一个平等的类别。资产是价值的唯一主观所在,它们在特定的日期被加总成一个特殊的总额,这一总额完全合理且不可避免地表明了在这些期间内业主权益以及对企业要求权的证据,除此之外别无选择。未来的盈余是不确定的;最终可以从公司获得的数额也是不确定的(就剩余权益而言);基于资产价值的权益声明才是唯一可行的方法。

尽管如此,还是建议会计师不应将权益余额看得过重。不过,会计师仍有必要全面了解这一数据产生的过程,这样才能更好地认识到它并不是一个独立的、直接决定的事实。

最后,我们要重申的是,普通意义上在企业之外仍然存在着资产和权益并不相等的特定情形,这种情形较多地出现在政府机构、联邦、州或地方。正如在第二章中所指出的,一个政府机构的负债额可能远远大于其拥有明确权利的资产价值,但是最终它只会付100美分来了结债务。当然,

第二十章 会 计 假 设 | 343

州政府拥有征税的权力,因此,通常它都能潜在地控制足够的资产来偿付它所有的债务。但是因为通常来说,征税权力本身并不是一项可计价的资产,因此政府机构一般也不可能编制一张通常意义上的资产负债表。

类似地,个人有时通过"抵押他的将来"来借钱用于消费。比如,一个大学生可能会借到充足的钱财,但是他却没有通常意义上的资产,他的债权人可能会认为他是"完美的利益"。负债额是未来到期需偿付的确定的统计表述,但是却没有确定未来资产的方法。这个学生的情况只能编制资产负债表的一边,却无法编制平等的报表。

财务状况与资产负债表

这里将介绍另一个相关的资产负债表假设。会计师通常假定反映一家公司财务状况的所有事实,都可由以美元计量的资产和负债两种类别来表示。也就是说,会计师假定在报表日编制的以美元和美分计量资产和负债的报表能够全面地反映公司的财务状况。

这一假设不仅得不到证明,而且正如第二章中所显示的,极容易被彻底推翻。不应当过于重视反映财务状况的资产负债表,即使在最有利的条件下,它也有其确定的缺陷。

首先,刚刚谈到的未来的公司成本、收益和损失都是十分不确定的,现行价值的现实是建立在该公司至少能够成功经营的假设之上的。资产负债表上的资产价值只是暂时的,它还得依赖于未来的实现。

其次,在每一个完全不进行资产和权益的分类、不用美元计价的公司里,仍然存在着许多重要的因素和情况。比如,在个体经济中,即使是从严格意义上的经济视角来看,健康、能量、丰富资源、技术以及类似地资历和才能对最终结果的影响,远远比现在所拥有的大量财富的总和大得多,这些以及其他"无法估量的事物"在经营中是最重要的。例如,一个人忠诚的品质比拥有特定资产的留置权更为让人放心。上面所提到的大学生可能会是一项"有利益的风险"。在公司中拥有一支组织良好和忠诚的员工队伍,是一项比拥有大量库存商品更为重要的"资产"。换言之,如火灾造成的商品损失可能不及员工的分裂带来的后果严重。位置、品牌、客户和类似地因素是极为重要的,如果我们为此已予以了支付,就应该将这些情况视为资产以明确地揭示,否则,在一般的资产负债表中将找不到它们的位置。

除非对公司中这些不可估计的因素给予测量和明确的统计表述,会计师才能继续编制他们正在使用的资产负债表。目前似乎无法用美元来测量这些因素,因此,它们也就不能够被认定为特定的经济资产,但却也让我们不得不承认,作为反映财务状况报表的一般资产负债表所存在的严重局限性。我们频繁地去关注一家"财务状况表"显示十分良好的公司,然而,在接下来的两三年中,因为管理的变化、需求的下降、新方法的产生、劳动效率的降低或其他原因,我们发现设想的价值已经消失,企业已经破产或陷入财务困境。股东和其他利益相关者应当认识到,即使会计是完全健全合理的,资产负债表仍是企业当前状况的不完美呈现,它只是公司在不远的将来可能会出现的状况的一种指示。①

当然,会计师普遍认识到了资产负债表存在严重局限性的事实,在一些例子中,会计师甚至试图通过添加"偶发性"资产和负债的报表来预测未来。也就是说,如果在一定情形下,存在可预测的大量潜在资产或潜在负债,在资产负债表中以某种增补的方式显示这些要素将是很好的做法。

在这方面,还存在一个由会计师所提出的具有特殊重要性的假设。会计师不仅普遍保证一家公司的整体财务状况是建立在以美元计价的资产和负债之上,而且还假定计量单位的价值或重要性保持不变。当然,这一假定并不合理。正如第十八章中已指出的,作为会计师计量标准的货币单

---

① 当然,业务复杂的大企业的资产负债表由于不同技术方面的原因也可能是不完美的。以存货为例,它可能要消耗一段时间,在确切的报表日计入资产负债表的最后数据将相应地只剩下产品价值的近似值。

位的价值是不断变化的,会计的其中一项基本局限正在于此。因为计量单位是不稳定的,除非在比较的过程中特别谨慎,否则连续财务报表的比较有可能导致错误的结论。比如,在一定期间内,资产价值的增加不一定是由于构件、商品等的实际增加引起的,相反,资产价值的增加可能更多地只是反映了某次要的计量单位在一定数量物质产品上的运用,这一数量并不比期初所提供的数量大。类似地,净收入余额也不能很好地反映经济运行的真正改进,在价格上涨的期间内,公司可能会设置大量的剩余账户,而不会考虑增加其货物的储存量或成比例地扩大其厂房。

认为会计师没有认识到计量单位是不稳定的说法是不公平的。虽然如此,但会计师仍然在编制着收益、余额和资产等的比较报表;他以成本减去折旧来给固定资产估值;在许多其他方面,他都会利用美元具有不变价值的假定。我们所讨论的众多方案,都是为了使会计师能够对货币价值的波动有更加清晰的认识,但到目前为止,仍毫无进展。

成本与账面价值

在成本和计价方面,会计师制定了一些重要的假设。会计师假定成本为最初的表述给出了实际的价值。这一假定(在前面的章节中反复提到过)在会计技术中是最重要的假设之一,它的必要性是显而易见的。当购买、修建或通过其他途径获得一项资产时,成本是唯一可利用的确定的事实。在任何情形下,将成本数额相应记入合适的资产账户也是完全合理的。记录实际发生了什么和建立一套系统地反映所有发生交易的体系是会计师工作的一部分。当然接下来,会计师将假定某家特定公司的一项资产的初始价值等于其成本。

换言之,会计师就像经济学家一样,假定世界上都是理性的商人。他假定任何交易都是公平的,每项交易中的买方和卖方都对该交易有着平等的知情权和平等的才能。例如,如果某制造商花费$500购买了设备的一个构件,这就意味着对于该制造商来说,这一构件的真正价值是$500,因此这一数额应作为一项资产记入账簿中。在所有情况下,我们都认为商人是在理性地进行交易,强迫、欺诈、错误判断、粗心——所有这些因素一般来说都被假定不会出现在商业交易中。

当然,这在现实生活中是不可能的。商业交易实际上不会都是平等的交换,其中的交易各方并不总是同样地强大或幸运。在实际购买或其他情形时也会发生损失,每个人都会出差错的,在个体经济中,个体者经常会感叹货次价高!类似地,商人在其众多交易中也会有表现不精明的时候。

但是正如刚才所陈述的,没有确切的相反证据来证明会计师拥有每项权利使初始价值与成本相当,也就无法观测他是怎样进行的。他不能依赖主观判断去估计绝对价值。如果交易是完全自愿的,交易双方也十分满意,那么会计师就将交易额作为真实的价值。以后,如果有大量的证据表明折旧或损失发生,那么就有必要及时修订初始价值。

当然,即使成本和初始价值并不相同,总成本的原始记录也是十分必要的。但是,如果在任何时候有证据表明真实的价值高于或低于成本时,其收益或损失应及时地予以确认。但会计师却极少试图用真实的买价来决定资产的初始价值。

一项资产可能通过才能、偶然性以及"策略"等获得。会计师通常会认为,如果一项资产拥有明确的买卖价值,则资产的市场公允价值应该记录在账户中,否则就账户而言,一项确定资产的存在就被掩盖了。而大部分会计师可能都会同意,在实务中可能会发生成本远远超过初始价值的情况,尽管如此,一般来说,仍应严格遵循成本确定价值的假设。

同时,会计师制定了十分相关的假设(也多次涉及该领域),即生产中所利用到的全部商品、服务或环境的价值,传递计入这些初始项目所为之付出的产品之中,并进行加总得出其总价值。这一假设是成本会计师开展工作的重要基础,如果没有这项假设,将不会有成本会计。

这一假设是如何产生作用的呢?在试图回答该问题时,我们应首先注意到生产中所利用的资产并不全部进入产品中,即使是原材料也会存在一些损耗。当然除了一些特殊情况,固定资产一般不会组成产品的成分。类似地,监督管理和许多其他服务也不直接构成物质产品本身。显然,成本项目和会计师所测算的产品之间并没有完全而清晰的自然联系。而且,即使产品在物理上只是一项混合物,这并不意味着初始价值全部都计入了最后的结果中。手表中值1美元的黄金可能其内在价值就在1美元左右。但是一辆汽车上的可修复钢铁的价值,比用于制造汽车的钢铁材料的价值要低得多。一般而言,我们无法保证产品中的转化材料拥有其在未加工状态时同样地价值。

对经济学家来说,这是所有会计假设中最有趣的一项,它构成了一种价值的成本理论。一般而言,会计师假定所有在产品和产成品都值得资产负债表上劳动力、材料以及其他为取得这些结果所花费成本的付出。他假定由成本为最初的表述所给出的这些初始商品和服务的价值,以某种不可思议的方式传递进入了它们所为之付出的产品中。这显然是价值的成本理论在特定企业内部的一项运用。从各种各样的初始形式中得到价值,然后它们被转变为半成品,并最终成为完工产品。

当然,就价格决定来说,在很多情况下都是不合理的,成本和供货限制无疑都将影响到价格。但是,一般来说,有影响的成本并不是会计师所关注的大企业的特定成本,而是边际生产者所发生的特定成本(或是在特定情形下,典型的生产者),不论是谁以及不论在哪里发生。在生产标准产品的过程中,特定成本几乎对售价没有影响。① 如果由于劳动生产率低、管理失误、偶然性或其他原因导致某特定生产者的成本较高,据此提高产品价格以弥补生产过程中的非常费用,这对于消费者和想在同一领域与其他生产者竞争的制造者而言都是不值得的。而且,除非生产是直接针对有效需求,否则如果不考虑成本,产品将会很少有或没有价值。如果需求急剧

---

① 许多人并不同意这一观点,但笔者相信它是合理的。而在生产特殊商品和设备时,特定的估计成本将在售价决定中发挥重要的作用。

下降的话,则成本这一数额本身将不能支撑价格。

尽管如此,会计师并不决定销售价值,而是决定成本价值。他会提出这样的问题,即这家特定企业的成本是多少？显然,这是一个实际存在的东西(尽管得到正确的数据非常困难)。报告实际发生的成本是会计师的职责,不论数额多少。如果在期末时会计师发现,已发生总成本中的某特定部分仍然在公司内部或至少与当期销售无关,他会完全自然地得出这样的结论,即归属于在产品和完工产品的这部分成本的价值以达到它们已进入生产过程的程度来计量。因为这些成本与当期的经营无关,它们将被限制；其后,它们将作为费用计入已售产品中。当然,在资产负债表中设置递延项目,当有资产涉及时,恰好满足了我们正在考虑的这个假设。但是因为这些价值不是一项费用也不是当期销售成本,它们必须代表一项资产或者一项损失。如果所讨论的这一商品或服务的继续生产可以预见的话,那么将这些价值相应计入资产负债表中就是完全合理的。

生产者的在产品和产成品以及销售者的库存商品都是存货,遵循"成本与市价孰低原则"。在一定程度上,会计师遵循这一原则显然与我们正在讨论的这一假设是矛盾的。然而,它通常构成了会计中最重要的一项假设。

应计成本与收益

正如刚才所谈到的,会计师假定应计成本是生产所利用的构件和商品的价值逐渐耗费并附于在产品中的价值。尽管如此,一般来说,会计师常常将此假设局限于某一特定企业发生的成本上,而忽视这一数据与购买者所花费成本即售价的差额。换言之,会计师假设在一些特定情形下,费用增加但仍产生净收入或利润,这种情况在销售中十分普遍。这一假定在本书的研究中被反复运用,并曾在第十九章中从某个角度探讨过。我们将在这里重申这一假定的重要性,它意味着特定企业会计师的

"费用"和经济学家的"生产成本"是两个不同的概念。经济学家谈论决定价格的成本,即购买者所花费的成本。从这一角度看,至少在少数例子中,成本和售价从本质上来说是相等的。这一意义上的成本不仅包含少数生产者的费用,还包含其净利润。因此,经济学家假设净收入中至少有一部分本质上是生产成本,是如果生产仍按可观的数量进行,价格所必须弥补的部分。

然而,整个会计体系是建立在呈现所购买的商品和服务已被耗费的成本和费用的计划上,而不是建立在呈现企业本身所提供资本和管理服务的经济价值的计划上。账户被组织以披露费用与收益之间的余额,这一剩余价值,即净收入被认为全部都是由特定交易而产生的,而非自然增加的。购买的商品和服务被假设稳定地耗费并被计入费用类,企业及其业主所提供的服务被假定只是在产成品的销售已完成时才发生。

正如此前章节中所指出的,这显然是不合逻辑的。如果在产品的价值由于用到已购买的商品和服务而发生了增值,那么假定企业提供的价值也同样累积就是合理的。尽管如此,要承认这一假设,就涉及利润的确认优先于完工和销售,而会计师通常都坚决拒绝这样的做法。①

在租金、保险和其他需为获得的服务分期付款的情形下,会计师通常都保证其每期增加的成本保持准确一致。

固定资产的折旧每期保持不变,是与此相关的一项有趣而重要的辅助假设。实务中广泛运用的分配折旧的唯一方法涉及这项假设,即固定资产的价值按照固定比率持续耗费。理所当然的,会计师必须基于便利性的假设来分配折旧。整个的折旧分析必须建立在一系列估计的基础之上。在一项固定资产的整个寿命中,有两件明显的交易必定会发生,即购买和报废。在此之间所发生的情况都是不确定的。比如,购买和安装一部机器的成本是$1,000,假定其服务寿命为10年,这是第一个假设。另外,假定该

---

① 一些特例在第十九章中已经提及。

机器的残余价值减去清理费用后为$100，这是另一个假设。有了这些假设，就可以得出这部机器在使用寿命内所发生的总折旧费用为$900。会计师现在面临的是分配问题，他有两个数字：成本，已知的事实；净残值，一个估计值。他的任务是以估计的10年来消除这两项数据之间的差额。在这一期间内，作为产品成本的总折旧额应如何予以合理分配呢？显然，会计师的决定将再一次建立在假设之上。

三四种主要的方法立即呈现出来。折旧是否被假定为实体性产品的一项功能？也就是说，每类项目，如重量或产品的其他数量单位是否应负担如此多的固定资产成本？显然，在此基础上找不到任何自然的联系。应当指出的是，在绝大多数情况下，不管产品的数量是多少，这一减少都是稳定发生的。事实上，在一些例子中，闲置不用反而会加速其衰老和损坏。然而，这一假设并非完全不合理。获取资产的原因在于，它们所提供的服务在转化为产品的过程中是必需的。为什么不让每个单位的产品分摊总成本的一部分呢？事实上，自然资源的消耗往往就是以产出的某些合适的数量单位进行计算并计入产出中。

或者，折旧是否应当依据总收入的价值而非实体性数量来进行分配呢？从便利的角度来看，再次提出的问题中的观点很值得推荐，并已在经营实务中得到了很大程度上的应用。此前的一些经营管理层往往遵循如下原则，即在有大量总收入的年份尽量多提折旧，而在相反的年份则少提甚至不提折旧。类似地，当前的做法也是在经营状况好的年份就发生大量的维护成本，而在经营惨淡的时期则推迟维护。

正如上面所陈述的，一般而言，现代实务假定厂房和设备资产的折旧是连续且一致的。直线分配法就是这一假设的技术性呈现。因此，在上例中，对应于这一计划的每年折旧额就是总折旧额的10%，即$90。目前，这一做法得到了普遍的遵循。但显然，我们无法证明其有效性。此前已指出，有证据表明价值减少的过程或多或少是稳定且一致的，但事实并非如此理想。这些不可避免的过程无疑就是价值折旧重要的物理呈现。折旧是价值的流逝，这是一个价值问题，但它并不意味着价值耗费是由物理过程的直接作用所形成的。如果价值具有物理性本质，无疑我们就可能用一些计量标准准确地测量其流量。仍有一些人相信，价值有时会作为一种精确的物理过程而减少，但是，对价值真实性质的充分理解说明了这是不可能的。估值还经常涉及特定的判断和一般性假设。

期 后 事 项

我们将讨论更为深入的一类假设。在许多情形下，会计师会发现有必要采用关于数据的期后事项和一系列事实之间关系的特定假设。比如，会计师普遍将资产价值的损失由最近累积的资产来负担或清偿视为理所当然的事情。因此，耗费通常首先减少总盈余或该时期的净盈余；其次，再从累积利润中扣除；最后，再被记入呈现初始投资的账户。换言之，通常认为只有当累积利润的全部数额被抵减完时，损失才会对初始投资或资本产生影响。

显然，这纯粹是一个假设。在本研究中我们反复指出，没有特定的资产与所有者权益的某一特定部分之间存在任何直接的关联。剩余权益在资产总额中只简单代表着一种要素，它并不代表特定的项目。因此，当一项资产消失时，将其数额抵减某个所有权账户的做法在理论上是合理的。事实上，当陈旧的资产首先报废或损毁时，呈现初始投资的账户应当首先被使用以确认损失。

尽管如此，当我们关注设计账户的目的时，这一假设是完全合适的。投资者感兴趣的是基于初始权益的增加额。相应地，保持初始数额不变并在补充账户中最大限度地反映所有的变化，这一做法是很理性的。即使是在某项初始资产损失的例子中，比如，一家子公司因销售使用股东的投入资金购入的证券时发生了损失，出于财务报表目的，将这项损失记入盈余比记入资本账户要更为合理。

给股东的所有支付在减少投资以前,全部都计入盈余是一个十分相关的假设。在《1921年收入法案》中能找到这一假设的正式表述,在该法案的201(b)部分规定,每家公司应先分配盈余,再分配最近的累积盈余,直到未分配利润全部都提取完毕。众多类似地假设都来自该法案及其附属规则。

会计师广泛采用的另一个假设是,消耗或售出的原材料或商品通常来自最早的存货,或者,换言之,存货通常是由最近获得的物品所构成的。这里,我们有一个非常明显但并非基于字面事实的假设。即在一定程度上,商人都愿意处理掉最早的存货,特别是一些容易腐坏的商品;但是在另一些情形下却恰恰相反,时间越久的煤炭、铜铸件或其他原材料往往存在于箱子的最底层。

尽管如此,从合理的经济学的角度来看,账户往往被及时更新的事实很好地说明了这一假设。经济推理的基本原则之一是单一价格法则。另一项原则是,重置成本通常是影响价格决定的唯一成本。根据这些原则,"存货成本"最合理的解释是最近获得的物理性存货的成本。

需要指出的是,国内税收署在有关通过证券交易获得的应税收益的决定方面采用了一项类似地程序规定。买卖证券的纳税人除非能够识别所销售证券的特定类型,否则必须被视为从最早购入开始的整体销售。

会计师使用了这一类型的许多其他假设,但此前的例子已经能够充分揭示这类假设的特点了。

综上所述,需要重申的是,这些基本观点中的许多都还没有找到任何完全的证据或解释。诚然,从字面准确性的角度来看,其中的一些观点或许被认为是虚假的,但是,考虑到会计实务的条件和目的,这些观点中的绝大部分又是完全合理的。在很大程度上,它们都是出于便利目的而做出的假设,而且具有可操作性。

尽管如此,会计师应该透彻地认识这些假设,否则,他可能会忘记他的呈现和结论的内在局限性。不仅会计实务中充满了各种各样的严重的技术危险，整个账户的结构和程序体系也都是建立在这些假设之上。鉴于这些情况，一些商人对会计数据和解释的可靠性略有怀疑也是可以理解的。会计在最近这些年发展迅速，当前对这门学科的兴趣也是前所未有的。值得高度赞赏的是，在会计高速发展的过程中，仔细检查和分析理论与实务赖以存在的基础，并始终抱有一种严谨地探索它们是如何牢牢建立起来的态度。

会计经典丛书已出版著作目录

书　　名	作　　者
《簿记论》	卢卡·帕乔利
《连环帐谱》	蔡锡勇
《银行簿记学》	谢　霖
《无形资产论》	杨汝梅
《高级商业簿记教科书》	潘序伦
《改良中式簿记概说》	徐永祚
《会计理论》	埃尔登·S·亨德里克森
《公司会计准则绪论》	W·A·佩顿，A·C·利特尔顿
《中国政府会计论》	雍家源
《账户的哲学》	C·E·斯普拉格
《会计中的经济学》	约翰·B·坎宁
《1900年前会计的演进》	A·C·利特尔顿
《1925年前成本会计的演进》	S·保罗·加纳
《会计理论——兼论公司会计的一些特殊问题》	W·A·佩顿
《现代会计学》	亨利·兰德·哈特菲尔德
《稳定币值会计》	亨利·惠特科姆·斯威尼
《会计中的真实性》	肯尼斯·福赛思·麦克尼尔